성장이 멈춘 시대의 투자법

부의 불평등을 따라잡는 시간×투자의 법칙

성장이 멈춘 시대의 투자법

김경록 지음

흐름출판

천천히
그러나 확실하게 돈을 버는 법

춘삼월, 청년들과 식사 자리를 가졌다. 청년들이 무엇을 궁금해하는지, 자산관리는 어떻게 하고 있는지 알고 싶어서였다. 이들은 조금 더 많이 그리고 조금 더 빨리 돈을 벌고 싶어 했다. 앞으로 살 집도 구해야 하고 언제까지 일을 할지 모르니 노후 자금도 마련해야 한다고.

이전에 통통배가 있었다. 갈 때 '통통통' 소리가 난다고 붙여진 이름이다. 통통배에 발동을 걸 때는 원판을 손으로 회전시켜서 힘이 축적이 되어야 그때부터 스스로 돌아간다. 자산도 이런 에너지 축적의 단계를 거치고 성장해야 한다. 이게 복리의 원리이기도 하다. 그런데 복리의 원리를 거치지 않고 짧은 기간에 자산이 증가하기를 바라는 경우가 많다. 코로나19 당시 코인 등 가상자산 가격이 급등하는 현상을 보고 배운 탓이다.

병아리는 알을 깨고 나와 처음 만나는 대상을 어미로 생각한다고 한다. 사람도 별반 다르지 않다. 자산관리에 눈뜨고부터 코인이 시장을 지배한 것을 본 사람의 마음에는 돈은 급작스럽게 버는 것이며 또 벌 수 있다는 생각이 자리 잡는다. 그 후 잃어버린 어미를 찾는 병아리처럼 단기간에 큰돈을 벌 수 있는 투자대상을 계속 찾아다닌다. 반면에 자산관리를 시작할 때 글로벌 금융위기라는 환경을 겪었다면 위험자산보다는 안전자산을 계속 선택할 가능성이 높다. 실제로 퇴직연금 가입자의 자산배분을 보면 가입 당시 주식시장이 호황이었던 경우 주식의 비중이 계속 높은 경향이 있고 가입 당시 주식시장이 불황이었던 경우 예금에 가입하고 이후에도 예금을 이어 가는 모습을 보였다.[1]

투자에도 지켜야 할 원칙이 있다

청년들은 자산관리를 어떻게 시작하느냐가 중요하다. 이는 비단 처음 투자에 발 딛는 청년에게만 국한되는 이야기가 아니다. 자산을 증식시키겠다고 결심한 사람에게도 어떻게 투자를 하느냐는 중요한 문제다. 바둑이나 골프를 처음 배울 때도 정석부터 시작해야 하듯이 투자도 정석을 배워야 한다. 골프 스윙은 사람에 따라 다르다. 그럼에도 골프 스윙에서 반드시 지켜야 할 부분이 있다. 어떤 폼이든지 공을 치기 전의 30cm와 치고 난 뒤의 30cm까지의 궤적은 같다. 지켜야 할 원칙이 있는 것이다.

　투자에도 반드시 지켜야 할 원칙이 있다. 그런 원칙을 기록해 놓은 것이 투자의 교과서 《투자론》이다. 수식과 그래프로 범벅되고 전문 용어들이 난무해 딴 세계 사람들의 교과서 같아 보일지 모른다. 현실 세계가 아닌 다른 세계 이야기를 하는 듯도 하다. 하지만 이는 오해다. 《투자론》은 돈 버는 방법을 적어 둔 지극히 세속적인 책이다. 수많은 학자들이 사람과 시장을 관찰하면서 논문을 통해 진검승부를 하고 여기에서 이긴 사람들의 견해가 실려 있다. 피는 보이지 않지만 종이 위에서 펜으로 치른 치열한 전투의 흔적을 느낄 수 있다. 이렇게 받아들인 견해 중에서도 오랜 세월의 숱한 공격에도 무너지지 않은 이론들이 교과서로 옮겨 온다. 그래서 《투자론》은 일견 어려워 보이지만 '돈 버는 방법에 관해 검증된 이론을 모아 둔 책'이라 볼 수 있다. 그러니 이 책을 읽지 않고 투자시장에 뛰어든다는 것은 엄청나게 비생산적인 행동이다.

　문제는 《투자론》은 일반인이 읽어 보기에는 어렵다는 점이다. 많은 사람들이 투자를 하려는데 어떤 책을 봐야 하느냐고 물어본다. 한데 추천할 마땅한 책 한 권이 없다. 《투자론》은 너무 어렵고 그 외의 책은 주식, 부동산 등에 치중된 경우가 많다. 쉽게 쓰인 투자론 책은 없는 셈이다. 프리스턴대학의 종신 명예교수 버턴 말킬의 저서 《랜덤워크 투자수업》 정도가 여기에 속한다고 할 수 있다. 처음 말킬의 저서를 읽고 더 이상 내가 이런 책을 쓸 필요는 없겠다고 생각했다. 다만 돈의 증식 원리에 대한 논리적 설명이 부족한 것이 아쉬웠다.

청년들과 환담을 나눈 뒤 '아주 쉽지만 원리는 놓치지 않은 투자론 책'을 써야겠다고 결심했다. 덧붙여 《투자론》을 필자의 논리에 맞게 서술하되 누구나 돈의 증식 원리를 이해하기 쉽게 쓰고자 했다. 버턴 말킬은 "투자란 천천히 그러나 확실하게 돈을 버는 법"이라고 했다. 이 정의에 보탤 것도 뺄 것도 없다. 필자가 이 책에서 추구한 것이 바로 '천천히 그러나 확실하게 돈을 버는 법'이다.

투자가 물리학적일 수는 없지만 과학성은 추구해야 한다. 과학적이라고 하는 것은 어떤 이론이 있고 그 이론대로 하면 누구나 같은 결과가 나오는 것이다. 핵분열 결과가 들쑥날쑥하면 안 되듯이 투자도 마찬가지다. 주식에서의 과학성은 분산이다. 주식 종목을 분산하면 분산하지 않은 경우보다 평균적으로 좋은 결과를 얻어야 하고, 주식을 장기 투자하면 그렇지 않은 사람보다 좋은 결과를 얻어야 한다. 투자를 오래하면 복리 효과로 자산은 비선형적으로 폭발적으로 증가해야 한다. 이것이 과학성이며 투자를 하는 사람은 이런 원리들을 배우고 찾아가야 한다. 코인을 통해 부를 쌓기보다 '통통배'와 같이 복리의 축적 과정을 통해 돈을 벌어야 한다.

대한민국은 계속 성장할 수 있을까?

정석定石은 정석定石일 따름이다. 바둑판을 사이에 둔 상대방은 돌을 절대 정석대로 두지 않는다. 그렇기에 우리는 정석을 바탕으로 변화무쌍함에 대응할 수 있어야 한다. 투자하는 이의 상대는 다른 투자자와 시장 환경이다. 다른 투자자의 행동은 단기에 그치고 멀리 보면 중요한 요인이 되지 않지만 시장 환경은 장기적으로 투자에서 중요한 요인이다. 시장의 흐름을 읽어야 하는 이유다. 세상의 흐름 혹은 구조의 변화라고 할 수 있겠다.

우리나라의 투자시장 환경은 패러다임이 변한다고 할 정도로 과거와 다른 양상을 띨 것이다. 2000년부터 지금까지 우리나라는 '선진국 굴기'의 시기였다. 성장률은 과거 고도성장기에 비해 떨어졌지만 우리나라의 1인당 GDP는 유례없는 수준으로 그리고 유례없는 속도로 껑충 뛰었다. 해외를 다녀 본 사람이라면 이제 인천 공항에 내려 서울로 들어올 때 낙차를 더 이상 느끼지 못할 것이다.

2000년대의 20년 동안 일본과 우리나라는 정반대의 길을 걸었다. 일본은 여러 요인으로 복합 불황에 빠졌고 우리나라는 여러 요인으로 복합 호황에 들어섰다. 대내적으로는 IMF 외환위기와 급격한 구조조정, 재정지출, 우호적인 인구구조, 고환율, 벤처산업 육성 등이 있었고 대외적으로는 중국의 고도성장, 자유무역주의, 저금리, 저물가, 무지막지한 통화팽창이 있었다. 중간중간 어려움은 있었지만 대내적·대외적 환경이 좋았기에 우리는 그 어렵다는 선진국 문턱을 개발도상국가로서 처음 넘어섰다. 이 시기 동안 소득이 증가했을 뿐만 아니라 핵심 지역의 아파트 가격은 '0'이 하나 더 붙을 정도로 상승했다. 아파트 하나 사놓고 20년 지났더니 노후 준비가 다 되어 버렸고 자산이 10배가 되어 버렸다. 고도성장기를 지나 선진국에 들어서면서 일어난 일이었다.

드라마 〈별에서 온 그대〉의 도입부를 보면 조선시대부터 지금까지 400년의 서울 변화가 10초에 압축되어 나타난다. 잡초만 무성하던 벌판에 건물이 들어서고 다리와 도로가 놓인다. 그러고는 순식간에 마천루와 혈관처럼 뻗친 도로를 가진 서울의 모습이 펼쳐진다. 지난 60년간 우리나라 경제의 모습이 잘 표현된 장면이다. 엄청난 투자로 건물, 도로, 항만과 같은 자본이 축적되었고 거기에다 인구까지 60년 동안 2500만 명에서 5000만 명으로 2배가 되었다. 하지만 앞으로도 이런 현상이 지속되기는 어렵다.

충분히 갖추었기 때문이다. 더 이상 도로를 더 놓을 곳도, 항만을 건설할 곳도 많지 않다. 서울에는 건물을 지을 땅이 별로 없다. 도로나 항만, 건물이 낡아서 대체하는 정도의 투자는 계속 있겠지만 벌판에 공장을 세우고 도로를 닦는 식의 투자는 이제 없다고 봐야 한다. 자본공급 증가세 둔화는 이미 2000년대 들어 일어났다.

예를 들어 자본이 성장시킨 경제성장률이 1990년대는 3.8%였다면 2000년대는 2.0%, 2010년대는 1.4%로 떨어진다. 이 값이 2020년대(2023~2030년)는 0.9%로 떨어지고 장기적으로는 0.4%에 머무른다.[2]

인구도 마찬가지다. 생산하는 사람의 수가 줄면 생산이 줄어들 수밖에 없다. 인구고령화를 운운하지만 인구 변화는 아직 우리나라 성장률에 크게 마이너스 영향을 주지 않고 있다. 인구가 경제성장에 미치는 마이너스 영향은 이제부터다. 2020년대(2020~2030년)는 노동이 가져오는 경제성장률은 0%로 떨어지고 2030년대는 −0.3%, 2040년대는 −0.7%다.[3] 신기술 투자와 자본 마모에 따른 대체투자로 일정 부분 투자가 이어지겠지만 인구는 이제부터 경제의 성장을 갉아먹을 것이다.

경제성장을 가져오는 요소는 자본과 노동 이외에 총요소생산성이 있다. 총요소생산성이란 자본과 노동이 행한 기여도를 척도로 분석할 때 이 둘의 기여로는 설명되지 않는 나머지들, 즉 잔차 residual 부분을 의미한다. 기술 혁신일 수도 있고 제도 개선, 공정 개선일 수 있다. 이처럼 총요소생산성 증가율은 정확하게 집어 분석하기 어려우므로 1.0% 정도로 장기전망을 하게 된다. 결국 자본, 노동, 총요소생산성을 합한 경제성장률 장기전망을 보면 우리나라는 2020년대는 1.9%, 2030년대는 1.3%, 2040년대는 0.7%로 그야말로 장기저성장에 접어든다.[4] 경제성장률이 2% 아래로 내려가 0%대를 향해 간다는 뜻이다. 성장의 엔진이 장기적으로 멈추고 있다. 자본과 인구를 증가시키는 어렵다. 자본을 파괴시키고 다시 지을 수는 없는 노릇이다. 결국 저성장을 벗어나려면 경제구조 개혁을 통한 총요소생산성을 개선시킬 수밖에 없다. 혁신을 부르짖는 이유다. 주어진 건물과 도로에서 생산성을 높이고 한 사람이 생산성을 높여 더 생산하는 능력을 갖추는 일이다. 하지만 역사는 이 길이 쉽지 않다고 말해 준다.

이 땅을 떠나지 않아도 된다, 자산의 서식지를 옮겨라

자산관리를 하는 사람은 여러 가능성에 대비해야 한다. 고도성장기에 성장한 아파트공화국은 장기 저성장기에도 계속될 것인가? 원화라는 로컬local 통화로 우리는 선진국과의 경쟁에서 이길 수 있을 것인가? 피라미드형 인구구조가 뒤집히는 과정에서 우리 경제는 연착륙할 것인가 아니면 붕괴할 것인가? 인구구조가 무너지는 상황에서는 자그마한 충격 하나가 경제를 흔들 수 있다. 축적의 시기에는 작은 요인들이 우리 경제를 점프하게 만들었지만 축소 시기와 인구구조의 기형적 불균형 시기에는 작은 요인 하나가 우리 경제를 나락에 빠지게 할 수 있다. 인구구조 변화를 기반으로 예측해 보면 대략 2040년 전후에 우리 경제는 치열한 전투를 치를 것으로 보인다.

이런 때 가장 중요한 것이 투자의 정석이다. 변칙이 아니다. 우리는 투자를 일컬어 포트폴리오선택portfolio choice이라고 한다. 열심히 내 자산을 들여다보는 것보다 어떤 자산을 선택할 것인가가 더 중요하다. 달리 표현하면 '내 자산을 어디에 둘 것인가' 문제다. 동물들은 먼 거리를 이동하여 새로운 서식지를 찾는다. 코끼리는 먹이를 찾아 하루에 15km를 이동한다고 한다. 우리도 자산을 최적의 곳에 두기 위해 서식지를 이동해야 한다. 국내만이 아니라 해외를 자산의 서식지 대상으로 삼아야 한다. 선진국과 개발도상국, 모두 혁신을 거듭한다. 세계의 인구는 계속 증가한다. 기회가 열려 있다. 그리고 자산의 서식지를 이동할 때 기준으로 삼아야 할 것이 투자의 정석이다. 무작정 이동하는 것이 아니다. 지도를 챙겨야 한다. 여기에 이 책이 도움이 될 것으로 믿는다.

책은 크게 세 부분으로 나누어져 있다. 1장은 우리나라 경제 환경 변화에 관해 썼다. 우리의 서식지가 앞으로 어떻게 될 것인가에 대한 전망이라 볼 수 있다. 2장부터 6장까지는 '부의 원리'에 대해 썼다. 이 원리는 많은 사람들이 동의하는 공통 원리를 기술했다. 그리고 7장부터 10장은 실제 적용에 해당하는 것으로 각각 생애자산관리, 연금관리, 자산배분, 금융상품을 각각 설명했다. 투자 원리를 개인의 삶에 적용한 것이 생애자산관리이며, 생애자산관리의 핵심적인 수단이 연금이며, 연금운용에는 자산배분과 금융상품 선택이 중요하기에 이런 구성을 택했다. 결국 7장부터 8장은 생애자산관리 혹은 개인의 자산관리라 볼 수 있겠다. 마지막으로 9장과 10장은 투자를 실행할 때 부닥치게 되는 문제를 설명했다.

버턴 말킬의 "투자란 천천히 그러나 확실하게 돈을 버는 법"이라는 말 외에 필자가 미래에셋에 들어와서 배운 말은 '소의 걸음과 호랑이의 눈牛步虎視'이다. 소의 걸음은 정석定石이고 호랑이의 눈은 변화를 읽는 눈이다. 버턴 말킬의 말과 우보호시牛步虎視는 같은 말이다. 부를 이루는 길도 바로 여기에 있다고 본다.

2024년 5월
광화문 광장을 내려다보면서

차례 ———

5장

분산, 분산, 결국 분산이다

6장

투자의 심리학

1장

성장이
멈춘 시대,
우리의 자산은
안전한가?

모멘텀이 제로가 되면 운동에너지가 충격량이 된다.

— 뉴턴의 법칙 중

최근 우리나라의 성장은 멈춘 듯 보인다. 이것을 단지 인구의 감소 문제로 치부하기는 어렵다. 우리나라의 인구구조는 지금까지 너무 좋았다. 생산가능인구 비중은 계속 늘어나는 반면 유소년과 노인을 부양하는 총부양비는 최저치를 기록했기 때문이다. 게다가 지난 20년간 중국이 고성장을 지속했고 미국은 돈을 무시무시하게 많이 풀었다. 이 와중에 우리도 가계부채를 증가시켰다. 경제 환경이 이보다 좋을 수가 없었다. 정작 인구 감소의 부작용은 아직 나타나지 않은 셈이다.

　우리나라 인구는 2040년을 변곡점으로 완전히 다른 구조로 변할 것이다. 이 과정에서 생각지 않은 많은 일들이 일어난다. 달려가는 자동차의 운동량을 모멘텀momentum이라고 한다. 차가 벽에 부딪쳐 정지해 모멘텀이 제로가 되면 운동에너지는 충격량이 돼 버린다. 2040년 이후 우리나라 경제는 브레이크로도 잘 멈출 수 없는 내리막길에 접어든다. 경제는 단단한solid 구조가 아니라 취약한vulnerable 구조가 되고 수출과 내수의 양극화도 커진다. 감히 상상할 수 없는 충격량이다. 그렇다면, 이제 우리의 자산은 어디에 두어야 할까?

지난 20년은 잊어야 한다

우리나라의 고성장 시기는 막을 내렸다. 외환위기를 겪기 전은 그야말로 폭발적인 성장을 이룩한 시기였다. 2000년대는 고성장이 마감되는 한편 우리 사회를 바꾸는 결정적인 기간이었다. 성장률은 낮아졌지만 소득이 크게 증가했기 때문이다. 2000년부터 2020년까지 우리나라 1인당 국민총소득GNI은 1만 1000달러에서 3만 6000달러로 2만 5000달러가 증가했다. 3인 가구로 보면 가구의 소득이 20년 동안 7만 5000달러가 증가했다는 뜻이다.[1] 한 집안의 소득이 거의 1억 원 증가한 셈이다. 그리고 우리는 선진국에 진입했다. 외환위기 이후에 저성장은커녕 선진국에 진입하다니 도대체 무슨 일이 생긴 것일까? 필자가 바로 2000년~2020년의 20년 기간을 주목하는 이유다.

우리나라가 어느 순간 선진국처럼 변했다는 것을 느낀 때는 2010년대부터다. 〈그림 1-1〉에서 보듯이 2008년 글로벌 금융위기 이후 성장이 점프한다. 2000년부터 글로벌 금융위기까지는 IMF 외환위기의 충격에서 벗어나는 기간이었다면 세계 경제가 2008년 글로벌 금융위기의 충격에서 벗어나면서부터 우리는 명실상부하게 선진국의 모습을 갖추었다. 시내에는 고급스런 카페가 많이 생겨났고 30억 원대 아파트가 흔하게 되었다. 혹자는 아파트 가격이 20년 전에 비해 가격에 '0'이 하나 더 붙은 것 같다고 말하기도 한다. 국

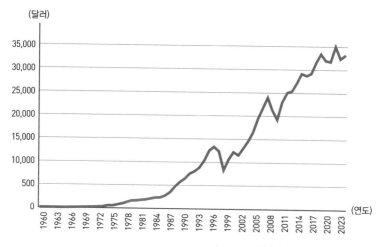

그림 1-1. 한국의 1인당 GDP(명목, 달러 표시, 1960~2023)

자료: KOSIS 국가통계포털(2024. 5. 기준)

가의 격이 달라졌다.

우리나라는 개발도상국이 성장 동력 부족으로 선진국으로 발전하지 못하는 중진국의 함정도 겪지 않았다. 우리나라처럼 경제성장의 둔화 없이 1만 달러에서 3만 달러를 17년 만에 돌파한 나라는 찾기 어렵다. 이 시기는 우리의 소득만 증가한 것이 아니다. 세계가 모두 팽창하는 시기였다. 14억 명의 인구를 가진 중국이 2000년에 1인당 GDP 960달러에서 2022년에는 1만 2700달러로 13배가 되었다.[2] 중국의 상품 공급으로 세계 경제는 저물가·고성장을 구가할 수 있었다. 당시 미국의 연방준비제도(이하 연준) 의장이었던 앨런 그린스펀이 금리를 올려도 장기금리가 오르지 않았다. 성장을 해도 물가가 오르지 않았다. 수수께끼 같은, 어떻게 보면 행복한 퍼즐에 직면했던 때가 2000년대였다. 2006년 그린스펀을 이은 연준 의장 벤 버냉키는 중국의 과다한 저축이 그 원인이라 보았다.

중국의 과다한 저축을 버냉키는 우려스러운 눈으로 보았는데 정작 사고는 미국에서 터졌다. 중국의 과잉저축으로 물가가 낮으니 경제가 성장해도 금리를 굳이 높일 필요가 없었다. 이는 주택 가격 상승으로 이어져 2008년에는 주식시장이 아닌 주택시장 버블과 함께 글로벌 금융위기가 닥쳤다. 중국의 과잉저축은 중국에 버블을 불러일으켜야 했지만 중국은 해외에서 벌어들인 돈으로 다시 미국 국채를 매입하면서 유동성은 미국으로 유입되었고 그 유동성이 미국에서 주택 버블을 일으킨 것이다.

글로벌 금융위기 충격은 대공황에 버금가는 수준이었지만 미국은 이에 대한 대응으로 돈을 엄청나게 풀었다. 1960년에서 2007년 사이에 본원통화가 7880억 달러 증가했는데 2008년 구제금융 때는 8750억 달러의 돈을 찍어 내면서 본원 통화가 2배가 되었다. 이후에도 2011년까지 계속 찍어 내어 초과지준이 1조 6000억 달러로 금융위기 이전에 비해 96000%나 증가해 있었다.[3] 여기에 그치지 않고 향후 정책에 대한 방향을 외부에 알리는 '포워드 가이던스 forward guidance'를 도입해 앞으로 금리를 올리지 않겠다고 발표했다. '오퍼레이션 트위스트operation twist'라는 채권 매입 프로그램도 도입했다. 이것은 단기국채를 팔고 장기국채를 매입해서 수익률 곡선을 평평하게 만드는 것으로, 통화량을 늘리지 않으면서 미국 경제에 영향을 주는 장기금리 수준을 통제할 수 있는 장점이 있었다. 결국 중앙은행이 채권시장의 '보이는 손'이 되어 버렸다. 세상에 이런 일이! 외환시장에서야 있는 일이지만 채권수익률까지 중앙은행 손이 뻗친 것이다.

통화는 언젠가 환수해야 한다. 그런데 글로벌 금융위기 때 풀린 통화를 환수해야 할 때쯤, 2011년 유럽이 재정위기에 빠지면서 달러 부채를 가진 유럽의 은행들에 달러를 공급해야 했다. 양적완화 프로그램도 2014년 10월에 가서야 자산매입 프로그램을 중단했다. 미국 연방기금금리는 2016년 말까지 0.4%에 머물러 있었고 2017년도 실질적으로 프로그램을 축소하지 못하고 있었다. 2018년 2월 재닛 옐런의 뒤를 이어 제이 파월이 연준 의장으로 취임하고 풀린 돈을 회수하기 시작했지만 코로나19 사태로 2020년부터 미국 중앙은행은 더 많은 돈을 짧은 기간에 풀어 버렸다. 2020년의 대규모 구제금융은 글로벌 금융위기 이후 통화팽창으로 형성된 경제 체제를 바로잡기는커녕 더 공고하게 만드는 결과를 초래했다. 통화팽창이 노멀normal이 되어 버렸다.

2008년 금융위기 이후 돈이 일단 엄청나게 풀리면서 경제는 유동성이 풍부한 상황을 상수로 간주하게 되었다. 레버리지를 과다하게 해서 돈을 버는 것이 상식이 되었다. 여차하면 미국 연준에서 유동성이 공급되니까. 기업들은 돈을 빌려서 자사주를 소각했고 기업 부채는 증가했다. 헤지펀드들의 레버리지 비율은 계속 높아졌고 덩달아 주식 가격과 상업용 부동산 가격이 급등했다. 그리고 개발도상국으로 돈이 흘러들어 갔다. 부채 잔치에서 우리나라도 예외는 아니었다. 미국과 영국 등은 2008년 글로벌 금융위기 이후 가계부채를 줄여 갔지만 우리는 상승세를 이어가 가계부채가 크게 증가했다. 2007년 대비 2022년 GDP 가계부채비율이 우리는 69%에서 105%로 +36%포인트 증가했고 중국이 +42%포인트 증가, 캐나다가 +22%포인트 증가했다. 한국, 중국 이 두 나라 모두 부동산 버블을 보인 나라다.[4]

이 시기 우리나라의 성장은 대내적으로는 IMF 외환위기의 구조조정으로 기업의 경쟁력과 경제의 효율성이 높아졌고 대외적으로는 중국의 고성장, 미국의 돈 풀기, 저물가, 고환율이라는 요인이 세계 경제를 성장시키고 우리나라 수출을 증가시켰다. 1980년대 초에 물가를 잡으면서 경쟁력을 강화했더니 1986년에 3저 호황이라는 대외적인 요인이 겹치면서 단군 이래 최대의 호황을 맞이했던 것과 흡사했다. 2000년대 20년은 단군 이래 최대의 호황은 아니었지만 단군 이래 가장 잘살았던 시기였다. 1986년에 3저 호황이 있었다면 이번에는 중국의 폭발 성장, 미국의 돈 풀기, 고환율(원화 약세)이 있었다. 실물과 금융 모두에서 광풍의 시기였고 우리는 여기에 편승하여 성장을 할 수 있었다.

사람들은 지난 20년의 메모리를 갖고 있다. 부동산도 '0'이 하나 더 붙을 정도로 많이 올랐고 소득도 많아졌다. 금리가 낮아서 돈을 계속 빌려도 이자 부담이 늘어나지 않아 부채를 늘려 갔다. 사람들은 이제 부채를 당연시한다. 앞으로도 소득은 과거의 증가 속도로 늘어날 것이고 부동산 가격도 많이 상승할 것이라 생각한다. 소득은 계속 증가할 것이고 아파트 불패 신화는 이어질 거라는 믿음이다. 소위 인지認知의 관성이다. 과거 20년 그랬으니 앞으로도 계속될 것이라 보는 것이다.

이제 과거 20년의 메모리를 버려야 한다. 우리나라의 1인당 GDP는 더 이상 증가 추세가 아니다. 달리던 자동차가 멈추면 관성 때문에 안에 있는 사람들이 밖으로 튕겨 나간다. 소득이 증가하지 않으면 20년 동안 구조화되고 고착화된 삶의 방식이 되돌려질 것이다. 이 과정은 분명 고통스러울 테다. 꼬박꼬박 원리금은 상환하는데 부동산 가격은 오르지 않고, 삶을 짓누르는 부채를 줄여 나가는 과정은 만만치가 않다. 실제로 우리는 1인당 GDP가 2017년에 3만 1000달러를 돌파하고 난 뒤 6년 동안 3만 3000달러로 2000달러 증가했을 따름이다. 많이 감속했다.

일본화의 길: 벚꽃처럼 지고 옥쇄처럼 부서지는

1990년 즈음 직장을 다닐 때였다. 당시만 해도 일본의 월급이 대략 우리 월급의 3~5배 정도 된다는 느낌을 받았다. 그런데 30년이 지난 지금 일본은 오히려 우리나라보다 월급도 낮고 구매력 기준으로 1인당 GDP도 낮다. 달러 기준 1인당 GDP도 별반 차이 나지 않는다. 일본은 30년 동안 시간이 멈춘 느낌이다. 일본을 보면 선진 국도 오랜 시간 성장이 멈출 수 있다는 생각을 배제할 수 없다. 문제는 일본만이 아니다. 정도의 차이가 있을 뿐 유럽재정위기가 닥친 2011년 이후 유럽 경제도 정체 상태다. 영국은 2008년 4만 2100달러였다가 14년이 지난 뒤에 4만 6000달러였고, 이탈리아는 2008년 4만 944달러였으나 2022년은 3만 4770달러로 하락했다.[5] 우리는 1990년대에 1인당 GDP가 일본의 1/3정도였다. 지금은 거의 같을 정도로 증가했는데, 앞으로도 계속 우상향 직선으로 증가할 수 있을까? 아니면 1990년대 이후의 일본이나 2010년대 이후의 유럽처럼 정체 상태를 보일까?

일본 군국주의 상징은 사쿠라(벚꽃)와 옥쇄玉碎다. 실제로 일본 군국주의의 부상과 몰락은 옥이 산산이 부서지는 모습을 닮았다. 전후戰後 일본 경제 모습도 이와 다르지 않다. 1960년대부터 고속 성장한 일본 경제는 1980년대에 들어서 세계 2위의 GDP를 차지하고 한때 주식시장 시가총액이 미국을 앞지르기도 했다. 2차 세계

그림 1-2. 한국, 일본, 중국의 1인당 GDP(1960~2023)

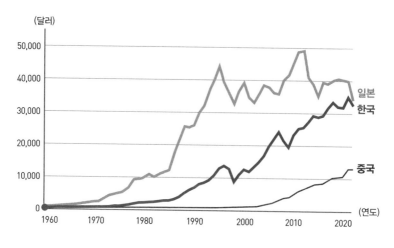

자료: 세계은행

대전 이후 일본을 제외한 어느 나라도 미국의 시가총액을 앞서지 못했고 지금도 그러하다. 1988년 시가총액 기준 세계 50대 기업 가운데 33개가 일본 기업이었고 20위 위로는 일본 기업이 16개 있었다.[6] 그런 나라가 1990년 꼭두새벽부터 거꾸러지기 시작하여 30년이나 성장을 잃어버렸다.

세계는 옥이 부서지는 모습의 일본 경제에 '일본화Japanification'라는 말을 붙여 주었다. 일본화는 초장기 저성장과 디플레이션 때문에 제로 금리의 늪에서 탈출하지 못하는 현상으로 정의할 수 있다. 유럽재정위기 이후에는 독일 채권 금리가 마이너스까지 되면서 세계가 일본화될지 모른다는 논의가 있었고, 일본과 비슷한 경제 발전 경로를 밟은 우리나라나 중국은 지금 일본화를 걱정하고 있다. 2023년 중국 물가상승률이 마이너스를 기록하자 일본화라는 말이 바로 튀어나왔다. 최근 성장률이 자꾸 떨어지고 있는 우리나라도 일본처럼 초장기 저성장에 들어선 것이 아닌지 불안해하고 있다. 우리나라 경제가 일본화의 길을 걸을까? 일본화를 키워드로 일본과 우리나라 경제를 비교해 보자.

일본화라는 말은 쉽게 내뱉을 만한 무게가 아니다. 2008년 노벨 경제학상을 받은 폴 크루그먼은 1998년에 〈일본의 함정Japan's Trap〉이라는 논문을 발표했다.[7] 그는 38세에 미국의 예비 노벨상이라고 불리는 존 베이츠 클라크 메달을 받았고 55세라는 젊은 나이에 노벨 경제학상을 수상한 대학자다. 아시아 국가들은 성장의 한계에 직면할 것이라고 1990년대 중반에 경고한 사람도 크루그먼이다. 〈일본의 함정〉에서 크루그먼은 일본이 인구구조 등으로 장기 저성장에 빠지면 실질금리가 마이너스가 되어야 하며 이를 위해서는 인플레이션이 있어야 한다고 보았다. 실질금리는 명목금리에서 (기대)물가상승률을 뺀 값이기에 물가상승률이 높아지면 실질금리는 낮아진다. 그런데 일본은 물가가 탄력적이지 못하므로 중앙은행은 물가가 오를 때까지 통화를 계속 확장해야 한다고 보았다. 파격적인 제안이었지만 일본은 이를 채택했다.

일본은 디플레이션, 즉 물가하락을 극복하기 위해 2001년부터 본격적인 제로금리 정책을 시작하여 2006년까지 지속했다. 미국 연준 의장이었던 버냉키가 2008년 글로벌 금융위기 때 제로금리라는 가보지 않은 길을 갈 수 있었던 것도 일본이 앞서 시행한 제로금리 정책 선례가 있었기 때문이다. 일본은 2006년 이후 잠깐 제로금리 정책이 느슨해졌지만 2013년 아베노믹스 때부터 중앙은행이 채권을 직접 매입하는 등 제로금리에 양적완화정책을 더했다. 2016년에는 은행들의 과다한 지급준비금에 대해 마이너스 금리를 매겼고, 정부가 국채 시장에 직접 개입하여 10년 국채 금리를 0% 선으로 유지했다. 이후 일본은 장단기 금리 모두 제로금리가 되었다.

이러한 정책은 어떤 나라도 따라 하기 힘든 어마어마한 것이다. 20년간 일관되게 제로금리를 유지했다는 것만으로 일본은 이해하기 힘든 나라다. 미국도 제로금리가 되기도 하지만 일시적이다. 중앙은행의 불문율은 한 금리 수준에 너무 오래 머무르면 안 된다는 것이다. 저금리가 너무 오래 지속되면 버블을 일으키고 부채 중심의 사회로 바뀌고 만다. 반면 고금리가 오래 지속되면 멀쩡한 기업도 무너진다. 하지만 일본은 그런 문제가 일어나지 않았다. 20년간의 일관된 제로금리 정책은 조변석개하지 않고 꾸준히 지속하는 일본의 특성을 보여 주지만 그만큼 일본 경제의 심각성을 말하고 있는 셈이다. 일본의 경제 위기의 심각성과 지속성은 어디에서 비롯되었을까?

한창 성장하던 일본 경제는 1990년대에 차원이 다른 충격을 받았다. 1985년 플라자합의로 달러당 240엔 하던 환율이 1년 만에 150엔으로 하락했다. 1년 만에 통화 가치가 38% 오른 셈이다. 여기에 그치지 않고 1995년에는 70엔대까지 하락한다. 우리나라 환율로 생각해 보면 1200원 하던 달러/원 환율이 1년 만에 740원이 되고 뒤이어 계속 강세를 보여 10년 후에는 360원이 되었다는 뜻이다. 우리나라 환율이 2003년 1200원에서 4년 만에 900원으로 떨어졌을 때의 수출시장과 외환시장 혼란을 감안하면(2008년에는 KIKO 사태로까지 이어진다.) 플라자합의의 영향을 상상할 수 있을 것이다. 플라자합의와 이후 엔화 가치의 상승은 경제적인 원폭에 버금가는 충격이었다.

엔화 강세로 기업들이 해외로 기지를 옮기면서 산업공동화가 진행됐다. 경제성장률이 떨어진 데다가 미국이 일본에 내수를 늘릴 것을 요구하면서 일본은 금리 인하를 단행했다. 이 결과 일본 부동산 시장과 주식시장에는 엄청난 거품이 생겼다. 이에 일본은 1989년 한 해에만 금리를 2.5%에서 6%로 인상했다. 금리 인상이 버블 붕괴의 방아쇠를 당겼다. 1990년 새해부터 일본 주가가 폭락하고 부동산 가격이 급락했다. 부동산에는 대출이 수반되므로 부동산 버블은 어느 나라고 간에 큰 후유증을 남긴다. 부채 가치는 그대로인데 자산 가격이 급락하는 대차대조표 불황에 빠진 일본은 부채를 단기간에 조정하는 대신 10여 년에 걸쳐 서서히 줄여 갔다. 일본 기업들은 부채비율 400%에서 150%까지 낮추는 구조조정을 이어 갔다. 이런 상황에서 운이 없게도 세계 경제가 받쳐 주지 못했다. 멕시코가 1995년에 외환위기에 빠졌고 태국, 한국, 말레이시아 등 아시아 국가들이 뒤를 이었다. 1998년에는 러시아가 모라토리엄(채무상환 유예)을 선언했고 뒤이어 그로써 미국 헤지펀드 회사 LTCM**Long Term Capital Management**이 파산했다. 2000년 나스닥이 붕괴했고 2001년에는 9.11 테러가 일어났다. 설상가상으로 일본은 1995년 고령사회로 진입하면서 생산인구가 감소하는 가운데 복지지출이 증가했다. 격투기에 비유하면 4단 콤보 공격(버블 붕괴, 대차대조표 불황, 고령사회, 세계금융시장 혼란)을 받은 셈이다.

일본의 30년 장기불황, 즉 일본화를 크게 두 가지 관점으로 보기도 한다. 첫째는 금융을 요인으로 본다. 자산버블 붕괴로 인한 신용경색으로 투자와 소비가 위축되어 불황이 왔다는 관점이다. 하지만 금융요인으로 30년간 장기불황이 이어지는 경우는 없다. 금융요인은 일본의 장기불황 전반기에 영향을 주었을 따름이지 이후까지 지속적으로 영향을 주지는 않았다고 봐야 한다. 둘째는 실물요인으로 인구고령화와 자본생산성 하락으로 투자 기회가 없었기 때문에 장기불황에 빠졌다고 본다. 이때는 이자율도 낮게 유지되었으며 기업이 투자 기회가 있으면 차입에는 문제가 없었기에 신용 경색이 없었다는 관점이다.[8]

일본의 장기불황이 금융요인 때문이었다면 우리나라는 일본처럼 장기불황에 빠지지 않는다. 일본과 같은 자산버블이 없기 때문이다. 반면 실물요인이 원인이었다면 우리도 그 길을 밟을 가능성이 있다. 이미 자본이 많아 앞으로 더 투자할 곳이 마땅찮기 때문이다.

한국화의 길: 인구구조 붕괴 사회

우리나라가 일본이 보인 '초장기 저성장, 디플레이션, 유동성 함정'이라는 상황에 빠질 이유는 없다. 우리는 일본과 다른 길을 걸을 요소를 갖추고 있다. 우선 경제 규모가 다르다. 1990년대 당시 일본은 세계 GDP 2위 국가였다. 1995년에 일본의 GDP는 5.5조 달러였고 미국의 GDP는 7.6조 달러였다. 일본은 미국 GDP의 76%를 차지할 정도였다. 이 정도 규모면 일본 경제가 살아나기 위해서는 자생력을 가지고 있어야 한다. 경제 규모가 작으면 자국의 소비와 투자가 부진해도 해외 수요가 많으면 경제가 회복될 수 있다. 하지만 일본은 그렇지 못했다.

우리나라는 전혀 다른 상황이다. 2021년 현재 우리나라 GDP는 1.8조 달러다. 미국 GDP는 23조 달러, 중국 18조 달러, 일본과 인도를 합치면 8조 달러다.[9] 우리나라 경제 규모는 이들 국가의 3.6%에 불과하다. 미국 GDP와만 비교해도 7.8%에 불과하니 1990년대 당시 일본이 차지한 76%와는 차이가 크다. 우리는 내부 성장 엔진이 약화되더라도 제품의 국제 경쟁력이 있으면 수출을 통해 성장할 수 있는 나라다. 2024년 1분기 성장률이 전분기 대비 1.3%로 크게 오른 것도 수출 때문이다. 우리나라 경제는 해외 경제가 좋으면 덩달아 좋아질 수 있다. 게다가 세계 인구는 2050년에 90억 명을 훌쩍 넘어선다고 하지 않는가?

또 우리나라는 일본처럼 환율이 초강세가 되지 않는다. 오히려 최근에 환율은 미국 금리 인상으로 인해 1300원을 넘는 등 약세를 보이고 있다. 1300원인 환율이 앞으로 700원까지 하락할 것인가? 더욱이 400원까지? 불가능에 가깝다. 언젠가 하락하지 않는다는 보장이 있느냐고 반문할 수 있다. 일본 엔화는 안전통화이자 기축통화에 속한다. 금융위기가 오면 엔화는 가치가 오른다. 반면에 우리는 금융위기가 오면 통화 가치가 떨어진다. 2008년 글로벌 금융위기 때 900원 하던 환율이 1600원까지 올랐다. 1998년 외환위기 때에는 2000원까지 상승했다. 그 외에도 세계 금융시장이 흔들릴 때면 원화 가치는 어김없이 떨어졌다. 앞으로 원화가 초강세가 되어 우리나라 경쟁력을 낮추고 내수 버블을 가져올 가능성은 거의 없다.

마지막으로 우리는 상장사 기업 부채비율을 500%에서 200%대로 줄이는 구조조정을 1997년 외환위기 때 이미 했다. IMF가 들어오고 불과 6년 만에 기업의 부채비율을 대폭 줄였다. 엄청나게 단기간에 이루어진 구조조정과 그에 따른 고통을 감내했다. 크루그먼은 당시 IMF의 고금리 정책을 맹렬하게 비난했다. 괜찮은 기업들도 망하게 하고 이로 인해 실업을 양산하고 많은 근로자들을 고통에 빠지게 만들었다는 것이다. 하지만 우리는 선택의 여지가 없어 무지막지한 구조조정의 길을 걸었다. 그 고통이 2000년대부터 우리나라 경제를 점프하게 만들었다. 세계 경제 성장의 과실을 우리가 향유할 수 있었던 것은 중국을 비롯한 세계 경제의 성장도 있었지만 외환위기 때 구조조정으로 기업의 체질이 강화되었기 때문이다.

한 가지 우려되는 점은, 일본이 전 세계에 제로금리를 20년 동안 이어가는 것이 가능하다는 것을 보여 주었다면 우리나라는 인구가 5000만 명이나 되는 나라의 합계출산율이 0.7명이 될 수 있다는 것을 세계에 보여 준 나라다. 우리나라는 환율 초강세, 버블 붕괴, 부채 과다로 인한 일본화의 길은 걷지는 않겠지만 인구구조 문제가 뇌관이 될 것이다. 크루그먼도 인구구조와 같은 요인이 장기 성장 동력을 약화시켰을 때 일본과 같은 유동성 함정이 올 수 있음을 경고했다. 따라서 여기에 잘 대응하지 못하면 우리는 일본의 버블 붕괴로 촉발된 경로와는 다른 장기 저성장에 빠질 수 있다.

우리나라 인구 고령화는 세계에서 유례를 찾아볼 수 없는 속도다. 고령화 수준과 함께 고령화 속도도 세계 1위를 달린다. 고령사회에서 초고령사회로 도달하는 햇수가 프랑스 29년, 미국 15년,

일본 11년인데 반해 우리나라는 불과 7년이다. 독일은 그 기간이 33년이나 되며 영국은 49년에 이른다. 이 정도 고령화 속도라면 우리나라의 인구문제가 부작용 없이 연착륙하기 어려워 보인다. UN에 따르면 50년 후 우리나라의 인구는 27% 감소하여 인구 감소폭에서 일본의 뒤를 이을 것이라 한다. 소규모 국가들 제외하고는 일본이 1위, 우리가 2위인 셈이다. 미국, 캐나다, 스웨덴은 인구가 20% 이상 증가하며 호주는 40%나 증가하는 것과 대조를 이룬다.

우리나라의 생산가능인구와 청년인구의 감소는 심각한 수준이다. 2019년을 정점으로 생산가능인구(15세~64세)는 매년 30~50만 명이 감소하여 2050년이면 1/3 이상이 감소한다. 특히 청년인구(19~34세)가 많이 감소하여 앞으로 20년 동안 35% 줄어든다. 25~64세의 활발히 일을 하는 연령층도 과거 30년 동안 1000만 명이 증가했으나 앞으로 30년 동안은 1000만 명이 감소한다. 이 정도 생산인구 급감은 이민자 유입만으로 메우기 어렵다. 고령화에 앞서 당장 젊은 생산인구가 부족해진다.

생산인구가 줄어들고 노년인구가 늘어나면 1인당 GDP가 증가하기 어렵다. 예를 들어 20명의 생산인구와 10명의 노년인구가 있으며 생산인구는 1인당 10개씩 바나나를 생산한다고 하자. 그러면 전체 30명의 1인당 바나나 생산 개수는 6.7(=200/30)개다. 그런데 생산인구가 15명으로 줄고 노년인구가 15명으로 늘어났다고 해보자. 생산하는 바나나는 150개인데 총인구가 30명 그대로니 1인당 바나나 생산은 5(＝150/30)개가 된다. 생산인구의 1인당 바나나 생산량은 줄지 않았는데 생산인구가 줄고 노년인구가 증가하는 것만으로 전체 인구의 1인당 바나나 생산은 줄어든다. 국가 경제도 마찬가지다. 생산인구의 비중이 줄고 노년인구 비중이 늘어나는 것만으로 1인당 GDP는 줄어든다. 생산성을 높이는 데도 한계가 있다. 일본의 1인당 GDP가 30년간 제자리걸음을 하는 이유도 여기에 있다. 우리나라 1인당 GDP는 과거 20년 동안 1만 달러에서 3만 2000달러로 증가했지만 앞으로는 저지선이 형성될 것이다. 한마디로 장기 저성장에 들어간다. 인구정책이나 사회시스템의 혁명적 변화가 있지 않는 한.

일본은 자산/부채의 가계 재무제표에서 자산 가격이 급락하면서 부채 가치가 높아지고 가계는 이를 갚느라 오랜 세월 동안 지출을 줄일 수밖에 없었다. 우리 역시 가계부채의 문제를 갖고 있다. 일본이 버블기에 담보비율 100%를 넘겨 대출을 해준 것에 비해 우리는 그 절반도 되지 않아 금융기관의 건전성에는 문제가 없지만 가계의 소비여력은 축소된다.

우리나라의 경제 규모 대비 가계부채의 비율은 2023년 3분기 현재 100.2%로 국제금융협회IIF가 조사한 34개국 중 1위이다. 가처분소득 대비 가계부채 비중은 2003년 126.5%에서 2021년에는 206%까지 올라갔다.[10] 우리나라는 가계대출 중 절반 이상이 주택담보대출로 결국 부동산 구매와 관련되어 있다. 2008년 글로벌 금융위기 이후 2016년까지 가계부채 증가는 베이비부머 세대의 주택 매수에 기인했다. 특히 저금리와 정부의 부동산 부양대책으로 노후 준비를 위한 임대용 부동산을 50대 이상 연령층에서 많이 구입했다. 코로나19 전후에는 청년들의 전세대출과 신용대출이 증가했다. 지금도 주택 관련 정책자금대출 등을 통해 가계부채는 좀처럼 줄어들지 않는 실정이다. 향후 과다 신용과 가구수 감소가 만나면 인구구조 붕괴의 부작용이 부동산시장에 더 크게 나타날 수 있다.

일본의 1990년대와 우리는 다르다. 플라자합의와 같은 폭력적인 환율 강세도 없을 것이고 엄청난 버블도 없기 때문이다. 게다가 우리는 이미 외환위기 때 구조조정을 강력하게 한 바 있어 경제 체질이 취약한 상태도 아니다. 물론 가계부채라는 고리가 있지만 일본이 경험했던 부채 불황 수준에는 훨씬 미치지 못한다. 무엇보다 주된 교역 상대국의 경제 규모에 비해 우리나라의 경제 규모가 작기 때문에 상대 국가가 성장하면 우리도 성장할 수 있다. 이들이 일본화와 관련된 우리와 일본 경제의 차이다.

반면에 저출산·고령화라는 인구구조 문제는 우리와 일본이 공통된다. 아니, 우리가 일본보다 심각하다. 환율 초강세와 '버블 붕괴'가 만들어 낸 일본화가 있다면 우리는 '인구구조 붕괴'로 저성장 드라마를 그릴 것이다. 게다가 자본이 과잉인 상태다. 자본의 생산성이 한계에 달했다고 봐야 한다. 우리나라는 자본 생산성이 더 이상 증가하지 않으면서 자본의 수익성이 떨어지고 더 투자할 곳이

보이지 않는다. 여기에 생산인구마저 줄어들면서 장기 저성장에 들어갈 가능성이 크다.[11]

우리나라는 일본처럼 재정적, 금융적 완충 장치로 대규모 정부 부채와 제로금리를 가져갈 수 없다. 그 약한 고리가 외환시장에서 나타날 수 있는데 인구구조가 붕괴하는 상황에서 저성장·고부채 사회가 되고 이로 인해 외환시장이 불안해지는 경로다. 유럽재정위기 당시 그리스나 이탈리아처럼 국가의 안정성이 떨어지고 충격에 취약한 모습이 된다. 이것이 바로 일본화와 차별되는 '한국화 Koreafication'의 길이다. 1990년대 일본의 상황을 뜯어 보고 있을 때가 아니다. 우리의 인구문제와 우리의 통화 경쟁력에 기반한 대응이 절실하다. 그렇다면 이러한 문제는 언제쯤 일어날까?

2040년 전후가 변곡점

2024년 현재, 대한민국의 인구구조는 나쁘지 않다. 여전히 생산가능인구(15~64세) 비중이 70%를 넘는다. 고령자 부양 비용이 증가해도 유소년 부양 비용이 줄어들기에 국가가 부담하는 총부양비는 높지 않다. 현재로서 인구의 부작용은 거의 나타나지 않았고 오히려 생산인구 비중은 계속 높았던 반면에 유소년 인구 감소로 총부양비가 줄어들면서 우리나라는 그야말로 지금까지 산출은 늘고 비용은 줄어드는 좋은 상황이었다. 하지만 이제부터 상황이 역전되기 시작한다. 생산가능인구는 내리막길을 타듯이 급속하게 감소하여 2040년이면 그 비중이 55% 가까이 떨어지고 2050년에는 50%가 된다. 2040년 전후로 인구구조는 변곡점을 지나고 그 이후에는 어떤 브레이크로도 멈출 수 없는 내리막길에 접어든다. 2040년을 대략적인 변곡점으로 보는 몇 가지 이유가 있다.

첫째, 국민연금 5차 재정추계에 따르면 국민연금 적립금이 정점인 때가 2040년이며 2041년이면 수지 적자에 들어간다. 보험료와 운용수익을 합한 것보다 연금지급액이 많아지는 때가 2041년이라는 뜻이다. 이후 적립금은 수직 낙하하듯이 줄어들어 최대 1750조 원에 달했던 적립금이 2055년이면 모두 고갈된다. 2023년 기준 국민연금지급액이 연 39조 원이지만 2040년이면 한 해 175조 원, 2050년은 연 321조 원이 된다.[12] 국민연금 시장만 보면 우리는 15년 정도 지나면 지금과 다른 신세계에 들어선다.

둘째는 가구수 변화다. 총가구수는 계속 증가하여 2038년에 최고점이 되고 그 이후 감소한다. 총가구수가 변화하는 가운데 연령별 가구수는 완전히 다른 모습을 보인다. 2000~2020년 동안 총가구수는 622만 가구 증가했다. 2020~2040년에는 총가구수가 314만 가구 증가한다. 문제는 60대 이상 가구가 570만 가구 증가하고 50대 이하 가구는 256만 가구 감소하는 것이다. 구매력 있는 가구가 크게 감소한다. 앞으로 20여 년간 총가구수가 증가하는 가운데 연령별로 보면 가구는 처절하게 늙어 간다. 주택 시장은 어느 장단에 춤을 출지 혼란스러울 것이다. 하지만 2040 년을 넘어서면 모두 정리된다. 처음으로 가구수가 10년 동안 106만 가구 감소한다. 엄청난 충격이다. 이제 2040년을 넘어서 면 총가구수가 감소하는 시대에 접어드는 것이다. 2000~2040년 40년 동안 936만 가구 증가했는데 이제 2040년 이후 10년 동안에 100만 가구 이상이 감소한다.[13]

셋째, 주식시가총액의 변화다.《한국 금융의 미래》에서는[14] 인구 구조 변화를 바탕으로 물가상승 부분을 뺀 실질주식시가총액을 전 망했다. 이에 따르면 2040년까지 실질주식시가총액이 증가하다 가 그 이후 급속하게 감소하는 모습을 보인다. 구체적으로 1990년 부터 주식시장의 시가총액 규모는 꾸준히 증가하다가 2035년에 1948조 원으로 최대치를 기록하고 그 이후에는 감소하는 것으로 예측되었다. 그리하여 2040년 1930.1조 원, 2050년 1749.6조 원, 2060년 1329.2조 원, 2070년 618.2조 원으로 크게 하락한다. 이는 2040년 이후 65세 이상 고령인구가 빠르게 증가하고 고령 투자자 들은 위험자산인 주식을 회피하는 데 그 원인이 있는 것으로 설명 할 수 있다. 동시에 위험 회피 성향이 작아 주식에 대한 수요를 증 가시키는 젊은 세대의 규모가 급속히 감소하는 점도 영향을 끼친 다. 외국 투자자들의 추가적인 주식 수요가 없다면 우리나라 주식 시장은 인구구조 변화로 인해 2060년 이후에는 급속히 축소되는 상황에 접어들 것으로 예상된다.

마지막으로 총금융자산의 변화다. 총 저축액, 주식 시가총액, 채권 시가총액의 예측치를 합하여 금융자산 규모를 추정하였다. 물가를 감안한 실질금융자산 규모는 2023년 1경 170.9조 원에서 2040년에 1경 546.0조 원으로 증가하며 정점을 이룬다. 그 이후 전체 금융자산은 감소하기 시작하여 2050년에 1경 495.4조 원, 2060년에 1경 268.0조원으로 감소한다. 2040년부터 고령화가 급속하게 진행되고 전체 인구도 감소하면서 금융자산 규모도 2040년경 정점을 이룬 이후에 감소하는 것으로 설명된다.[15] 이는 우리나라에서 추세적으로 실질금융자산 규모가 감소하는 최초의 경험이다.

이처럼 2040년 이후에 우리나라 경제는 새로운 인구구조에 적응하면서 변해 갈 것으로 보인다. 생산인구가 증가하고 총부양비용 부담이 줄어드는 지금까지의 양상과는 정반대다. 생산성이 획기적으로 높아지거나 혹은 세계 경제 성장률이 계속 높으면 우리나라의 성장 정체를 막을 수 있겠지만 그럴 가능성은 현재로서는 낮다. 지나치다 싶을 정도로 변화를 빠르게 꾀하지 않는 한 경제정책에서 틀에 박힌 생각을 고수하거나, 지금까지의 고성장에 취해 도덕군자 같은 소리를 한다면 이 함정을 벗어나기는 어렵다. 우리나라는 지금껏 운이 좋았으니 앞으로도 좋을 것이라 낙관할 것인가? 이는 행동경제학에서 말하는 전형적인 인지 착오다.

자산의 서식지를 옮겨라

인구구조 붕괴에 따른 현실을 설명하면 어떤 이는 "이민을 가야겠어요." 혹은 "도망가야죠."라고 말한다. 그런데 한국에 수십 년간 인적, 물적 다양한 인프라를 구축해 놓고 해외로 떠난다는 것은 몹시 비효율적이다. 사람이 서식지를 옮길 필요가 없다. 자산을 옮기면 된다. 요즘은 모바일에서 터치 한 번이면 투자 기회가 많은 해외로 자산을 옮길 수 있다.

일본의 30년 저성장을 보면서 자산관리의 화두를 던져 본다. 1994년 대비 30년 후 엔화의 가치는 87% 떨어졌다. 30년 동안 물가가 11.4% 오른 것과 비교하면 충격적인 숫자다. 일본은 물가가 훨씬 덜 올랐는데도 엔화가 강세가 되기는커녕 1994년 대비해서 무려 87% 약세가 되었다. 이게 무슨 조화인가? 일본은 대체 무슨 일이 일어났던 걸까? 자산관리는 문제가 없었는지 예를 통해 A와 B 두 사람의 자산관리 방법으로 한번 살펴보자.

A는 엔화를 달러로 바꾸어 달러 자산을 보유했다. 1994년에 1000만 엔을 당시 환율로 환전하니 10만 4166달러가 되었다. 그리고 자산가치는 이후 30년 동안 미국 물가상승만큼 올랐다고 가정한다. 미국 주가지수가 연 10% 상승하는 것을 감안하면 물가상승률만큼 자산가치가 오른다는 것은 보수적인 가정이지만, 여기서는 구매력을 유지하는 정도만 자산가치가 올랐다고 가정한다. 그러면 30년

표 1-1. 잃어버린 30년 동안 일본과 미국의 자산투자 수익성

	엔/달러	소비자 물가지수		자산투자	
		일본	미국	일본	미국
1994년	80엔	96	107	1000만 엔	10만 4166달러
2024년	150엔	107	308	1114만 엔	29만 9998달러
증가율	-87.5%	+11.4%	+188%	7만 4266달러	29만 9998달러

B   A

후에 188%가 오르니 자산가치는 2024년 29만 9998달러가 된다.

B는 1994년에 1000만 엔을 그냥 보유하였다. 그리고 자산가치는 일본 물가상승만큼 올랐다고 가정하면 30년 후의 자산가치는 1114만 엔이 된다. 1114만 엔을 2024년 엔달러 환율을 적용하여 달러로 바꾸면 7만 4266달러가 된다. A의 자산은 30년 동안 B의 4배가 되었다. 이게 어떻게 된 건가? 자산을 어디에 두느냐는 것만으로 자산수익이 이렇게 큰 차이가 난다. 일본에 자산을 두고 재테크를 아무리 잘해도 미국에 자산을 옮겨 놓고 가만히 있는 것을 따라가기 힘들다. 경제의 구조가 변할 때는 자산을 어디에 두느냐의 의사결정이 중요한 이유다.

이제는 연금으로 적립하는 경우를 살펴보자. 〈그림 1-3〉은 1995년부터 20년 동안 매년 같은 금액을 투자했다고 할 때의 수익률을

그림 1-3. 일본의 수치로 보는 글로벌 분산 & 적립투자의 효과

나타낸 것이다. 정기예금만 들었다면 20년 총수익률이 1.32%에 불과하다. 일본만의 독특한 특징이다. 국내 주식과 국내 채권에 절반씩 투자하면 총수익률은 38%로 예금보다는 훨씬 높아진다. 다음은 주식과 채권에 투자하되 이를 국내, 선진국, 신흥국에 각각 나누어 글로벌 투자하는 경우다. 일본 국내 주식, 선진국 주식, 신흥국 주식에 각각 1/6씩 투자하고 채권도 동일하게 세 지역에 각각 1/6씩 투자한다. 이 경우 수익률은 79.9%로 국내 주식과 채권에 1/2씩 투자했을 때의 2배가 된다. 일본처럼 저성장, 저금리에 자산 가격이 정체일 경우 글로벌 분산투자가 얼마나 중요한지 보여 준다.

가장 안전한 자산은 예금이라 한다. 하지만 시야를 넓게 했을 때 예금은 안전자산이 아니다. 1억 원의 예금이 그대로 은행에 있다고 하더라도 원화 가치가 절반으로 떨어지면 해외여행 가거나 해외 상품을 직구할 때 돈이 2배 있어야 동일한 소비 수준을 유지할 수 있다. 국가 내에서 안전한 것과 글로벌 기준으로 안전한 것을 잘 구분해야 한다. 글로벌 기준으로 안전한 자산을 가져야 하고 글로벌 기준으로 자산배분을 해야 한다. 우리나라 안에서 머무르고 있는 여러분의 자산의 족쇄를 풀고 글로벌한 자산을 가져야 한다. 더불어 글로벌 우량 '통화'를 가져서 통화를 분산하는 것도 필요하다.

우리나라에 닥치는 인구 변화의 힘은 무섭다. 인구가 거시경제 변수에 미치는 영향이 크지 않을지라도 인구의 변화가 크면 영향은 큰 법이다. 예를 들어 X가 1 변했을 때 Y가 0.1이 변하면 즉 $Y = 0.1X$이면 X가 Y에 미치는 영향은 크지 않다. 그런데 X가 100이 증가하면 문제가 된다. 그러면 Y는 10이 증가하기 때문이다. 우리나라의 향후 인구가 그러하다. 백번 양보하여 인구의 영향이 결정적이지 않다고 해도 우리는 인구 변화의 값이 워낙 크기 때문에 중요한 요인으로 간주해야 하는 것이다.

앞으로 우리나라 인구구조의 동적 움직임을 보여 주는 그림을 하나 살펴보자. 〈그림 1-4〉의 가로축은 총인구에서 차지하는 65세 이상 인구의 비중을 구한 뒤 그 순위를 매긴 것이다. 우리나라는 65세 이상 인구 비중이 주요 OECD 국가들 20개 중에서 열여덟 번

그림 1-4. OECD 국가들에서 65세 이상 인구가 차지하는 비율과 증가율 순위
(2020~2044)

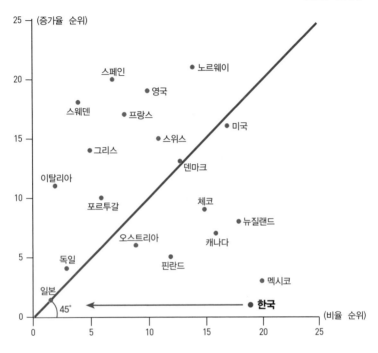

자료: 김세완·김경록(2024), 〈노령화와 금융시장의 변화, 그리고 정책과제〉

째다. 아직은 선진국 클럽에서 우리는 젊은 편이다. 한편 세로축은
65세 이상 인구의 증가율로 순서를 세운 것으로 우리는 1위다. 앞
으로 65세 이상 인구 증가율이 주요 OECD 국가 중에서 1위라는
뜻이다. 미국은 65세 이상 인구비중도 그렇게 높지 않을 뿐만 아니
라 앞으로 65세 이상 인구의 증가 속도도 빠르지 않다. 정말 좋은

인구구조다. 그에 반해 우리는 세계에서 제일 빠른 속도로 고령화가 진행된다. 그리하여 50년 후가 되면 노인부양비율이 OECD 국가 중 1위를 차지한다. AI와 로봇의 발전이 생산인구 감소의 충격을 완화해 줄 수는 있지만 효과는 불확실하므로 여기에 안주할 수는 없다. 젊고 혁신이 생동하는 곳으로 자산을 옮겨야 한다. 여러분은 어디에 자산을 둘 것인가? 그리고 그 자산을 어떻게 관리할 것인가? 올바른 자산관리는 이제 여러분의 생존이 된다. 자산의 새로운 서식지는 어디에 있는가? 생존을 위한 지도를 구하러 가보자.

2장

돈을 버는
원리

투자란 천천히
그러나 확실하게 돈을 버는 법을 말한다.

— 버턴 말킬

투자는 도박처럼 우연에 맡기는 것이 아니다. 불확실한 상황에서 무언가 결정 내려야 하는 것은 사실이지만, 이것으로 투자의 본질을 우연이라고 규정지을 수는 없다. 투자시장은 제멋대로 움직이는 것 같지만 투자 기간이 길어지거나 혹은 투자 종목이 많아질수록 일정한 패턴을 보인다. 이처럼 무작위가 지배하는 것 속에서 찾아낸 규칙성이 바로 돈을 버는 원리다. 하늘에서 돈이 떨어지지 않는 한 이 원리를 벗어나지 않는다.

지금까지 투자시장에서 검증된 돈을 버는 원리는 **복리, 장기, 변동성**이다. 복리 효과를 극대화해야 돈을 벌며, 복리 효과를 극대화하려면 저축액, 수익률, 투자 기간 이 셋을 잘 관리해야 한다. 국가의 성장에도 축적의 시간이 필요하듯 돈을 버는 데도 축적의 시간이 필요하다. 이 축적의 시간을 건너뛰려 해서는 안 된다. 글로벌 우량자본을 선택해서 축적의 시간을 갖는 것(복리 효과를 극대화하는 것)이 돈을 버는 법이다. 그리고 패턴화를 통해 자본의 변동성을 관리하면 된다.

종이를 50번 접으면 높이가 얼마나 될까?

종이를 50번 접으면 높이가 얼마나 될까? 강의할 때 가끔씩 물어
보지만 맞힌 사람은 없다. 공부깨나 한다는 사람도 틀린 답을 낸
다. 2의 50승에 종이 두께를 곱한 만큼 간다고 답을 한 사람이 한
명 있었다. 가장 통 크게 답을 한 사람이 지구에서 달까지다. 답부
터 말하자면 지구에서 태양까지 거리 정도다. 놀랍지 않은가? 종이
를 9번 접는다 하자. 그럼 2의 9승이 되어 512가 된다. A4 복사 용
지 한 묶음이 500장이니 대략 이 정도 높이가 된다고 보면 된다.
10번 접으면 1024가 되어 용지 두 묶음이 되고 11번 접으면 네 묶
음이 된다. 12번 접으면 여덟 묶음을 쌓은 높이가 된다. 여기서
38번을 더 접어 50번을 접으면 어디쯤일까?

　종이 두께를 0.1mm라고 하면 1억 1200만 km가 된다. 지구에서
태양까지 거리는 1억 5000만 km다. 종이 사이의 빈 공간을 1/3 정
도 감안하면 종이를 50번 접으면 그 높이가 지구에서 태양까지 가
는 셈이다. 혹시 자릿수를 잘못 계산했나 싶어 여러 번 계산하고 다
른 사람에게도 셈을 맡겨 봤지만 결과는 같았다. 직접 계산하여 나
온 결과임에도 믿기지 않는다. 이게 승乘의 원리다. 종이를 접는 것
은 2를 밑수로 하는 경우다.

　승의 원리는 이자의 이자가 불어 나가는 복리의 원리와 같다. 복
리의 본질은 이자에서 돈을 버는 것이다. 이 무슨 소리냐고? 100만

원을 투자해서 매년 10% 수익이 난다고 하자. 그리고 수익을 찾아서 쓰지 않고 다시 투자한다고 가정한다. 1년 후에는 100만 원에 이자 10만 원이 더해지니 110만 원이 된다. 2년 후에는 110만 원에 이자 11만 원이 더해지니 121만 원이 된다. 121만 원을 자금 원천별로 분해해 보자. 100만 원은 투자 원금이다. 그리고 100만 원에 대한 2년 이자는 20만 원이다. 그러면 1만 원은 어디서 왔을까? 바로 둘째 해 이자 11만 원에서 나왔다. 둘째 해 이자 11만 원은 이자 10만 원에 그 전 해의 이자 10만 원에 대한 이자 1만 원이 더해져서 나온 값이다. 즉 '원금 100＋첫해 이자 10＋둘째 해 이자 10＋이자의 이자 1'이다. 겨우 1만 원이라고?

2년이 아니라 20년으로 확장하면 20년 후에 내 자산은 $100 \times (1+0.1)^{20}$이 된다. 계산하면 672만 원이 된다. 이를 역시 분해하면 원금 100만 원, 20년치 이자 200만 원(10만 원×20년), 그리고 나머지 372만 원이 이자의 이자가 된다. 이자에서 이자가 붙은 게 원금과 이자를 합한 것보다 많아진 것이다. 복리의 원리는 시간이 길어지면 꼬리가 몸통을 흔드는 원리라고 할 수 있다. 얼마나 역설적인가! 그래서 아인슈타인도 세계 여덟 번째 불가사의가 '복리'라고 말했던 것이다.

필자는 1994년 (구)개인연금이 처음 도입되었을 때부터 월 10만 원씩을 지금도 납입하고 있다. 자동이체로 해놓았더니 어느새 30년을 납입했다. 30년이 되었으니 원금은 3600만 원이다. 그런

100만 원을 투자해서 매년 10% 수익이라면?

● 1년 후: $100 + 100 \times 0.1 = 100 \times (1 + 0.1) = 110$

● 2년 후: $110 + 110 \times 0.1$

$$= 110 \times (1 + 0.1) = [100 \times (1 + 0.1)] \times (1 + 0.1)$$

$$= 100 \times (1 + 0.1)^2 = 121$$

$\Rightarrow$ 원금 100 + 첫해 이자 10 + 둘째 해 이자 11

$\Rightarrow$ 둘째 해 이자 11 = 이자 10 + 이자의 이자 1

⋮

● 20년 후: $100 \times (1 + 0.1)^{20} =$ 원금 100 + 이자 200 + 복리 372

⋮

● n년 후: $100 \times (1 + 0.1)^n = 100 \times (1.1)^n$

데 필자의 계좌에는 9000만 원이 되어 있다. 수익이 5400만 원이다. 이것이 복리의 힘이다. 눈덩이가 커졌으니 이제 한두 번 굴려도 눈이 많이 묻을 것이다.

복리의 원리는 사업에서도 나타난다. 도서 《워런 버핏 머니 마인드》에는 F.C. 미네커의 《백만장자가 되는 1,000가지 비밀》의 사례를 차용해 이를 잘 설명해 두었다. 어느 식료품점에 코인을 넣고 몸무게를 재는 체중계가 있었다. 체중계를 임대하면 수익의 25%가 자신의 몫, 나머지 75%는 체중계를 소유한 회사의 몫이었다. 이에 해리 라리슨이라는 사내가 175달러를 들여 아예 체중계를 3대 구입했고 이로 매월 98달러를 벌기 시작했다. 어린 워런 버핏의 관심을 끈 것은 그 다음 이야기였다. 처음 체중계 3대를 구입해서 번 돈으로 계속 체중계를 구입하여 체중계를 모두 70대로 늘린 것이다. 결과적으로 해리는 투자금을 회수했을 뿐만 아니라 상당한 돈을 모으게 되었다는 이야기다. 본질적으로 복리는 "수익을 이용하여 추가적인 수익을 창출한다."라고 할 수 있다.[1]

미국의 대표적인 종합주가지수인 S&P500의 수익률이 연 10%다. 하지만 10%라고 얄볼 게 아니다. 1억 원을 20년만 복리로 운용해도 6억 7000만 원이 된다. 여기서 10년을 더 운용하면? 놀라지 마시라. 17억 4500만 원이 된다. 원금 1억 원이 30년 후 17억이 넘은 것이다. 이처럼 **복리는 오랜 기간을 잘 견딘 자에게 복을 준다.** 마르크스는 양이 충분히 축적되면 질이 바뀐다고 보았다. 소위 '양질전환'이다. 이자가 충분히 쌓이는複 양의 축적이 있으면 복福이라는 삶의 질의 변화가 일어난다. 복리가 복을 준다.

$$\underset{\text{총수익}}{W_n} = \underset{\substack{\text{투자원금}\\(\text{저축액})}}{W_0} (1 + \underset{\text{운용수익률}}{r})^{\overset{\text{기간}}{n}}$$

수식에 알러지가 있는 사람이 많다는 것을 안다. 그럼에도 이 수식을 소개하는 이유는 이 식을 기억해 두면 두고두고 유용하게 쓸 수 있기 때문이다. 엄지손가락 규칙rule of thumb이란 말이 있다. 엄지손가락 한 마디가 1인치와 비슷해서 길이 재는 데 어림짐작으로 꽤 유용하게 쓸 수 있다고 이름 붙여졌다. 마찬가지로 금융에서도 식을 몇 가지 기억해 두면 자산의 변화를 대략 짐작하거나 스마트폰의 계산기로 즉석에서 계산할 수도 있다. 투자의 세계에 들어섰으면 이 식 하나는 꼭 알아 두길 바란다. 귀찮더라도 외우도록 하자. 창구의 자산관리자도 여러분의 지식을 보면 함부로 하지 못할 것이다.

이 식을 활용하여 복리 효과를 살펴보자(표 2-1). 내가 1000만 원을 10%의 수익률로 투자한다고 가정한다. 위 식을 활용해 30년 후에 얼마가 될지 계산하면 $1000 \times (1+0.1)^{30}$ = 1억 7400만 원이 된다. 같은 방식으로 5년 뒤면 1600만 원, 10년 후면 2500만 원, 20년 후면 6700만 원이다.

또 한 가지 경우를 살펴보자. 만일 10세에 1000만 원을 투자해서 60세 찾고 수익률이 10%라고 하면 $1000 \times (1+0.1)^{50}$이 되어 답은 11억 7400만 원이 된다. 그런데 어떤 사람이 30세에 6000만 원을 10% 수익률로 30년간 투자했다면 10억 4700만 원이 된다. 여러분들 자녀가 10세일 때 1000만 원 투자해 주는 것이 자녀가 30세일 때 6000만 원을 투자해 주는 것보다 더 나은 셈이다. 자녀가 어릴 때 투자 통장을 만들어 주라는 이유가 여기에 있다. 그런데 태어나자마자 1000만 원을 60년간 10% 수익률로 투자해 주면

표 2-1. 1000만 원을 수익률 10%로 운용했을 시 투자 기간별 자산 변화

투자 시점	원금 1000만 원	증가
5년 후	1600만 원	600만 원
10년 후	2500만 원	900만 원
20년 후	6700만 원	4200만 원
30년 후	1억 7400만 원	1억 700만 원
40년 후	4억 5200만 원	2억 8200만 원
50년 후	11억 7400만 원	7억 2200만 원
60년 후	30억 4400만 원	18억 7000만 원

놀라지 마시라. 그 값이 무려 30억 4400만 원이 넘는다. 10세 아이보다 10년 더 일찍 해주었을 뿐인데 그 차이가 20억 원 가까이 된다. 100만 원이라도 여러분의 자녀가 어릴 때 투자해 주면 자녀의 운명을 바꿀 수 있다. 이것이 복리의 힘이다. 여러분 스스로가 백세시대를 대비해 자산관리를 하고자 한다면 무조건 일찍 시작하는 게 좋다. 돈이 적어도 좋다. **적은 돈은 시간이 보완해 준다.** 일찍 일어난 새가 벌레를 잡듯이 일찍 준비를 한 사람이 노후를 평안하게 보낸다. 비결은 단기간에 급등하는 자산을 사는 게 아니라 일찍 시작해서 시간을 사는 것임을 명심하자.

정리해 보면 돈을 버는 원리는 복리에 있으며 복리 효과를 극대화하려면 $W_0(1+r)^n$를 극대화해야 하며, 이 식을 극대화하려면 W_0, r, n을 높여야 한다. W_0는 초기 투자자산 혹은 나의 저축액이며, r은 운용수익률, n은 투자 기간 혹은 내가 일하는 기간이다. 이렇게 보면 **저축액, 수익률, 투자·근로 기간**이 부를 결정한다. 상속이나 증여 없이 돈을 벌려면 이 세 가지 이외의 길은 없다. **얼마를 저축하고, 어떤 자산을 보유하며, 언제까지 일을 할 것인가의 문제다.**[2] 단순하다고 무시하지 말자. 노벨 경제학상을 받은 사람들도 부를 이루기 위해서는 이 세 가지를 벗어나지 않는다고 했다. 그래서 여러분들은 이 셋을 어떻게 실천할까를 고민해야 하는 것이다. (1) 나의 근로소득이나 사업소득을 얼마나 키우고 또 그중 얼마를 저축할지 (2) 어떻게 자산을 운용할지 (3) 언제까지 일을 할지 여부다. 이 책에서는 셋 중 둘째에만 초점을 맞추어 살펴볼 것이다.

부의 불평등을 따라잡는 방법

저축액, 수익률, 투자·근로 기간이 클수록 복리 효과가 커진다. 그럼 실제로 저축을 얼마나 해야 하며, 목표 수익률을 얼마로 해야 하며, 투자 기간은 어느 정도 이상 되어야 할까? 각각을 살펴보도록 한다.

① 최적의 저축액

저축은 소득에서 소비를 제외한 부분이다. 그리고 소비가 많을수록 효용이 높아진다. 여기서 소비는 생애 전 기간에 걸친 소비를 말한다. 따라서 현재 근로소득이 있는 기간 뿐만 아니라 소득이 없는 노후에까지 소비를 하는 플랜을 가져야 한다. 이를 위해서는 현재의 소득에서 일부분을 저축해야 하며 이렇게 축적된 자산을 이용해 퇴직 후에 금융소득을 벌고 그 금융소득으로 소비를 하는 것이 바람직하다. 다만 저축액을 결정할 때는 몇 가지 주의를 기울여야 한다.

우선 미래 소비의 효용에 대해 과다하게 할인하지 말아야 한다. '현재' 소비를 하면서 얻는 효용이 '미래'에 소비를 하며 얻을 효용에 비해 높다. 그래서 미래의 소비 효용은 현재의 가치로 할인한다. 그러나 미래가 불확실하다는 이유로 미래 소비의 효용을 과다하게 할인하는 경향이 있다. 극단적으로 '내일은 없다.'라는 관점이다. 일단 오늘 쓰고 보자는 것이다. 언제 맹수에 물려 죽을지 모르는 원시시대를 사는 것이라면 이는 올바른 판단이다. 하지만 현대 사회는 여러 가지 제도적 장치를 통해 불확실성을 많이 줄였다. 따라서 원시시대에 가졌던 현재 소비에 대한 과다한 선호를 자제할 필요가 있다.

둘째, 저축을 많이 하는 것이 능사가 아니다. 저축은 적정해야 한다. 과다한 저축으로 인적자본 투자를 소홀히 하면 소탐대실이다.

인적자본은 전문지식, 건강, 사회적 관계망 세 가지로 분류한다. 전문지식을 갖추기 위해서 학습하고 나에게 투자를 해야 한다. 이뿐인가. 건강에도 투자해야 한다. 또한 인맥을 활용해야 하기에 사회적 관계망에 대한 투자도 필요하다. 동료에게 커피를 사주거나 취미 활동을 하거나 혹은 상갓집에 조문을 하는 것도 사회적 관계망을 확충하는 활동에 포함된다. 저축을 극대화하는 것도 좋지만 저축에 치중하느라 인적자본에 투자하지 않으면 미래에는 인적자본을 통한 소득을 얻기가 어려워진다. 자신뿐만 아니라 자녀의 인적자본에도 투자해야 한다.

우리는 국민연금에 9%, 퇴직연금에 8.3%를 저축한다. 의무적으로 소득의 17.3%를 저축하고 있는 것이다. 여기에 900만 원까지 세액공제가 되는 연금저축과 IRP(개인형 퇴직연금)에 저축을 한다고 하면, 연 소득 5000만 원인 사람 기준 18%를 저축하는 것이다. 거기에다 ISA(개인형 저축계좌)까지 더하면 저축액은 더 많아진다. 의무 가입하는 연금과 세제 혜택이 있는 연금만 합해도 소득의 35% 이상을 저축하게 되는 셈이다. 게다가 주택담보대출(모기지)를 통해 주택을 사고 원리금을 갚아 나가는 것도 일종의 저축에 해당한다. 원리금을 모두 상환하면 주택이 자신의 자산이 되기 때문이다. 이렇듯 우리나라의 노동자들은 알게 모르게 많은 저축을 하고 있는 셈이다.

② 복리 효과를 누리기 위한 최소한의 수익률

수익률이 복리 효과에 미치는 영향은 '72 규칙'을 활용해서 간단하게 계산할 수 있다. '72/수익률'을 하면 원금이 2배 되는 데 걸리는 기간(년)을 구할 수 있다. 수익률이 4%면 72를 4로 나눈다. 18이라는 값이 나오는데 이는 4% 수익률로 18년 투자하면 원금이 2배가 된다는 뜻이다. 2% 수익률이면 36년이, 8% 수익률이면 9년이 소요된다. 1% 수익률이면 무려 70년이 지나야 원금이 2배가 된다. '72 규칙'은 자산관리를 하는 데 매우 유용하게 사용되므로 기억해 두면 좋다. 실생활에 여러 가지 응용이 가능하다.

생활비가 400만 원인데 매년 생활비가 4%씩 오르면 생활비가 지금의 2배가 되는 데는 몇 년 걸릴까? 72를 4로 나누면 18년이 나온다. 응용을 더 확장할 수 있다. 만일 생활비 상승을 매년 2%로 억제하면 효과가 어느 정도일까? 36년이 지나야 생활비가 2배 더 필요하다. 4%일 때와 비교해서 18년이나 차이 나는 것이다. 검소한 지출 태도가 장기적으로 얼마나 효과가 큰지 간단한 암산으로 확인했다. 또 있다. 중국의 1인당 GDP가 1만 달러인데 명목성장률이 6%이면 1인당 GDP가 2배, 즉 2만 달러 되는데 걸리는 기간은 72/6을 해 12년이 나온다.

다시 72 규칙을 자산관리에 적용하여 수익률에 따른 복리 효과를 살펴보자. 〈표 2-2〉를 보면 수익률이 1%일 때는 원금이 2배가 되기까지 70년이 걸리나 2%일 때는 35년으로 크게 단축된다. 웬만

표 2-2. 수익률에 따른 원금이 2배가 되는 데 걸리는 시간

	1%	2%	3%	4%	5%	6%	7%	8%	9%	10%
원금 2배	70년	35년	24년	18년	14년	12년	10년	9년	8년	7년
기간차		-35년	-11년	-6년	-4년	-2년	-2년	-1년	-1년	-1년

하면 1% 수익률보다는 2% 수익률을 택하는 게 효율적임을 볼 수 있다. 이렇게 수익률을 1%씩 올릴 때마다 단축되는 기간을 보면 5% 정도까지는 단축되는 기간이 크다. 그런데 5%를 넘어가면 단축되는 기간차는 작아진다. 7% 수익률일 때는 원금이 2배가 되는 데 10년 걸리는데 8% 수익률에는 9년 걸리므로 1년 정도 차이가 난다.

수익률이 5%일 때까지는 자산 축적이 가속화되므로 5% 이상의 수익률로 복리 효과를 누려야 한다. 미국 노동성 자료에 따르면 미국의 연금제도 401(k)의 2000~2020년 연복리수익률은 5%이다. 국민연금도 1988~2023년 장기운용수익률이 연 5.9% 정도에 이른다.[3]

③ 당신을 부자로 만들어 줄 자산의 축적 기간

자산을 증식하기 위해서는 돈에도 축적의 시간이 필요하다.《축적의 시간》에서는 새로운 혁신적 경험을 축적해야 한다고 했는데 자산을 증식하기 위해서는 5% 이상의 수익률로, 축적의 시간을 가져야 한다. 이 시간이 싫다면 돈을 벌지 못한다. 《삼국유사》에 언급된 단군신화를 떠올려 보자. 환웅을 찾아간 호랑이와 곰은 인간이 되기를 원했다. 환웅은 굴 안에서 쑥과 마늘만 먹으며 100일을 견디면 사람이 된다고 했다. 호랑이는 견디지 못하고 굴을 빠져나왔지만 곰은 참고 견뎌서 사람이 되었다. 여기서도 양질전환이 일어났다. 짐작컨대 곰은 사람이 된다는 말을 믿었지만 호랑이는 '이렇게 참는다고 진짜 사람이 되겠어?' 하며 믿음에 회의감이 든 게 아닌가 싶다. 마치 주식시장이 장기적으로 오른다는 사실을 못 믿는 것처럼 말이다. 곰이 사람이 되는 데 100일이 필요했다면 돈에는 얼만큼의 축적의 시간이 필요할까?

〈표 2-3〉은 수익률과 투자 기간에 따라 100만 원의 원금이 얼마가 되었나를 보여 준다. 이 표에서 보고자 하는 바는 자산이 가속적으로 늘어나는 때가 언제부터인가 하는 점이다. 수익률이 2%일 때는 시간이 지나도 자산이 가속적으로 증식되지 않는다. 약간의 가속은 있지만 미미해서 그다지 큰 영향이 아니다. 수익률 5% 이상에서는 20년 정도부터 자산이 가속적으로 증가하는 것을 볼 수 있다.

수익률이 높을 때는 일찍부터 자산이 가속적으로 증식되는 복리 효과가 나타나지만 그럼에도 그 가속화가 본격화되려면 20년의 기간은 지나야 한다. 그 기간을 지나면 수익률이 폭발적으로 증

표 2-3. 수익률과 투자 기간에 따른 원금 100만 원의 변화

	10년	20년	30년	40년
2%	121.9만 원	148.6만 원	181.1만 원	220.8만 원
5%	162.9만 원	265.3만 원	432.2만 원	704.0만 원
8%	215.9만 원	466.1만 원	1006.3만 원	2172.5만 원
10%	259.4만 원	672.7만 원	1744.9만 원	4525.9만 원

식한다. 5% 이상의 운용수익률에서 20년 이상의 돈의 축적 기간을 가지면 자산은 이제 가속적으로 증가하여 복리 효과를 누리게 되며 이것이 여러분을 부자로 만들어 준다. 그래서 부자가 되느냐 마느냐의 승부는 20대나 30대에 볼 수 없다. 심지어 40대에도 결판 내기 쉽지 않다. 우리나라처럼 보통 20대 후반에야 직장에 들어가는 경우 50대가 되어야 그때부터 자산이 가속적으로 늘어난다. 부자가 된 50대는 어느 날 갑자기 자산관리를 잘한 것이 아니라 그 이전 20년 이상 돈의 축적 기간을 가졌기 때문이다. 이제는 누구도 이 사람의 복리 효과에 따른 자산 증식 속도를 따라 잡기 쉽지 않을 것이다.

지름길도 물론 있다. 하지만 지름길은 변동성도 크다는 것을 명심해야 한다. 지름길로 가려다가 길이 막혀 훨씬 오랜 길을 걸어야 할지 모른다. 심지어 목적지에 도달할 수 있을지도 장담할 수 없다.

나에게 투자하여 소득을 늘려 저축액을 증가시키고, 5% 이상 수익률의 우량 자산에 투자하고, 20년 이상 축적의 시간을 갖는 것이 삶이라는 긴 마라톤을 성공적으로 완주하는 정석이라는 것을 명심하라.

월 50만 원 투자로 보는 복리 효과

실제로 복리의 효과가 시장에서 구현될까? 미국 주식시장에 매월 50만 원 적립으로 투자한다고 가정하자. 기간은 1988년 1월부터 2021년 5월로 하였고 투자대상은 S&P500지수로 하였다. 1988년 1월에 50만 원을 투자하고 그 다음 달에 또 50만 원을 투자하는 식이다. 매월 적립하는 방식은 연금과 같으므로 이 예로 연금에서 주식에 모두 투자할 때 어떤 성과를 얻을 수 있는지 참고해 볼 수 있다.

일단 수치적인 결과를 보기로 하자. 33년 5개월 동안 납입한 원금은 2억 50만 원이다. 그런데 이 기간 동안 수익이 14억 1571만 원이 창출되어 2021년 5월에는 잔액이 16억 1623만 원이 되어 있다. 납입한 원금의 7배에 달하는 수익이 난 것이다. 투자 금액이 크게 불어나는 시기는 2009년부터 2021년 12년 정도에 해당한다. 총기간 33년 동안 21년을 지나 마지막 12년 동안 큰 폭으로 증가하

그림 2-1. 주식 인덱스펀드를 통한 장기적립투자 효과(1988. 1.~2021. 5.)

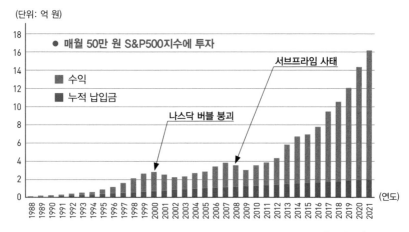

자료: 블룸버그

는 것을 볼 수 있다. 미국이 2000년 나스닥 버블이 꺼지고 2008년
에는 서브프라임 사태를 겪으면서 2010년까지는 주식시장이 좋지
않았다. 하지만 이 시기를 잘 견디고 난 후 주가는 급상승하기 시작
한 것이다.

　우리나라 주식시장에도 복리 효과는 나타난다. 우리나라 주식시
장에서 개인들은 돈을 벌지 못했다. 게다가 변동성이 커서 1990년
대 초, 1998년 외환위기, 2008년 글로벌 금융위기 때 주가는 큰 폭
으로 하락했다. 이런 상황에서도 주식에서 복리 효과를 볼 수 있을
지 의문이 들 것이다.

미국의 예와 마찬가지로 매월 50만 원, 매년 600만 원을 1980년부터 2022년까지 코스피에 투자했을 때의 성과를 본 것이 〈그림 2-2〉다. 배당수익률은 1997년 이후 자료만이 있기에 그 이전의 배당수익률은 1997년부터 2022년까지의 배당수익률 평균 1.65%를 모두 일률적으로 적용했다.[4] 오차가 있을 수밖에 없지만 자료가 없다고 배당수익률을 모두 없는 것으로 하는 것은 더 큰 오차가 있을 것 같기에 부득이 대용 수치를 썼다. 우리나라 주식시장은 과거에 변동성이 매우 컸다. 1980년대 중반 이후 소위 3저(달러 강세, 저금리, 저물가) 시기에 코스피KOSPI 수익률이 3년 연속 67%, 93%, 73%가 되어 1985년 주가지수 163이 3년 후인 1988년에 907까지 급등했다. 그러던 것이 외환위기로 말미암아 10년 뒤인 1998년에는 562까지 떨어졌다가 2004년에 895를 기록한다. 14년 동안 주가가 등락만 했지 전혀 오르지 않은 것이다.

여하튼 1980년 월 50만 원, 연 600만 원을 코스피에 계속 투자하면 42년이 지난 2022년 말에 자산은 22억 4800만 원이 된다. 해당 기간 동안 투자한 원금은 2억 5800만 원이고 수익은 19억 9000만 원이다. 투자한 원금의 7.7배를 번 셈이고 최초 투자금액의 8.7배가 되었다. 미국 시장에서와 마찬가지로 적립금을 납입해도 자산이 증가하지 않는 기간이 있었다. 1988년부터 2002년까지 3억 3600만 원에서 3억 8300만 원으로 4700만 원이 증가했다. 14년 동안 8400만 원을 연금에 납입했는데도(=600만 원×14년) 자산은

그림 2-2. 우리나라 주식에서 장기적립투자 효과(1980~2022)

(단위: 억 원)

● 매년 600만 원
코스피(KOSPI)에 투자

■ 수익

■ 누적 납입금

IMF 외환위기

코스닥 버블 붕괴

서브프라임 사태

(연도)

자료: 한국거래소

4700만 원 불어났으니 실질적으로 동 기간 동안 운용해서 3700만 원 손해를 보았다는 뜻이다. 14년 동안 손해를 보았다니 믿어지는가? 전체 기간 42년 중에서 33%에 해당하는 기간이 수익이 없는 때였다. 그런데 그 이후부터 주식시장은 폭발하듯이 상승하여 복리 효과를 선물한다. 주식시장에서 적립 효과는 선형적으로 움직이는 것이 아니라 지독하게 비선형적으로 혹은 비정형적으로 움직인다. 복리의 효과가 매끄럽게 나타나는 것이 아니라 주가의 움직임에 따라 들쭉날쭉한다.

변질된 파이어족 vs 연금 예금족, 양극단에 선 사람들

파이어FIRE족 이야기가 많이 회자되고 있다. 재정적으로 빨리 독립하여Financial Independence 일찍 퇴직Retire Early하자는 뜻이다. 여기에 대한 냉소적인 시각도 많지만 노후 준비의 핵심적인 요소가 들어 있으므로 찬찬히 살펴볼 필요가 있다.

파이어족은 자신의 소득 절반 이상을 저축하고, 이를 높은 수익률로 운용하여, 금융자산을 축적한 뒤 빨리 퇴직하겠다는 계획을 세운다. 여기에 앞에서 살펴본 노후 준비의 세 가지 요소가 모두 포함되어 있다. '(1) 저축을 많이 한다. (2) 일하는 기간을 늘린다. (3) 운용수익률을 높인다.'이다.

일반적으로 자산을 축적하려면 저축액, 수익률, 근로기간을 모두 균형 있게 가져가야 한다. 하지만 파이어족은 저축을 크게 늘리고 운용수익률도 크게 높이는 반면에 일하는 기간을 줄이는 극단적인 방법을 목표로 한다. 일견 그럴듯해 보인다. 하지만 현재의 지출을 극단적으로 줄이는 것, 그리고 높은 수익률을 추구하는 데 숨어 있는 위험을 보아야 한다.

현재의 지출을 극단적으로 줄이다 보면 자기계발에 투자를 하지 않고 그럴수록 직장에서 원하는 자질을 갖추지 못할 가능성이 높다. 이는 직장에서 뒤처져 낮은 임금상승률을 부른다. 결국 소득의 감소와 저축의 감소로 이어진다. 만약 양육자라면 자녀에게 들어가

그림 2-3. 자산 축적 삼각형

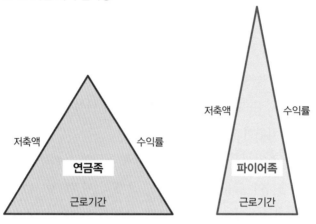

는 지출을 줄이고 자녀의 인적자본에 투자하는 것을 소홀히 하게 된다. 교육은 때를 놓치면 다시 기회를 잡기 쉽지 않다. 혹은 고수익을 추구하다 보면 오히려 투자 실패로 운용 성과가 낮아질 수 있다. 코인 투자나 부동산 '영끌'에서 목격했던 바다. 자칫하면 파이어(일찍 은퇴)를 추구하다가 삶에서 fire(해고)될 수 있다. 되레 노후에 소득이 부족해져 연금족보다 더 오래 일해야 할지도 모른다. 따라서 저축액, 수익률, 근로기간이 균형 잡힌 삼각형을 통해 자산을 축적하는 것이 바람직하다.

본래 파이어족이란 극단적인 절약과 고수익을 통해 경제적 자유를 실현하는 것이 아니다. 열심히 일을 해서 돈을 모아 일찍 퇴직하고 축적한 돈으로 좀 여유 있게 살아가는 것을 말한다. 미국은 우리보다 직장을 일찍 들어가기에 40대가 되면 이미 직장을 20년 정도 다닌 베테랑이 된다. 이 나이쯤이면 중요한 위치에 있는 때라 성과에 대한 보상도 크다. 이럴 때 몇 년을 일에 초집중하여 엄청난 성과급을 받고 빨리 퇴직하는 게 이들의 꿈이기도 하다. 연봉이 높은 대신 일의 강도가 워낙 세, 웬만한 강철 체력의 사람이 아니라면 지쳐서 쉬고 싶을 시기이기도 하다. 어쨌든 본래의 파이어족은 근로소득의 원천이 되는 직장에서 승부를 내는 것을 목표로 한다. 근로소득으로 승부를 내지 않고 자린고비처럼 절약한 돈으로 짧은 기간에 몇 배의 수익을 낼 자산을 찾는 것은 꼬리가 몸통을 흔드는 격이다.

파이어족보다는 S&P500이나 우리나라 코스피(수익률이 낮아 자산배분에 문제의 소지는 있다.)에 오랜 기간 연금처럼 투자하여 자산이 증식되는 연금족의 길을 택해야 한다. 다만 연금족이라고 해서 모두가 돈을 축적하는 것은 아니다. 퇴직연금과 연금계좌로 노후를 준비하지만, 낮은 수익률로 자산을 운용하면 복리 효과가 일어나지 않는다. 현재 많은 사람들이 사적 연금의 90%를 예금으로 운용하다 보니 수익률이 낮다. 이 경우 위의 공식대로라면 저축을 더 늘리든지 일하는 기간을 늘려야 한다. 결국 예금으로 자산을 모으는 사람들은 저축을 늘리지 않는 한 노후 준비를 위해 오래 일해야 한다는 솔루션이 나온다. 결론은 S&P500에 투자하고 나머지 시간을 자신의 소득을 올리는 데 투자하면 된다.

묘하게도 우리나라에는 지금 파이어족과 연금 예금족 양극단이 공존하고 있다. 극단적으로 위험을 택하거나 극단적으로 위험을 회피하는 모양새다. 이런 극단적인 시각보다 안정적으로 노후를 준비하는 것이 좋다. **저축액, 운용 수익률, 일하는 기간** 이 셋 모두를 적정하게 가져가면 노후 준비는 자연스레 따라온다. 부자가 되는 방법의 정석인 복리 효과를 누리려면 연금 투자족이 되어야 한다.

3장

예금이냐
자본이냐,
당신의 선택은?

노동자들이여 글로벌 자본을 가져라!

— 함장含章

마르크스는《공산당 선언》에서 노동자들의 단결을 촉구했다. 19세기 초반 영국에서는 노동자들이 기계를 때려 부수는 러다이트Luddite 운동이 일어났다. 하지만 시대가 변했다. 이제 노동자들도 저축한 돈으로 자본을 보유하여 자본가가 될 수 있다. 경영권을 행사하지는 못하겠지만 자본의 수익은 누릴 수 있게 되었다.

노동자는 임금이라는 이자가 있는 채권bond과 마찬가지다. 그렇게 보면 '나' 스스로가 막대한 채권 자산이다. 그런데 채권과 가장 어울리는 자산은 주식이다. 채권과 주식은 반대 성향을 띠기 때문이다. 이것이 노동자가 주식과 같은 자본을 가져야 하는 이유다. 노동자가 예금을 선택하면 같은 자산(채권+예금)만 잔뜩 가지게 된다.

삶은 선택이다. 자산관리도 선택이다. 예금과 자본 중 무엇을 선택할 것인가가 부를 결정한다. 300년의 데이터는 자본이 승자임을 말하고 있다. 여러분은 최우량 글로벌 자본을 가져야 한다.

워런 버핏이 말하는 좋은 자산 그리고 나쁜 자산

돈을 벌려면 어떤 자산을 보유해야 할까? "열심히 예금해서 돈을 벌었다."라고 말하는 자산가를 본 적 있는가? 주변의 자산가는 아마 자기 사업을 하든지 부동산이나 주식과 같은 자본을 가진 사람일 것이다. 어떤 자산을 선택할지는 자산관리에서 가장 중요한 문제다. 우리는 자산관리를 포트폴리오 선택이라고 하는데 그만큼 **자산의 선택**이 결정적이라는 뜻이다. 자산을 선택하는 것은 자산관리라는 집을 지을 때의 기초가 되며 어떤 재테크보다 중요하다. 사실 자신이 의식했든 하지 않았든 중심이 되는 자산이 있다. 은행 예금을 주로 갖는 사람들이 있고 부동산을 주로 갖는 사람들도 있다. 보험 상품을 중심으로 자산을 운용하는 사람들도 있고 주식을 중심으로 자산을 운용하는 사람들이 있다. 대체 우리는 어떤 자산을 선택해야 할까? 우선 워런 버핏의 이야기를 들어 보자. 워런 버핏은 크게 세 가지 자산으로 나누고 이들 중 개인은 어떤 자산을 선택해야 하는지 말한다.

　첫째, 예금이나 MMF(머니마켓펀드)다. 가장 좋지 않은 자산이다. 이유는 두 가지다. 우선, 예금은 그 가격이 변하지 않는다. 예금 가격이 오르거나 내리는 걸 본 사람은 없을 것이다. 가격이 변하지 않는 것과 원금보전은 다른 말이다. 원금보전은 최소한 원금 아래로 내려가지 않도록 가격이 변한다. 반면에 원금 가격이 변하지 않는다는 것은 가격이 내려가지 않지만 오르지도 않는다는 뜻이다. 예금은 원금보전이 아닌 원금 가격 불변이라고 정의해야 한다. 가격이 변하지 않는 예금은 단기적 관점에서 좋은 자산일 뿐이다. 3개월 후에 등록금을 내거나 6개월 후에 전세금을 내줘야 하는 상황에서는 원금과 이자가 보전되는 것이 장점이지만 30년 후에도 원금이 변하지 않으면 그건 나쁜 자산이다. 물가는 오르는데 50년 동안 자산 가격이 원금이면 최악이다. 물가상승률이 3%라고 하면 50년 후에 그 예금의 실질 가치는 73%가 하락하기 때문이다.

예금이 적절하지 않은 또 다른 이유는 착각하기 쉽기 때문이다. 예금은 단기적 관점에서 좋은 자산일 따름이다. 그런데 사람들은 단기적인 이미지를 장기적으로 연장하여 보는 착각에 빠진다. 사람들은 예금이 단기적으로 안정성이 좋으니 단기적으로 변동성이 큰 주식을 멀리한다. 문제는 시간이 흘러도 계속 예금에 자산을 둔다는 점이다. 이는 천천히 불을 때는 솥 안의 개구리와 같은 운명에 빠지게 한다. 예금은 이자라는 현금흐름은 있지만 원금의 가격이 증가하지 않고, 단기적 안정성에 오래 현혹될 수 있는 상품이기에 자산관리에서 가장 유의해야 할 자산이다.

둘째, 금, 원유, 환거래처럼 가격이 올라야 돈을 버는 자산이다. 이런 자산은 장기투자의 영역이 아니며 아마추어가 쉽게 거래할 수 있는 자산이 아니다. 자산의 수익이 배당이나 이자가 아닌 오로지 가격 상승에서 나오기에 가격이 오르지 않으면 내게 들어오는 수익이 없다. 현금흐름이 없다 보니 자산 가격은 수요와 공급에 따라 결정되고 자연히 변동성도 크다. 시간이 나의 편이 되지 않는 투자다. 게다가 민감한 뉴스에는 가격이 속절없이 변해 버린다. 그렇기에 대부분 전문가들이 단기 거래를 하는 데 사용하는 자산이다. 단기로 거래하는 데 배당수익률의 유무는 중요하지 않다. 하루에도 가격이 10%씩 움직이는데 1년 기다려서 3% 배당을 받는 건 중요하지 않다. 수급에 관한 뉴스 역시 언론에 나오는 정보를 보고 투자하면 이미 늦다. 개인들이 함부로 뛰어들 시장이 아니다.

외환거래는 더욱 어렵다. 장기적으로는 두 나라의 물가상승률 차이에 따라 환율이 결정되고, 단기·중기로는 두 나라의 금리 차가 결정한다. 물론 이론적으로 그렇지만 실제로 이 요인들만으로는 설명하지 못할 정도로 환율이 크게 변동한다. 외환거래 역시 배당수익을 보고 거래하는 것이 아니기에 장기 보유할 때 환율이 상승하지 않으면, 예를 들어 달러당 1200원을 주고 달러를 샀는데 환율이 1200원 이상 오르지 않으면 돈을 벌지 못한다. 환율 전망은 시간이 지나고 나면 쉬워 보이지만 미리 예측해 보라고 하면 이것만큼 어려운 것이 없다. 그래서 작고한 데이비드 스웬슨, 예일대 기금 운용 CIO는 "외환에 관한 보고서는 아까운 나무나 죽이는 행위."라고 한 바 있다. 환율 전망 보고서는 신뢰할 만한 예측력을 갖지 못한다는 뜻이다. 가격 변동성이 크고 배당이라는 현금흐름도 없는 자산에 개인이 투자하는 것은 말리고 싶다.

마지막으로, 주식, 부동산, 삼림처럼 산출물을 낳는 자산이다. 주식은 기업의 이익을 배당으로 준다. 설령 배당을 적게 준다고 하더라도 기업의 이익이 산출물이다. 이익을 재투자하여 복리 효과를 추구하기 때문이다. 마치 사과나무에 사과가 열리듯이 기업 활동을 통해 이익이라는 과실을 얻는다. 부동산은 임대료를 받는다. 삼림은 나무가 성장하여 상업적 가치가 있을 때 잘라서 팔면 수익을 얻을 수 있다. 시간이 지나 나무가 다시 자라면 또 잘라 내서 팔면 된다. 매년 배당을 받을 수는 없지만 일정 기간 후에 배당을 받을 수 있다.

이들 자산은 설령 가격이 오르지 않더라도 배당금 수입을 얻을 수 있다. 부동산을 샀고 임대료가 매매가의 5%라고 가정하자. 20년 동안 부동산 가격이 오르지 않더라도 매년 5%씩 20년을 임대료를 받았으면 이미 원금의 100%를 회수한 셈이 된다. 부동산 가격은 오르는 경향이 크지만 설령 오랜 기간 오르지 않더라도 임대수익이 있어서 낭패에 빠지는 것은 막아 준다. 원유나 금은 시간이 자신에게 적대적이다. 시간이 지났는데도 가격이 오르지 않으면 기회 손실이 크기 때문이다. 하지만 주식, 부동산, 삼림은 시간에 우호적이다. 시간이 내 편이다. 가격이 오르지 않더라도 시간이 지나면 배당금 수입이 누적되기 때문이다. 당장 가격에서 손해를 보았지만 시간이 지나면서 배당금이라는 현금흐름이 손실을 조금씩 메워 준다. 이처럼 시간이 자기 편이 되는 자산을 보유해야 한다.

워런 버핏은 개인은 셋째 자산을 선택해야 한다고 한다. 소위 산출물을 낳는 자산이다. 버핏은 이 자산을 '상업용 젖소'라고 불렀다. 박완서 소설 《미망》에 보면 부동산을 화수분이라 표현했다. 금이나 은은 아무것도 낳지 않는데 부동산은 퍼내도 퍼내도 마르지 않는 항아리 같은 것이기 때문이다. 부동산은 임대료를 받아도 받아도 바닥이 나지 않는다. 과연 셋째 자산은 산출물(소득, 현금흐름)을 낳는다는 장점만 있는 것일까? 워런 버핏은 언급하지 않았지만 예금과 자본(주식, 부동산)은 보다 본질적인 차이가 있다.

가장 중요한 이야기, 자본이란 무엇인가?

주식이나 부동산을 자본이라 부른다. 예금을 두고는 자본이라 하지 않는다. '예금과 자본의 근본적인 차이는 무엇일까?' 아주 중요한 질문이므로 스스로 한번 답을 해보기 바란다. 강의할 때면 이 질문을 자주 던지는데 정확하게 답하는 사람을 찾기 어렵다. 많은 사람들이 '예금은 안전하다.' '예금은 원금을 보전해 준다.' '예금은 확정적인 이자를 준다.' 같은 답을 한다. 맞는 말이다. 대부분은 원금 보전을 예금의 엄청난 장점이라고 생각한다. 그런데 예금은 원금의 증식도 없다. 따라서 예금은 원금을 보전한다기보다 가치가 변하지 않는 자산이라 정의하는 게 맞다. 누구도 예금 가격이 '올랐다.' '내렸다.' 하는 말을 들어본 적이 없을 것이다. 또 1년 뒤 예금 가격 전 망에 대한 보고서도 보지 못했을 것이다. 그러면 한 번 더 질문해 본다. **가격이 변하지 않는 자산은 좋은 자산인가?**

금리 3%의 예금에 1억 원을, 10년 동안 보유하고 있다고 하자. 물가상승률이 3%라고 하면 10년 뒤에 이 사람은 얼마나 벌었을 까? 자산관리의 기본이자 핵심적인 질문이다. 이 경우 한 해 이자 가 300만 원이고 이자소득세 15.4%를 원천징수하면 254만 원이 들어온다. 하지만 올해의 254만 원과 10년 후 254만 원의 실질가 치는 다르다. 10년 뒤에 받는 254만 원의 실질가치, 즉 구매력은 물 가상승률 3%로 10년 할인하면 189만 원이 된다. 〈표 3-1〉에서 실 질이자라고 된 항목이 바로 10년 동안 받는 명목이자금액을 물가 로 할인한 구매력이다. 따라서 이 이자금액을 모두 합하면 2167만 원이 된다. 그런데 이 문제의 포인트는 여기에 있지 않다. 이자의 구매력 손실은 그렇게 크지 않다. 문제는 이 사람은 10년 뒤에 예 금 원금 1억 원을 상환받기 때문에 10년 뒤 1억 원의 가치는 7441 만 원에 불과하다. 그러면 7441만 원에 이자 2167만 원을 더하면 9608만 원이 되어 -392만 원이 된다. 10년 동안 이자를 받았지만 결국 실질수익은 -392만 원이 된 것이다. 누가 내 돈을 가져갔을 까? 이자소득세와 인플레이션세inflation tax 때문에 일어난 일이다. 인플레이션이 내 자산을 감가상각시킨 것이다. 예금으로는 자산의 감가상각을 막을 수 없다. 원금이 고정되어 있지 않고 가격이 변하

표 3-1. 1억 원 예금의 구매력 흐름(3% 이자)

	명목이자	실질이자	명목원금	실질원금
1년	254만 원	247만 원	0	0
2년	254만 원	239만 원	0	0
3년	254만 원	232만 원	0	0
4년	254만 원	226만 원	0	0
5년	254만 원	219만 원	0	0
6년	254만 원	213만 원	0	0
7년	254만 원	207만 원	0	0
8년	254만 원	201만 원	0	0
9년	254만 원	195만 원	0	0
10년	254만 원	189만 원	1억 원	7441만 원
합	2540만 원	2167만 원	1억 원	7441만 원

는 주식이나 부동산과 같은 자본을 갖고 있어야 구매력을 장기적으로 잃지 않는다.

이 문제를 해결한 것이 물가연동채권이다. 물가연동채권은 물가상승률만큼 원금의 가치를 올려 준다. 다른 장치는 없다. 단순히 이 조건 하나다. 10년 예금의 예에서 원금의 가격이 고정된 단점을 해소했다. 1억 원 물가연동채권을 보유했고 이자율이 3%라고 하자. 10년 후에 물가가 구입가격 대비 20%가 올랐다고 하면 원금도 1억 2000만 원이 된다. 재미있는 사실은 이자 금액에 있다. 원금이 1억 원일 때는 이자금액이 300만 원인데 원금이 1억 2000만 원으로 20% 오르니 이자율은 3%이더라도 이자금액이 360만 원(=1억 2000만 원×3%)으로 20% 오른다. 원금이 오르니 비율만큼 내가 받는 이자금액도 늘어나는 것이다. 물가연동채권을 보면 원금이라는 나무 둥치의 가격이 변하는 것이 핵심이라는 걸 알 수 있다. 나무 둥치가 굵어지면 나무의 가지도 자연스레 많아지는 것이다.

원금의 가격이 변하지 않을 때와 변할 때 배당금액에 미치는 영향을 시뮬레이션을 통해 알아보자. 〈그림 3-1〉에는 원금의 가치는 오르지 않고 이자만 2%씩 50년 지급하는 예금과 배당수익률 2%에 매년 원금의 가치가 각각 2%와 5% 증가하는 자산을 표시했다. 예금의 경우 1억 원 보유하면 지금 받는 이자나 50년 후에 받는 이자가 200만 원 그대로이다. 하지만 원금의 가치가 매년 2% 증가하는 자산의 경우 지금 배당금은 200만 원이지만 50년 후의 배당금은 530만 원이 된다. 따라서 첫 투자원금 대비한 연평균 배당수익률이 예금은 2%인데 반해 원금이 2%씩 증가하는 자산의 경우 3.4%가 된다. 매년 1.4%포인트 차이는 크다. 그런데 원금의 가치가 2%가 아닌 매년 5% 증가하는 자산의 경우 초기 원금 대비 배당금액이 크게 증가해서 50년 뒤에는 무려 2180만 원의 배당금

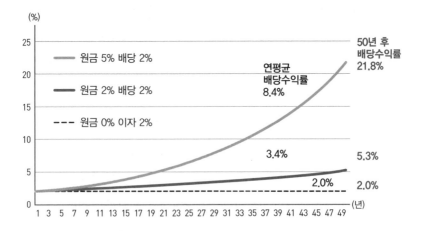

그림 3-1. 원금의 가격이 고정된 자산과 변하는 자산의 배당수익률 비교

을 받는다. 이를 50년 동안 연평균 배당수익률로 계산하면 8.4%가된다. 이처럼 원금가치 증가율이 배당에 결정적인 영향을 주는 것을 볼 수 있다. 세 가지 경우 50년 동안 받는 배당금의 합계는 각각1억 원, 1억 7000만 원, 4억 2000만 원이 된다. 여기에다가 50년 뒤에 찾는 원금도 각각 1억 원, 2억 7000만 원, 11억 4600만 원으로차이가 크다. 이것이 장기적으로 원금의 가치가 변하는 자산을 가져야 하는 이유다. 주식과 부동산 같은 자본을 가져야 하는 것이다.애인의 마음은 변하지 않는 것이 좋겠지만 자산의 가치는 변해야한다.

높은 금리의 예금은 괜찮지 않냐고?

예금금리도 높으면 복리 효과가 클 수밖에 없다. 그래서 우리나라의 1980년부터의 주식수익률과 예금금리를 비교해 본다. 예금금리가 연평균 3~6%라는 가정으로 각각을 살펴본다. 모두 이자를 재투자하는 복리를 가정했다. 매월 50만 원, 매년 600만 원 납입할 경우 원금, 주식자산, 3~6%의 예금자산의 추이에 대해 정리한 것이 〈표 3-2〉다. 몇 가지 특징 중 가장 두드러지는 것은 6%의 예금금리로도 주식자산의 성과를 이길 수는 없다는 것이다. 1980년부터 2022년까지 납입된 원금은 2억 5800만 원인데 주식자산은 배당과 자본차익을 모두 감안할 경우 22억 4780만 원이 되었다. 원금의 10배 정도다. 6%의 예금금리로 42년을 둔다고 해도 11억 9250만 원으로 주식자산의 절반 정도에 머물렀다. 3%의 예금금리로는 주식자산의 23% 수준에 불과했다. 장기로 갈수록 예금자산은 주식자산에 비해 성과가 떨어진다. 다만 주식은 예금에 비해 단기적으로 자산가치가 많이 변하므로 심지어 10년 이상 당신을 힘들게 할수도 있다. 하지만 장기적으로 보면 주식자산의 변동성은 안정화된다.

예금과 주식은 자산이 증가하는 경로가 다르다. 자산운용을 할 때는 이 경로의 특징을 알아야 적절히 대처할 수 있다. 예금은 어떤 경우에나 꾸준하게 증가한다. 반면에 우리나라 주식은 1980년

표 3-2. 주식과 예금의 장기 성과 비교 (단위: 백만 원)

	원금	주식 자산	예금 자산			
			3%	4%	5%	6%
1980년	6	5.4	6.2	6.2	6.3	6.4
1990년	66	276.8	79.2	84.2	89.5	95.2
2000년	126	287.5	177.2	199.5	225.0	254.4
2010년	186	1522.0	309.0	370.2	445.8	539.3
2020년	246	2556.0	486.1	622.9	805.4	1049.7
2022년	258	2247.8	528.3	686.5	909.9	1192.5

대 10년 동안 원금의 4배에 이를 정도로 크게 증가했지만 이후 10년 동안 원금이 1억 2600만 원이 투입되었는데도 1억 700만 원 증가하는 데 그쳤다. 10년 동안 수익률은 '0%'나 마찬가지다. 외환 위기가 이 기간에 발생했기 때문이다. 하지만 이 기간을 지나고 난 뒤의 10년 동안은 납입 원금의 8.2배가 될 정도로 주식자산은 빠르게 증가한다. 이처럼 주식은 장기적으로 자산가치가 상승하지만 10년 정도 거의 무수익 자산일 때도 있다. 이를 잘 견뎌야 높은 수익이 당신의 것이 된다. 주식시장의 단기적인 주가 하락은 당시로 보면 아주 암울하지만 더 장기적인 관점에서 볼 때의 주식 가치 상승에 유의미한 영향을 주지 못한다. 주식의 단점은 변동성이 크다

는 것인데 장기로 가면 그 변동성이 완화되는 경향이 있기 때문이다.

제러미 시겔 와튼스쿨 교수는《장기 투자 바이블》에서 "1929년의 주식 대폭락 사태도 장기투자 수단으로서의 주식의 우월성을 부정하는 근거가 될 수 없다."라는 말을 했다. 다우존스 주가 지수는 1929년 고점 대비 1932년 7월 8일에 89%나 떨어졌지만 1929년 이후 꾸준히 적립식으로 주식에 투자한 사람은 20년 후에 채권에 투자한 사람의 2배가 되었다.[1]

제러미 시겔의 미국의 장기 데이터에 기반한 수익률 역시 1946년~2006년 동안 주식의 연투자수익률은 11.2%였다.[2] 반면 채권은 5.7% 수익률로 고금리 시기를 통틀어도 6%를 넘기기 어려웠다. 우리나라나 미국 모두 예금금리가 높을 때도 장기적으로 주식수익률이 높았다.

부의 비밀 3요소

프랑스 경제학자 토마 피케티는 엄청난 문헌을 조사해 우리에게 부자가 되는 법을 말해 주고 있다. 그의 저서《21세기 자본》은 1700년부터 지금까지 무려 300년 기간의 부의 경로를 추적하고 있다. 사실 피케티는 부의 비밀에 관해 쓴 것이 아니라 부가 불평등한 이유를 밝히고자 했다. 그는 2차 세계대전 후 1980년까지는 부의 불평등이 줄었지만 이후에는 계속 확대되어 사회문제로 떠오를 것으로 봤다. 그런데 피케티가 분석한 부의 불평등을 부를 이룬 사람들에게 초점을 맞추어 보면 부의 비밀이 된다. 이런 관점에서 부의 극점에 있는 사람들이 부를 축적할 수 있었던 이유를 보니 세 가지 정도로 정리할 수 있었다.

우선 가장 중요한 것은 **자본**을 가지는 것이다. 피케티는 자본의 수익률, 즉 자본을 투자해 얻은 수익률이 경제성장률보다 높다고 했다. 그 유명한 식 r > g인 것이다. 자본수익률(r)은 5%, 실질성장률(g)은 1~1.5%로 보고 있다. 장기적 주식투자수익률은 실질 기준으로 6~8% 정도다.[3] 국공채의 수익률은 이보다 낮다. 과거에는 자본은 주로 토지를 지칭하였으나 이제 부동산 자본, 산업 및 금융자산으로 바뀌었다. 그중에서도 가격의 상승 가능성을 가진 주식과 부동산이 중요성을 가진다.

일반적으로 자본이 많아질수록(축적될수록) 자본의 수익률은 낮아진다고 보았으나 기술 혁신 등으로 자본수익률을 꽤 일정한 수준으로 장기간 유지하고 있다. 자본의 이윤율이 하락할 것이라고 본 마르크스도 지속적인 기술 진보와 생산성 향상이 이루어질 가능성을 못 본 것이다. 피케티에 따르면 거의 2000년간 자본수익률이 떨어지지 않고 이 수준에 머물렀다고 한다. 이러한 높은 자본수익률과 더불어 자본이 소수에 집중되어 있는 것이 불평등의 원인이라 보았다. 이는 임금을 받는 노동자라고 하더라도 결국 주식, 부동산을 보유해야 함을 보여 준다. 부를 이루는 출발점은 자본을 보유하는 것이다. 과거에는 노동자가 자본을 보유하는 것이 어려웠지만 지금은 금융 혁신으로 기업의 지분과 부동산의 지분을 소액으로도 보유할 수 있게 되었다.

둘째 조건은 자본이 파괴되지 않는 **안전한 곳**에 두어야 한다는 것이다. 자본수익률이 경제성장률이나 임금상승률보다 높은 것이 일반적인 현상이지만 1900~1950년대 기간에는 예외적으로 그 값이 뚝 떨어진다. 이 기간 동안 세금과 자본 손실을 공제한 자본수익률은 경제성장률보다 낮아진다. 왜일까? 1·2차 세계대전으로 자본이 대폭 파괴되었고 세율도 높아졌기 때문이다. 1929년 세계 대공황도 있었다. 실제로 이 기간 동안 자본 손실과 세금을 공제한 자본수익률은 1%로 경제성장률 2%보다 낮다.

프랑스에서 국민소득 대비 상속액의 비중이 19세기 20%에서 1·2차 세계대전 후에는 2%까지 낮아진다. 두 번의 세계대전으로 보유 재산이 크게 손실을 입었던 때다. 우리나라도 한국동란을 거치면서 몰락한 부자가 많다. 북한은 체제 변화로 갖고 있던 재산을 몰수당했다. 이처럼 전쟁이나 혁명 혹은 체제 변화는 많은 것을 뒤바꿔 버린다. 돈 1억 원을 연 5% 이자로 200년 두면 1조 7000억 원이 된다. 고조할아버지가 1억 원 예치해 놓으면 후대가 1조 7000억 원을 갖게 되는 셈이다. 이런 꿈같은 이야기가 실현되지 않는 이유는 재산이 장기간 온전히 보전되지 않기 때문이다. 우리나라의 1997년 외환위기 같은 경우도 자본을 파괴한다. 공장이 멈추어 버리고 기계가 가동되지 않고 내버려져 있으면 폭격을 맞은 것이나 마찬가지다. 그래서 외환위기를 총성 없는 전쟁이라고도 한다.

재산을 온전하게 보전해서 복리 효과를 누리기 위해서는 전쟁, 대공황, 혁명, 약탈, 금융위기 등이 없는 우량한 곳에 자산을 두어야 한다. 그곳을 정확히 예측하기 어렵다면 몇 군데로 분산하는 것도 방법이다. 유럽에서 추방되거나 학살을 피해 이주한 유대인들은 부의 상당 부분을 그대로 두고 떠났다. 자본을 갖는 것에 그치지 말고 자본을 장기적으로 우량한 곳에 분산해 두는 전략이 필요하다.

셋째 조건은 **상속**을 잘 받는 것이다. 발자크의 소설《고리오 영감》은 19세기 유럽이 배경인데, 상속이 부를 축적할 수 있는 거의 유일한 수단처럼 묘사되어 있다. 당시는 자신의 노동소득으로 돈을 벌기에는 한계가 있었고 누군가에게 거액의 상속을 받는 것이 부를 이루는 방법이었다. 그 시대 유럽 소설에서 상속이 중요한 소재로 등장하는 이유다. 소설《제인 에어》에서 주인공은 모든 어려움을 꿋꿋하게 이겨 내지만 결정적인 한 방은 유산이었다. 숙부에게 거액의 유산을 상속받으면서 한쪽 팔과 눈을 다친 로체스터를 찾아가 결혼을 하고 불행한 삶을 행복한 삶으로 반전시킨다.

실제로 당시 프랑스에서는 한 해 상속재산이 국민소득의 20%에 육박했다.[4] 우리나라로 보면 매년 360조 원 정도는 상속된다는 것이다. 이 비율이 1·2차 세계대전 후 좀 낮아지는 듯하다가 다시 상승하고 있다. 다만 현대에 들어와서 자수성가하는 사람들이 많아지면서 소득 대비한 상속재산의 비중은 낮아지고 있다. 성공한 벤처기업가나 대기업 CEO들의 연봉을 보면 상속받을 재산이 없어도 사람이 똑똑하면 큰 부를 이룰 수 있는 것처럼 보인다. 하지만 이런 환경에도 불구하고 혁명이나 전쟁 없이 경제성장이 지속되면서 부의 불평등이 커지고 상속의 비중은 다시 높아지고 있다. 예나 지금이나 부를 이루는 데 상속의 중요성은 여전한 듯하다.

피케티는 부의 불평등은 자본의 집중과 자본의 높은 수익률에서 비롯되었다고 본다. 따라서 부를 이룬 사람은 주식이나 부동산 같은 자본을 가진 사람이다. 그리고 이러한 자본축적이 지속적으로 이어지기 위해서는 자본의 대물림에 해당하는 상속, 그리고 그 자본이 파괴되지 않는 곳을 선택하는 것, 이 세 가지가 바로 '부의 비밀'이다. 지금도 부자들의 행동을 보면 이 셋에서 벗어남이 없다. 이러나저러나, 토마 피케티는 300년의 자본주의 역사를 통틀어 자본주의 시장의 주인공은 자본이라는 사실을 보여 준다.

우량한 글로벌 자본을 가져야 하는 이유

경사면이 있고 공을 경사면 꼭지에서 아래로 굴린다고 하자. 가장 빨리 도착하려면 어떤 경로를 거쳐야 할까? 대부분은 직선거리가 가장 짧기에 경사면을 따라 직선으로 굴리는 게 정답이라고 생각한다. 수학자 베르누이는 이 문제를 학회지에 공고하기로 한다. 자기들끼리 끙끙대며 답을 구했는데 이를 공개하면 누가 풀 수 있을지 궁금했던 것이다. 그런데 뉴턴이 12시간이 되기 전에 이 문제를 풀어 버렸다. 답은 무엇일까? 직선이 아니라 곡선이다. 그 곡선을 사이클로이드cycloid 곡선이라 한다. 이 곡선은 출발부터 2/3 정도까지는 직선보다 더 큰 기울기고 도착점에 가까워서는 경사면 직선보다 완만한 기울기다. 이동 거리는 직선보다 긴데 소요되는 시간은 더 짧은 것이다.

사이클로이드 곡선 위의 공이 경사면 직선 위의 공보다 목적지에 빨리 도착하는 이유는 뭘까? 중력 때문이다. 사이클로이드 곡선은 우주에 깔린 중력의 힘을 빌린 것이다. 그래서 처음 출발할 때는 빠른 중력가속도로 낙하하고 후반부에 그 가속도로 목적지까지 도착한다.

자연에서도 이 같은 사례를 찾아볼 수 있다. 매가 먹이를 잡을 때 그 먹잇감을 향해 경사면 최단거리인 직선으로 날아가지 않는다. 중력을 이용하여 최대한 빨리 낙하한 다음 방향을 틀어 가속도를 이용해 먹잇감까지 이동한다. 매의 낙하속도는 시속 360km라고 한다. 1초에 100m를 이동하는 속도다. 매는 자연이 가지고 있는 중력가속도를 적극 활용한다. 인간도 마찬가지다. 비행기에서 뛰

그림 3-2. 사이클로이드 곡선

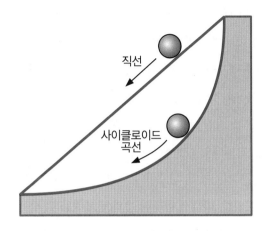

어내려 사선 방향으로 목표 지점까지 갈 때 어떤 경로가 가장 빠를까? 목표 지점까지 직선거리를 이동하는 것이 아니다. 중력을 이용해 빠른 속도로 하강한 후 목표 지점에 가까이 가서 속도를 줄이면서 작은 기울기로 이동해야 한다. 영화를 보면 낙하산을 매단 인물들이 목표를 향해 직선으로 가지 않고 먼저 빠른 속도로 밑으로 떨어지는 것이 이런 이유다.

사이클로이드 곡선을 언급한 것은 어떤 시스템의 핵심적인 동력을 이용하라는 뜻에서다. 자본주의 사회의 동력은 **자본**이다. 모든 시스템이 자본의 투자, 생산, 보상 등에 초점이 맞추어져 있다. 따라서 자본주의 사회에서 돈을 모으는 목표점에 빨리 도달하려면 자본을 보유하고 자본을 활용해야 한다. 이게 자연스러운 길이 며 이 길을 갈 때 사회의 여러 시스템이 도와준다. 글로벌 금융위기 가 왔을 때 미국에서 양적완화라는 엄청난 돈의 살포가 일어난 것 도 이런 이유에서다. 자기네 사회 동력이 멈추게 되었는데 어떤 수 단이든지 사용하지 않겠는가?

다만 자본을 가질 때는 우량한 자본을 가져야 한다는 점을 명심 해야 한다. 피케티의 《21세기 자본》에서 보듯이 자본은 파괴되는 것이 가장 큰 리스크다. 전쟁이나 혁명뿐만 아니라 금융위기도 자 본을 파괴시킨다. 따라서 이러한 충격을 최대한 덜 받는 국가에 자 본을 두어야 한다. 우량한 자본은 충격을 받아도 복원력이 크다. 우 리나라 IMF 외환위기 때 해외 투자자들이 우리나라의 우량한 부동 산과 우량한 기업의 지분을 사들인 이유가 여기에 있다. 자본을 갖 되 충격에 강한 국가의 자본을 가져야 하는 이유다. 자본을 가질 때 우리나라에 한정하지 말고 국경을 넘어 글로벌 시장의 자본을 가 져야 한다. 가장 튼튼한 국가, 가장 경쟁력 있는 기업의 자본을 갖 는 것이다.

우리나라는 산업경쟁력이 좋다. 넓은 스펙트럼으로, 즉 전통산 업에서 첨단산업까지 골고루 경쟁력을 갖고 있다. 교육 수준도 높 아 정책의 전달 속도도 빠르다. 하지만 우리나라의 가장 큰 단점은 국가의 틀이 약하다는 점이다. 그중 중요한 몇 가지만 들어 보자. 첫째, 우리는 선진국 중에서 통화의 안정성이 떨어진다. 미국은 달러 기축 통화이며, 일본 엔화, 영국 파운드화, 유럽 유로화 등도 기축 통화에 속한다. 캐나다, 싱가포르, 홍콩, 대만, 호주는 자국 통화에 달러라는 이름을 붙이고 달러 가치와 같은 궤도를 가려고 노력한다. 즉 강력한 통화에 자신의 통화 가치를 연동시키는 것이다. 과거 1990년대 초에 영국이 자신의 파운드화 가치가 불안하자 마르크화에 일정 범위 내에서 페그시킨 것과 마찬가지다. 우리나라는 그 어디에도 페그되지 않고 독자적인 통화를 갖고 선진국에 들어섰다. 대단한 나라임에 틀림없다. 하지만 선진국 대열에 안착하려면 통화가 안정적이어야 한다. 이를 어떻게 해야 할지 아직은 해결되지 않은 과제다.

둘째는 인구구조다. 젊은 사람과 나이 든 사람의 수적 불균형이 심하고 이제 인구까지 줄어든다. 인구구조의 불균형 심화 속도는 세계에서 가장 빠르며 합계출산율 역시 세계에서 가장 낮다. 인구구조가 안정적이어야 국가의 틀이 튼튼해질 수 있다. 미국의 경우 2024년과 1960년의 태어나는 사람의 숫자가 크게 차이 나지 않는다. 반면 우리나라는 1960년에 100만 명이 태어났지만 지금은 23만 명(2023년)에 불과하다. 사분의 일도 되지 않는다. 고령자의 숫자가 상대적으로 많아지면 젊은 사람들의 세금으로 재정지출을 충당하기 어려워져 재정적자가 누증되고 국가채무가 증가한다. 이 국가채무가 나라의 틀을 약하게 만든다. 머지 않아 닥칠 일이다.

셋째는 지정학적 위치와 군사력이다. 우리는 동아시아의 화약고에 위치해 있다. 미국은 중국과의 대결을 위해 이미 동아시아로 전략의 초점을 옮기고 있다. 거기에 우리나라, 일본, 대만, 호주가 있다. 대만에서 무력 충돌이 일어날 가능성은 차치하고라도 이 자체가 지정학적 리스크를 보여 준다. 우크라이나 전쟁이 2022년에 일어나고 2~3개월 후에 대만해협을 둘러싼 미군 기지 현황을 파이낸셜 타임스 기사에 보여 준 것이 그러한 예다. 반면 미국의 지정학적 위치는 극히 안정적이다. 태평양과 대서양으로 둘러싸여 있어서 육지로 공격하기 어렵다. 미국의 북쪽은 캐나다가 광대한 영토와 삼림으로 받치고 있고 미국 남쪽은 NAFTA 협정을 맺고 있는 멕시코가 있다.

넷째는 생존에 필수적인 농산물, 에너지 자급도다. 미국 중부의 광대한 농지는 익히 알려진 바다. 우크라이나, 아르헨티나, 미국 중부는 세계 3대 곡창지대에 속한다. 에너지는 자급자족에 그치지 않고 수출까지 한다. 세계 1위의 해군력으로 세계의 해상수송 루트마저 장악하고 있다. 그런데 우리나라는 밀을 99% 수입하지만 해상수송 루트는 장악하지 못하고 있다. 밀 수입 루트가 끊기면 빵과 짜장면은 다 먹은 것으로 봐야 한다. 미국에 비해 우리는 상당히 불안한 의자 위에 앉아 있는 셈이다.

마지막으로 기업경쟁력과 자본시장의 하부구조다. 미국의 기업경쟁력은 이미 유럽을 앞섰다. 유럽이 미국을 따라가려면 시간이 얼마나 걸릴지도 모를 일이다. 미국 기업 하나의 시가총액이 웬만한 나라 주식시장 전체 시가총액을 앞설 정도다. 미국은 자본시장의 하부구조 역시 잘 갖추어져 있다. 스타트업 같은 혁신 기업이 계속 나오고 이들을 성장시킬 사다리들을 가졌다. 반면 기업을 오래 경영하다 타성에 젖어 현실에 안주하려 하면 기업 사냥꾼이 와서 기업을 새로이 개조한다. 새로운 것은 계속 생겨나고 낡은 것은 빨리 해체되고 재구조화되는 프로세스가 작동하고 있다. 물론 이런 생태계에 있는 사람들은 힘들지 모른다. 승자도 있지만 패자도 끊임없이 생겨나기 때문이다. 우리는 이런 생태계 내에 있지 않지만 이들의 지분을 보유하여 간접적으로 그 부가가치를 얻는 방향을 생각해야 한다.

미국의 자본시장 하부구조에서 가장 막강한 장치는 기축 통화다. 여차하면 통화를 푸는 것이다. 기업이 좀 위험한 일을 할지라도 종국에 국가가 기축 통화라는 뒷배로 그 부작용을 줄여 준다. 그래서 미국 기업은 우리나라 기업처럼 자본을 과다하게 가지고 있을 이유가 없다. 우리는 기업이 스스로를 지켜야 하지만 미국은 기축 통화로 어느 정도 보조를 해주기 때문이다. 이런 부분이 자본의 효율성을 높이고 기업의 가치를 높인다. 누군가 미국을 몰락하게 만들고 싶다면 달러 가치를 형편없이 만들어 달러가 기축 통화로 기능하지 못하게 하면 될 것이다.

사이클로이드 곡선이 중력을 공짜로 활용하듯이 자본주의 사회의 구성원은 자본을 활용하면 부의 축적 속도를 빨리할 수 있다. 다만 자본의 종류도 천차만별이므로 이 중 우량한 자본을 보유해야 하며 국가의 경계를 넘어 글로벌 최우량 자본을 보유해야 한다. 노동자들이여! 글로벌 자본가가 되자.

4장

랜덤이 아닌
패턴에
투자하기

투자는 덧셈이 아니라 곱셈이다.

— 주식시장 격언

저축액을 늘리고, 이를 높은 수익률로 장기간 운용하면 복리 효과를 누릴 수 있다. 저축액을 늘리는 것과 오랜 기간 일을 하는 것은 어느 정도 사람의 의지로 할 수 있다. 하지만 수익률은 의지로 되는 것이 아니다. 아침마다 일어나서 물 떠 놓고 기도한다고 될 일이 아니다. 자본을 보유하면 수익률은 높아지지만 원금을 손해 볼 가능성도 높아진다. 수익률이 불확실하다는 뜻이다. 다시 말해 저축액과 일하는 기간은 의지의 지배를 받지만 수익률은 확률의 지배를 받는다.

결국 투자의 문제 혹은 돈을 버는 원리의 문제는 불확실한 수익률을 어떻게 관리하느냐에 달렸다고 봐도 과언이 아니다. 불확실한 수익률의 세상에서 우리의 과제는 수익률을 낮추지 않으면서 불확실성을 줄이는 것이다. 불확실성은 곧 변동성이다. 변동성을 줄이면 실제 투자수익률이 높아진다. 이 변동성 관리에는 재미있는 비밀들이 들어 있다. 그중 핵심은 투자는 덧셈이 아니라 곱셈이라는 것이다. 이 장은 수식이 있으니 '도전!'을 외치고 들어가 보자.

-50% + 100% = 0%라고?

투자수익률을 높이려면 어떤 수익률을 높여야 할지 알아야 한다. 우리가 현실에서 보는 자산 가격이나 수익률은 시간에 따라 배열되어 있는 데이터다. 이들 수익률을 대표할 만한 평균수익률을 구할 수도 있다. 그러면 2011~2020년까지 해당 연도의 주식수익률이 10개가 있다면 10년 동안 연평균투자수익률은 어떻게 구할까? 수익률을 더해서 해당 기간으로 나누면 될까?

자산 가격이 1기 때 100만 원에서 2기에는 50만 원으로 하락했다가 3기에는 다시 100만 원으로 상승했다고 하자. 그러면 두 해 동안 수익률은 -50%, +100%가 된다. 그러면 나의 연평균투자수익률은 몇 퍼센트일까? 이때 우리가 익숙한 평균 개념을 꺼내게 된다. 첫 해는 -50%, 둘째 해는 +100%가 되니 2년 동안 연평균수익률은 단순히 산술평균[1]하여 (-50%+100%)/2 = 25%가 된다. 연투자수익률이 25%라고? 삼척동자도 그렇게 말하지 않는다. 100만 원 투자해서 100만 원이 되었으니 투자수익률은 '0%'이다. 2년 동안 투자수익률이 0%니 당연히 연투자수익률도 '0'%다. 이처럼 우리가 보는 일별, 월별, 연별 수익률을 산술평균하여 얻는 수익률은 실제투자수익률과 다르다. 이유는 다음 문제에 있다.

둘째 문제다. 이제 자산 가격이 1기에 100만 원, 2기에 110만 원, 3기에 121만 원이 되었다고 하자. 그러면 두 해 동안 10%, 10% 가

표 4-1. 산술평균수익률과 투자수익률 case I

	1기	2기	3기	평균수익률
자산 가격	100만 원	50만 원	100만 원	-
수익률	-	-50%	+100%	25%
자산 증감	-	-50만 원	+50만 원	0%

표 4-2. 산술평균수익률과 투자수익률 case II

	1기	2기	3기	평균수익률
자산 가격	100만 원	110만 원	121만 원	-
수익률	-	10%	10%	10%
자산증감	-	10만 원	11만 원	10%

격이 오른 셈이다. 따라서 산술평균으로 연투자수익률을 구하면 (10%+10%)/2 = 10%가 된다. 그러면 실제연투자수익률은 어떻게 될까? 10%가 나온다. 100만 원에 대해 10% 수익 나서 110만 원이 되고 여기서 다시 10% 수익이 나서 121만 원이 되니 정확한 셈법이다. 왜 이 경우에는 단순하게 산술평균으로 구한 투자수익률이 실제 투자수익률과 같아질까? 앞의 예와 차이라면 수익률이 매해 들쭉날쭉 하지 않고 똑같았다는 것뿐이다. 여기에 중요한 사실이 하나 숨어 있다. 수익률이 들쭉날쭉 변동하지 않으면 실제 투자

수익률이 높아진다는 점이다. 이건 좀 어려운 문제다. 하지만 이 부분을 이해하면 투자의 핵심을 이해했다고 보면 되니 '득템'한다는 기분으로 차근히 살펴보자. 그러면 이제 실제 투자수익률을 어떻게 구하는지 그리고 이것이 투자에서 의미하는 바가 무엇인지 살펴본다.

투자는 덧셈이 아니라 곱셈이다: 산술평균과 기하평균

갑, 을, 병의 2022년 주식투자수익률이 각각 15%, 11%, -20%라고 하면 이 집단의 평균수익률을 구하려면 산술평균하면 된다. 더해서 나누는 것이다. (15%+11%-20%)/3 = 2%가 된다. 동일 시점에서의 여러 수익률 평균은 산술평균을 쓰면 된다. 그런데 시간 순서로 수익률이 있는 시계열 데이터일 경우 단순히 더해서 총 기간으로 나누지 않는다. 우리가 금융시장에서 관찰하는 일별, 월별, 분기별, 연별 데이터들의 수익은 곱셈을 해야 한다.

3명이 아닌 1명의 3년 동안 수익률이 15%, 11%, -20%였다면 이 사람의 3년 수익률은 6%(=15%+11+-20%)가 아니라 (1+0.15)(1+0.11)(1-0.2)=1.021이며 따라서 수익률은 2.1%가 된다. 시간 순서로 된 투자수익은 곱셈으로 계산하므로 한 번이라도 0이 될 가능성(-100% 수익률)을 가지는 투자는 엄청나게 위험하다. 이 말인즉슨 변동성을 키우지 말라는 뜻이다.

이처럼 장기간 계속되는 투자는 곱셈으로 수익률을 구하는데 이 평균수익률은 기하평균과 같다. x_1, x_2, …, x_n의 기하평균은 $(x_1 \cdot x_2 \cdot \ \cdots \ x_n)^{\frac{1}{n}}$이며 어떤 지표의 평균성장률을 구할 때 사용된다. 이 경우 가격의 변동성 혹은 수익률의 변동성에 따라 재미있는 특징이 나타난다. 다음과 같은 두 개의 룰렛이 있다고 하자.[2] 룰렛 1은 4개의 슬롯이 있는데 거기 구슬이 놓일 확률은 동일하며 각각에 대한 보상이 (2, 3, 5, 0.01)이다. 따라서 룰렛 1은 1을 걸면 기대수익이 2.5다($\frac{2+3+5+0.01}{4}=2.5$). 룰렛 2는 동일한 구조이지만 보상이 (1, 1.2, 2, 0.8)이다. 이 경우 룰렛 2에 1을 걸면 기대수익은 1.25다($\frac{1+1.2+2+0.8}{4}=1.25$). 여러분은 어느 룰렛에 돈을 걸겠는가?

단 한 번만 게임을 하고 집에 돌아가면 룰렛 1이 낫다. 하지만 계속 게임을 한다면 룰렛 2가 유리하다. 반복적으로 게임을 할 때의 기대수익은 수익률의 시계열이 시간순으로 이어지기 때문에 기하평균으로 구해야 한다. 그러면 룰렛 1은 1이라는 판돈을 내고 0.74를 받으므로 한 판 할 때마다 돈을 26% 잃는다($(2 \times 3 \times 5 \times 0.01)^{\frac{1}{4}}$). 반면 룰렛 2의 기대수익은 1.18이 되어 18% 돈을 버는 구조다. 한 번만 게임을 하면 둘 다 돈을 벌 가능성이 높다. 하지만 반복해서 게임을 하면 룰렛 1은 매번 26%의 손실이 기대되는 반면 룰렛 2는 매번 18%의 이익이 기대된다. 이유가 뭘까? 기하평균은 곱셈으로 계산하기에 수익률이 한 번이라도 낮으면 치명적이기 때문이다. 룰

그림 4-1. 룰렛의 기대수익

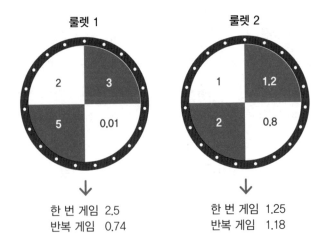

룰렛 1

| 2 | 3 |
| 5 | 0.01 |

↓

한 번 게임 2.5
반복 게임 0.74

룰렛 2

| 1 | 1.2 |
| 2 | 0.8 |

↓

한 번 게임 1.25
반복 게임 1.18

자료: 문병로(2014),《메트릭 스튜디오》, 김영사, p.378 참고

렛 1의 경우 돈을 잘 벌다가 한 번 0.01에 걸리면 1000만 원의 돈이 10만 원이 될 위험이 있다. 만일 '0'의 값이 하나 있으면 기하평균값은 0이 된다. 한번 0에 걸리면 돈을 몽땅 털리기 때문이다. 결국 투자를 반복해서 할 경우 대부분의 수익률이 높더라도 단 한 번이라도 수익률이 급락하면 공든 탑이 '도로 아미타불'이 된다. 투자수익률은 곱셈으로 계산하는 기하평균수익률이기에 극단적으로 낮은 값이 들어가면 기대수익률이 뚝 떨어진다. 한마디로 수익률의 변동성이 크면 투자수익률은 낮아진다는 진리다.

수익률을 통해 예를 들어 보자. A는 매년 (-50%, +60%, -50%, +60%, …)를 10년간 반복하는 투자를 한다고 하자. 얼핏 보기에 2년에 10% 수익이 나니 10년이면 50% 수익이 난다. 연평균 5%다. 하지만 10년 동안 기하평균수익률은 -68%다. 반면에 B는 (0%, 10%, 0%, 10%, …)를 10년간 반복했다. 역시 2년에 10%이니 10년이면 50%가 된다. 그런데 투자수익률을 구하면 60%가 된다. A는 10년 동안 50%인 것 같았는데 실제투자수익률은 -68%이고 B는 10년 동안 50%인 것 같았는데 실제 10년 동안 투자수익률은 60%였다. 표면적으로 같은 수익률을 보인 것 같지만 실제로 B는 A에 비해 128%포인트나 수익률이 높았다.

A와 B의 차이는 무엇인가? A는 돈을 벌었지만 -50%에 걸려 번 돈의 절반을 날렸다. 반면에 B는 수익률이 낮아 가져온 돈이 별로 없었지만 내놓는 돈도 없었다. 이것이 훨씬 안정적이다. A는 수익률이 크게 출렁이고 B는 수익률이 덜 출렁인다. 이를 우리는 B의 수익률 변동성이 낮다고 혹은 작다고 말한다. 매기 수익률의 시계열들의 변동성이 낮으면 실제로 투자수익률이 높아진다. 워런 버핏이 투자 원칙에서 "원금을 손해 보지 말아야 한다."라고 한 이유가 여기에 있다.

투자수익률 = 연복리수익률(CAGR) = 기하평균수익률

투자수익률은 복리수익률로 계산해야 맞다. 가격이 100이고 2년 동안 이자율이 각각 r_1, r_2이면 2년 후 가격은 $100 \times (1+r_1)(1+r_2)$가 된다. 그러면 연투자수익률($r_G$)을 구하려면 $100 \times (1+r_1)(1+r_2) = 100 \times (1+r_G)^2$이 된다. 따라서 $r_G = [(1+r_1)(1+r_2)]^{\frac{1}{2}} - 1$이 되고 이를 간단히 쓰면 $r_G = \sqrt[2]{(1+r_1)(1+r_2)} - 1$이 된다. 이를 연복리수익률**CAGR: Compound Annual Growth Rate**이라 한다. 이를 n년의 기간으로 일반화하면 $r_G = \sqrt[n]{(1+r_1)(1+r_2)\cdots(1+r_n)} - 1$이 된다. 그런데 이 식은 기하평균을 구하는 방식과 같다. 연복리수익률을 구하는 것과 기하평균수익률을 구하는 것은 동일한 개념이다. 앞의 예에서 본 것처럼 초기 자산이 100만 원이고 수익률이 -50%, 100%의 경우 연복리수익률을 구하려면 $\sqrt{(1-0.5) \times (1+1)} - 1 = 0$이 되어 0%라는 올바른 답을 구할 수 있다. 산술평균수익률로 구했을 때처럼 연수익률 25%라는 오류가 나오지 않는다.

실제 주식 가격을 예로 들어 설명해 본다. 〈표 4-3〉은 우리나라 코스피지수와 수익률이다. 2019년 수익률은 2018년 말 대비 2019년 말에 주가가 156.63포인트 올랐으니 이를 2018년의 주가지수로 나누면 7.67%가 나온다. 우리가 보는 주식수익률은 모두 이렇게 계산된다. 1년 동안 보유하고 있을 경우 배당을 제외한 주식의 수익률은 이 값이 맞다. 그런데 2018년부터 2022년까지 5년 동

표 4-3. 우리나라 KOSPI지수와 수익률

	2017	2018	2019	2020	2021	2022
주가지수	2467.49	2041.04	2,197.67	2,873.47	2,977.65	2,236.40
대비	-	-426.45	+156.63	+675.80	+104.18	-741.25
수익률	-	-17.28%	+7.67%	+30.75%	+3.63%	-24.89%

자료: 한국거래소

안 주식수익률이 표와 같다면 나의 연투자수익률은 몇 퍼센트인
가? 연투자수익률을 산술평균방식으로 구한다면 표의 연수익률
을 모두 더한 후 해당 연수로 나누면 된다. 그러면 5년 동안의 연평
균수익률은 -0.024%가 된다. 그런데 연투자수익률을 연복리수익
률 방식으로 구하면 -1.946%가 된다.(= [(1-0.1728)(1+0.0767)
$(1+0.3075)(1+0.0363)(1-0.2489]^{\frac{1}{5}}-1)$ 이 값이 실제 투자수익률
이다. 산술평균으로 단순하게 평균을 구한 것은 실제투자수익률과
-1.922%포인트나 수익률 차이가 나는 것을 볼 수 있다.

　연복리수익률을 구할 때는 매일, 매년의 수익률이 아닌 시작과
끝의 자산 가격만 알아도 구할 수 있다. 즉, CAGR = $(\frac{P_n}{P_1})^{\frac{1}{n-1}}-1$로
구한다. 앞서 살펴본 '-50%+100%=0%'의 예를 적용해 보자. 가
격이 100에서 시작하여 2년 후에 100이 되었으니 ($\frac{100}{100}$)$^{\frac{1}{2}}-1 = 0$이
되어 연복리수익률은 0%가 됨을 확인할 수 있다. 마찬가지로 〈표

4-3)처럼 2017년의 주가가 2467.49이니 2022년까지의 투자수익률을 구하면 $(\frac{2236.40}{2467.49})^{\frac{1}{5}} - 1 = -0.01946 = -1.946\%$가 된다.

아무리 오랜 기간이라도 시작 값과 마지막 값, 그리고 해당 기간만 알면 평균 복리수익률을 구할 수 있으니 얼마나 유용한가! 이처럼 투자수익률은 복리수익률이며 복리수익률은 기하평균으로 구하며, 기하평균은 곱셈이다. 곱셈이기에 원금을 크게 손해 보면 회복하기 어려운 상처를 입는다. 산술평균수익률에서는 한 해 큰 손실을 보더라도 경량급 선수에게 맞은 듯한 충격이 오지만 기하평균수익률에서는 마이크 타이슨의 핵펀치를 맞는 충격이다. 투자에서 큰 변동성은 핵펀치다. 투자에 대한 연구의 초점이 수익률과 변동성에 집중되어 있는 이유다.

변동성을 활용하라

산술평균은 수익률이 들쑥날쑥하면 성과측정이 올바르게 안 된다는 단점이 있었다. 그러면 들쑥날쑥하는 정도를 올바르게 측정하면 된다. 이를 위해서는 '들쑥날쑥'을 측정하는 방법을 알아야 한다. 소위 변동성을 측정하는 것인데 통상적으로 수익률의 표준편차로 측정한다. 수익률 시계열이 100개 있으면 100개의 산술평균을 계산하고 100개의 수익률이 산술평균수익률로부터 평균적으로 얼마나 떨어져 있는가를 수치로 보여 주는 것이다. 이를 일반적으로 시그마(σ)로 쓴다. 구체적인 식은 생략하고 그 의미를 생각해 보기로 하자.

기대수익률이 10%이고 표준편차(변동성)가 30%라고 하자. 대체 이것이 무얼 뜻하는 걸까? 만일 주식수익률이 정규분포를 가진다고 하면 평균(기대수익률)과 표준편차(변동성)만으로도 많은 것을 알 수 있다. 기대수익률을 중심으로 플러스 마이너스 1 표준편차(=1×σ) 이내에 68.2%가 몰려 있다. 위의 예를 적용하면 다음과 같다. (10%-30%)와 (10%+30%) 사이에, 즉 주식수익률이 -20%와 +40% 사이에 있을 확률이 68%라는 뜻이다. 2 표준편차(=2×σ) 이내에 있을 확률은 95.4%이므로(10%-2×30%)~(10%+2×30%) 즉 -50%와 70%에 있을 확률이 95%라는 뜻이다. 그리고 3 표준편차인 -80%와 100% 이내 있을 확률은 99.7%다. 어떤 금융자산의 기대수익률과 표준편차를 알고 수익률이 정규분포를 가진다면, 수익률의 범위를 예상할 수 있는 것이다.

주식시장에서 2σ 같은 일만 일어난다면 큰돈을 잃을 일이 없다. 하지만 주식시장은 늘 기상천외한 일이 일어난다. 1987년 10월 19일 블랙먼데이 당시 다우존스주가는 하루에 25.6%가 빠졌다. 그런데 당시 하루 주가의 기대수익률은 0.05%였고 표준편차는 1.16%였다(1980년 1월 1일부터 1987년 10월 16일까지). 그러니 주식 가격은 22표준편차(=25.6/1.16) 떨어진 것이다. 주식수익률

그림 4-2. 기대수익 10%, 표준편차 30%일 때의 수익률 분포

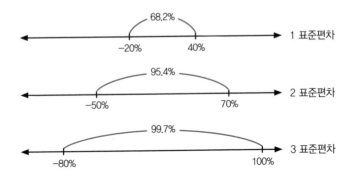

이 정규분포라면 이런 일은 절대 일어나지 말았어야 한다. 이 확률은 정규분포표에도 나와 있지 않고 계산을 해야 하는데 답은 1.4×10^{-107}이다. $0.000 \cdots 14$이며 106개의 '0'이 있다. 후들거리지 않는가? 주식시장은 이런 일이 일어나는 곳이다. 투자시장의 본질이기도 하다. 내가 투자할 때는 이런 일이 일어나지 않을 것이라는 것도 편견에 불과하다. 투자시장은 자연재해가 일어날 확률보다 더 낮은 확률의 얼토당토않은 일이 일어나는 곳이다. 그래서 주식시장수익률은 정규분포가 아니라 뚱뚱한 꼬리fat tail 모양이다. 부드럽고 예측가능하게 가격이 변하는 것이 아니라 평소에는 좁은 범위 내에서 주가가 왔다 갔다 하다가 얼토당토않게 급등하거나 급락한다는 것이다. 예일대의 로버트 실러 교수는 이를 과다변동성이라고 불

렀다.

　주식수익률은 뚱뚱한 꼬리 분포를 보인다. 한 달 동안 수익률이 0~2.5%가 되는 경우가 거의 25%이며 2.5~5%도 20%가 넘는다. -2.5%~5% 사이에 63% 가량이 분포되어 있다. 그런데 한 달 동안 -35~-32.5%가 있고 32.5~35% 구간도 있다. 가끔씩 한 달 동안 주식수익률이 크게 변하는 경우가 있다는 것을 말해 준다. 주식수익률은 이처럼 대부분은 상시적인 범위 내에서 얌전하게 변하다가 꽤 가끔 크게 변동한다는 것을 확인할 수 있다. 중간이 뾰족하고 양 끝이 넓은 〈그림 4-3〉처럼, 마치 초음속 전투기 모양처럼 된다.

　수익률의 표준편차를 알 수 있으면 산술평균수익률의 오차를 보정할 수 있다. '기하평균수익률(실제투자수익률) = 산술평균수익률 $-\frac{1}{2}\times$(산술평균수익률 표준편차)^2'의 관계를 활용하면 된다. 정확하지는 않지만 근사적으로 맞는 식이다. 이를 보면 우리가 보는 산술평균수익률의 변동성이 낮으면 실제 수익률도 높아지며 변동성이 클수록 실제투자수익률은 낮아진다는 것을 확인할 수 있다. 노벨 경제학상을 수상한 윌리엄 샤프는 변동성을 활용하여 산술평균 수익률의 단점을 보정하고 있다. 샤프가 보정한 방법은 샤프 비율 $\frac{R_p - R_f}{\sigma_p}$ (R_p = 포트폴리오수익률, R_f = 무위험수익률, σ_p = 포트폴리오 초과수익의 표준편차)이다. 무위험수익률은 단기국채 수익률을 사용한다. 여기서 $R_p - R_f$는 위험 프리미엄을 의미한다. 따라서 샤프 비율은 $\frac{위험\ 프리미엄}{초과수익의\ 표준편차} = \frac{보상}{변동성}$ 이라 할 수 있다.[3] 한마디로 위험조

그림 4-3. 미국 주식시장의 월 수익률 분포(1927~2021)

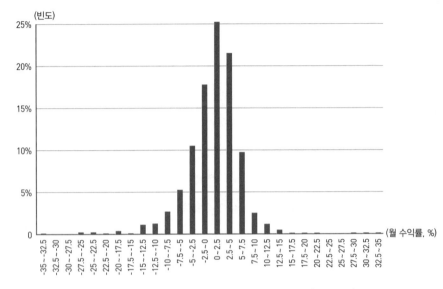

자료 : Bodie, Zvi, Alex Kane, Alan Marcus(2024), 〈Investment〉, p.138.

정수익률을 계산한 것인데 이 값이 높다는 것은 변동성이란 위험을 감안한 수익률이 높다는 것을 말한다. 예를 들어 주식 A의 20년 동안의 연평균수익률이 10%이고 초과수익표준편차는 15%라고 하자. 주식 B는 연평균수익률이 8%이고 초과수익표준편차는 10%이다. 무위험이자율이 2%라고 하면 A, B 어느 주식의 수익률이 나을까? 주식 A의 샤프비율은 $\frac{10\% - 2\%}{15\%}$ =0.53이고, 주식 B의 샤프비율은 $\frac{8\% - 2\%}{10\%}$ =0.6이다. 위험을 감안하면 주식 B가 더 나은 투자인 셈이다.

기하평균수익률을 구할 수 있으면 여기에 변동성이 반영되어 있으므로 굳이 샤프 비율을 쓸 필요는 없다. 만일 산술평균수익률과 표준편차가 있으면 샤프 비율을 통해 산술평균수익률의 왜곡을 바로 잡을 수 있다. 펀드매니저의 성과를 측정할 때 혹은 여러 펀드 간에 위험조정수익률을 비교할 때 샤프 비율이 널리 쓰이고 있는 이유다.

운명의 여신 길들이기

운명의 여신 포르투나의 행동은 예측하기 어렵다. 눈을 가리고 불안정한 구체에 서서 운명의 바퀴를 돌린다. 그 끝에 무엇이 닥칠지 모른다. 병원 진료실 들어갈 때와 나올 때의 운명이 하늘과 땅 차이가 되는 것처럼. 우리 선조들은 세상사 한 치 앞을 모른다고 했다. 주식시장도 그러하다. 주가가 단기적으로 오를지 내릴지 한 치 앞을 모른다. 한껏 행복감에 젖어 자고 일어나니 시장이 아수라장으로 변할 때도 있다.

인간들은 포르투나의 변덕을 지혜로 피해 보려고 했다. 무작위로 일어나는 일을 패턴으로 바꿔 보려고 노력했다. 이 개념을 잘 구현한 것이 우생학의 창시자 19세기 프랜시스 골턴이 고안해 낸 퀸컹크스Quincunx라는 장치다. 일명 골턴 보드라고도 한다. 널빤지에 못을 가지런히 박아 놓고 위에서 깔때기 같은 장치를 통해 구슬을 하나씩 떨어뜨린다. 구슬이 못에 부딪히면 오른쪽, 왼쪽으로 갈 확률이 반반이다. 이런 못이 여러 행으로 되어 있다. 맨 밑에는 칸막이를 친 좁고 긴 칸을 여러 개 만들어서 구슬이 이리 저리 부딪히다가 이들 칸 중 하나로 들어간다. 얼핏 생각하면 각 칸마다 무작위 개수의 구슬이 들어갈 거라 생각하는데 예상과 달리 구슬은 종 모양의 정규분포를 이루며 쌓인다. 임의적인 것, 무작위적인 것들이 모이니 패턴을 보인 것이다. 인터넷에 퀸컹크스를 검색하면 이미지가 다수 있으니 참고하길 바란다.

　주위를 둘러보면 무작위성이 모여 패턴을 나타내는 모습이 쉽게 눈에 띈다. 예컨대 개인에게 언제 교통사고가 일어날지는 아무도 모르지만 집단으로는 높은 확률로 예측이 가능하다. 2017년 우리나라 교통사고 건수는 21만 6300건이었으며 2018년은 21만 7100건이었다. 2019년의 교통사고 건수를 한번 예측해 보시라. 실제 건수는 22만 9600건이다. 개인들의 교통사고는 무작위적이지만 집단의 교통사고는 높은 확률로 예측 가능하다. 그래서 보험회사는 개인을 모아 집단으로 자동차보험을 운영해서 수익을 얻는 것이다.

　해상운송이 대표적인 예다. 풍랑을 만나 물건이 모두 소실되면 돈을 빌린 상인은 노예가 되든지 인신으로 책임을 졌다. 풍랑이라는 랜덤random의 사건으로 나의 신분이 노예로 전락하는 것이다.

그런데 새로운 금융이 이 틈을 노렸다. 융자를 해주되 화물이 도난당하거나 풍랑에 소실될 경우 차입자는 면책이 되고 그 위험을 선체안전계약이 대신해 줬다. 융자는 선체안전계약이라는 보험과 같이 세트로 다루어진 것이다. 금융이 풍랑의 리스크를 대신 떠안았다. 만일 물건이 제대로 도착하면 융자를 해준 사람은 더 높은 금리로 보상받았다. 결국 선체안전계약이라는 보험이 화물의 활발한 수송을 가능케 해주었다.[4] 돈을 빌린 사람은 더 이상 노예가 되지 않아도 되고 대부자는 풍랑에 물건이 소실될 경우 보험회사로부터 배상을 받았기 때문이다. 그러면 이런 랜덤한 세상에서 보험회사는 왜 이런 일을 한 걸까? 풍랑으로 인해 배 하나가 파손될 확률은 랜덤이지만 배의 개수가 많아지면 위의 자동차 사고처럼 해상사고가 일정한 패턴pattern을 보였기 때문이다. 보험회사는 바로 리스크를 풀링함으로써 패턴화한 것이다.

투자시장도 예외가 아니다. 투자시장은 수익이 높지만 무작위적인 변동성으로 고생을 할 때가 많다. 하지만 이곳에도 무작위적인 변동성을 패턴으로 바꾸는 골턴 보드 같은 장치가 있는데 그것이 바로 **옵션, 분산, 장기투자**이다. 옵션은 비용을 지불하고 최악의 랜덤을 차단한다. **분산**은 상관관계가 없는 자산을 여럿 섞어 랜덤 충격을 분산하는 것이다. **장기투자**는 투자자산을 오래 보유해서 랜덤이던 수익률을 일정 범위 안으로 들어오게 한다. 워낙 중요한 사안이라 이는 뒤에서 좀 더 자세히 설명을 하겠다.

투자 세계는 포르투나, 즉 랜덤의 세계처럼 보인다. 하지만 제멋대로 움직이는 것 같은 인간 세상에도 재미있는 규칙들이 눈에 띈다. 앞서 살펴보았듯 예측할 수 없는 자동차 사고, 해상운송 사고 등이 일정한 횟수로 규칙성을 보이니 말이다. 정말 신기하지 않은가? 보이지 않는 손이 자동차 사고를 조정한 것도 아니고, 개인은 모두 사고가 나지 않도록 최선을 다해 운전 중인데도 사고 건수가 패턴을 보이는 것이다. 우리가 투자 세계에서 추구해야 할 바가 바로 패턴이다.

인생은 랜덤과 패턴이다

필자는 이전부터 이 세상은 확률적인지 아니면 확정적인지 궁금했다. 그래서 통계학을 전공한 사람을 면접할 때면 이 질문을 던지곤 했다. 철학 교수를 뽑는 것도 아닌데 말이다. 결국 필자도 여기에 대해 고민하다가 절충안을 내기로 했다. 세상은 우연이며 기본적으로 확률적이지만(랜덤), 확률적인 세상이 패턴을 이루어 안정성을 나타낸다는 것으로. 예를 들어 대수의 법칙에 따르자면 주사위를 아주 많이 던지면 1부터 6까지 각각 1/6의 확률로 나온다. 랜덤을(경험적 확률을) 많이 반복하니 수학적 확률이 된 것이다. 서로 다른 분포를 가진 모집단에서 표본을 추출하여 평균값을 하나 구하고, 또 다른 모집단에서 하나 구하고, 이를 계속 반복하면 각 표본에서의 평균값의 집합이 만들어지는데 이들이 정규분포를 이룬다는 중심극한정리도 여기에 해당한다. 랜덤으로 아무리 날뛰어 봐야 패턴을 벗어나지 못한다는 것이다.

인간의 삶은 랜덤이다. 어떤 나라에서, 어떤 부모에게서 태어나느냐부터 랜덤이다. 어디 그뿐이겠는가? 하루하루 마주치는 사건들이 랜덤이다. 필자에게 IMF 외환위기가 닥칠지 누가 알았으며, 그때 한 자산운용사에 들어가려다가 안 좋은 꿈을 생생하게 꾼 탓에 방향을 틀어 미래에셋자산운용에 오게 된 것도 랜덤이자 운이다. 은행과 연구소에 있던 내가 채권운용 책임자를 맡게 된 것도 랜덤이고, 급작스레 대표이사를 맡게 된 것도 랜덤이며, 생각지도 않은 은퇴연구소장을 맡게 된 것도 랜덤이다. 모두 생각지도 못한 일들이었다. 나의 삶은 이런 우연의 연속이었다.

그런데 최근에 지난 삶을 반추해 보면서 문득 윌리엄 서머싯 몸이 지은 《인간의 굴레》라는 책이 떠올랐다. 20대 때 읽은 책이라 재미있었던 것을 제외하면 내용은 기억나지 않으나 이상하게 책 제목만은 항상 따라다녔다. 그중에서 굴레bondage라는 단어가 늘 따라다닌다. 인간은 좌충우돌 랜덤 같은 삶을 살아가지만 훨씬 큰 굴레의 범위를 벗어나지 못하고 결국 그 길로 가더라는 것이다. 필자는 박사 과정을 합격해 놓고 공부하기 싫다고 은행에 들어갔다. 지점에서 1년 정도 지내 보니 맞지 않아 은행 내의 연구소로 옮겼다.

그러다가 은행이 없어지면서 미래에셋자산운용에 들어가 채권운용과 관리대표이사의 길을 12년 걸었다. 그리고 역시 생각지도 않게 은퇴연구소장으로 발령받아 9년을 근무했다. 처음과 끝을 보자면 연구소에서 시작하여 연구소로 끝난 것이다. 나는 박사 학위를 했음에도 연구 업무 대신 현업의 일을 하고자 노력했는데 결국 연구 업무로 돌아간 셈이다. 돌고 돌아 원래 길로 왔다. 내가 아무리 발버둥쳐도 인간은 어떤 굴레 속에 산다는 느낌이 든다. 그도 그런 것이 나는 수학을 더 잘한다고 생각했는데 크게 신경 안 썼던 국어 점수가 더 좋았다. 책을 쓰고 강의하고 연구하는 것이 결국 필자의 굴레가 아니었나 하는 생각을 한다.

비유하자면 랜덤은 손오공, 패턴은 부처님 손바닥 아니겠는가. 손오공이 아무리 천방지축 근두운을 타고 날아다녀도 결국 부처님 손바닥이지 않았는가? 퀸컹크스 발명자인 골턴은 종 모양의 곡선을 보고 '우주 질서의 형태'라고 보았다. 그는 그리스인들이 이를 발견했다면 아마 신격화했을 것이라고 했을 정도다. 우연은 우리가 충분히 알지 못하는 탓에 존재하는 것이지만 우리가 법칙을 알아내기만 하면 질서가 창조될 것이라 보았다. 골턴이 발견한 그 곡선에 정규분포라는 이름을 붙인 사람이 기호학의 창시자 퍼스다. 찰스 샌더스 퍼스는 세상은 랜덤과 우연이 있지만 전체로는 규칙성이나 패턴이 나타난다고 보았다. 랜덤과 패턴의 묘한 양립을 주장한 것이다. 우주는 근본적으로 확률적이지만(무작위에 의해 결정

된다.) 우리는 패턴을 활용해 그런 세상을 헤쳐 나갈 수 있다는 것
이다.[5] 투자도 랜덤이 지배하는 곳이 아닌 패턴이 지배하는 곳에서
놀아야 한다.

5장

분산,
분산,
결국 분산이다

주택의 장점은

가격이 급락한다고 살던 집을 팔지 않는다는 점이다.

― 피터 린치

세상만사(당연히 투자시장도 포함된다.)가 랜덤이라는 것을 받아들였다면 우리에게 남겨진 과제는 하나다. 난무하는 랜덤 속에서 세상의 움직임을 어느 정도 이해할 수 있는 패턴을 찾아 나서는 것이다. 2023년 3월 9일 미국의 실리콘밸리 은행(이하 SVB)이 자본조달을 발표하자 SVB의 주가는 60% 가까이 급락했다. 이 한 번의 사건으로 이곳에 투자한 사람은 거의 망하다시피 했다. 하지만 SVB의 주가가 급락한 날 SVB 외에도 다른 종목이 많이 포함된 S&P500 주가는 불과 1.85% 하락했다. 이처럼 종목의 공간만 확장해도 변동성은 훨씬 줄어든다.

공간뿐만 아니라 시간으로 외연을 확장해 보자. 미국의 S&P500을 1년 단위로 투자하면 수익률의 변동이 크지만 투자 기간이 10년을 넘어가면 일정 범위 내로 변동성이 수렴한다. 랜덤이 패턴화한 것이다. 투자시장은 바로 이 패턴을 찾는 것이 관건이다. 패턴을 찾으려는 많은 노력들이 있었지만 5장에서는 보편적으로 받아들여지는 몇 가지 방법을 알아본다. 옵션, 공간분산, 시간분산, 적립투자이다.

결혼의 리스크를 어떻게 줄일까?

보험의 토대는 랜덤한 현실에서 패턴을 감지하는 데 있다. 앞서 보았듯 개인의 교통사고는 전혀 예측할 수 없지만 집단의 교통사고는 일정한 분포를 갖고 규칙성을 띤다. 해상 사고를 모두 모아, 일정한 규칙성을 발견하면서 사람들은 태풍과 파선이라는 랜덤에서 벗어날 수 있었다. 덕분에 물건의 이동과 교환이 활발해지면서 본인과 사회에 높은 부가가치를 주었다. 금융시장에서 패턴을 찾아낸 것은 마치 프로메테우스가 인간에게 불을 다스리는 방법을 가르쳐 준 것에 버금갈 큰 사건이었다. 프로메테우스는 자연에서 랜덤하게 미친 듯 날뛰는 불을 인간의 부엌에 가져다주고 다루는 방법까지 알려 주었다.

결혼 시장 이야기를 해보자. 일본은 에도 막부 시대 이전 여성들을 빨리 결혼을 시켜 내보내야 할 대상으로 보았다. 제때 결혼하지 않으면 첩실이 되거나 매춘을 해야 하는 상황까지 벌어질 수 있다고 겁박을 하며 결혼을 종용했다. 땅도 받지 못하고 기술도 배우지 못하는 여성의 입장에서 혼자로서는 먹고살 길이 없었다. 서구 사회도 크게 다르지 않았다. 여성은 남성의 돈을 보고 결혼할 것인지 멋진 외관을 보고 결혼할 것인지의 문제에 직면했다. 당시 유럽에서는 나이 많은 남성과 결혼하는 젊은 여성이 흔했던 이유이기도 하다. 소설 《오만과 편견》에서 콜린스는 엘리자베스(리지)에게 청혼할 때 합리적으로 보이는 협박을 한다. 이제 시간이 조금 더 지나면 당신의 값어치는 떨어질 거고 모아둔 돈도 변변치 않은 마당에 당신 집안은 나락으로 떨어지게 된다고 말이다. 엘리자베스의 어머니마저 이 경고에 동의한다. 딸들을 먹여 살리기도 어려우니 돈 있는 콜린스와 결혼하라는 것이다. 리지는 어떤 선택을 할까? 만일 여러분이라면?

결혼은 재미있는 게임이다. 여러분 앞 벨트컨베이어에 선물들이 지나간다. 한 번 택하면 그 다음 것을 선택할 기회는 없다. 게임은 끝난다. 선물은 두세 개만 보이고 뒤에 나올 것들은 알 수 없다. 선물은 계속 나오지만 시간이 흐를수록 좋은 물건이 나올 확률이 뚝 떨어지게 만들어졌다. 여러분은 대체 언제 선물을 택해야 하는가? 최선의 선물이 아니어도 지금 택해야 하는가 아니면 최선의 선물이 나올 때까지 계속 기다려야 하는가? 리지의 친구인 샬롯은 위험을 싫어하는 성격이어서 콜린스와 결혼한다. 콜린스 정도면 로맨틱하거나 최고의 가정을 꾸릴 수는 없을지라도 중상ㅐㅗ의 안락한 가정을 꾸릴 수 있다고 판단했기 때문이다. 하지만 리지는 다음의 선물을 기다리면서 계속 위험에 노출되어 있는 상태다.

리지가 콜린스를 선택을 하지 않는 이유는 더 좋은 선택지가 나올 가능성과 콜린스의 미래가 랜덤하게 움직이기 때문이다. 간단히 말해 콜린스가 앞으로 어떻게 될지 아무도 장담할 수 없기 때문이다. 소설《피니어스 핀》에 나오는 바이올렛은 현명했다. 리지와 샬

롯의 중간을 택한다. 그녀는 "여자는 실패에 따른 결과가 훨씬 심각하기 때문에 자신의 리스크를 신중하게 관리해야 한다."라고 보았다. 리지처럼 운명의 도박을 하는 것도 위험하고 샬롯처럼 위험을 회피하려다가 너무 평범한 선물을 택할 수도 있기 때문이다. 바이올렛은 자신이 결혼하고자 하는 마음이 섰을 때 그때 여러 선택지 중에 최고의 한 명을 고르는 것이 랜덤한 세상에서(운이 지배하는 세상에서) 최선이라 보았다.[1]

바이올렛은 자신과 결혼하고 싶어 하는 여러 명의 포트폴리오를 만들었다. 그리고 결혼을 해야겠다고 마음먹었을 때 그중 가장 마음에 드는 한 사람을 선택해서 결혼했다. 바이올렛의 위험관리 전략은 무엇이었을까? 여러 선택지(옵션)를 가지는 것이다. 옵션 포트폴리오를 만들어 놓고 이들이 어떻게 변해 가는지 보다가 결정을 해야 할 시점에 그중 가장 나은 사람을 선택했다. '좋은 선물이 나타나겠지.' 하며 마냥 기다리는 리지보다는 위험이 적고, 그저 빨리 선택해 버린(옵션을 행사해 버린) 샬롯보다는 더 좋은 선물을 가질 가능성이 있다.

사마천《사기》의 〈맹상군열전〉에도 옵션에 관한 이야기가 나온다. 풍환馮驩은 제齊나라의 재상인 맹상군의 식객이었다. 거지였던 풍환은 맹상군이 식객을 좋아한다는 말에 먼 길을 걸어 왔다. 맹상군은 몰골이 우습고 별 재주 없어 보이는 그를 받아 주었다. 당시 맹상군은 설薛에 1만 호의 식읍을 가지고 있었는데 식읍 주민들이 돈을 빌려 가서 갚을 생각을 하지 않았다. 이에 맹상군은 풍환에게 그곳으로 가 빚을 받아 오라 했다. 풍환은 이자로만 10만 전을 받았다. 징수가 끝나고 그는 "맹상군은 여러분의 상환 노력을 보고 모든 채무를 면제하라고 나에게 분부하셨소."라고 하고는 차용증 더미에 불을 질렀다. 돌아와서 풍환은 맹상군에게 "당신에게 가장 부족한 것은 은혜와 의리이니 차용증을 불사르고 은혜와 의리를 사 가지고 왔습니다."라고 했다. 맹상군의 표정이 싸늘하게 변했음은 당연한 일이다.

1년 후 맹상군이 새로 즉위한 왕의 미움을 사서 재상직에서 물러나자 식객들은 모두 뿔뿔이 떠나 버렸다. 이때 풍환은 맹상군에게 잠시 설에 가서 살라고 권유했다. 맹상군이 실의에 찬 몸을 이끌고 설에 나타나자 주민들이 환호하며 맞이했다. 맹상군이 풍환에게 이렇게 말했다. "선생이 전에 은혜와 의리를 샀다고 한 말의 뜻을 이제야 겨우 깨달았소." 여기에 대한 풍환의 답이다. "교활한 토끼는 굴을 3개나 가지고 있지요(교토삼굴狡兎三窟). 지금 경은 1개의 굴을 뚫었을 뿐입니다. 따라서 아직 근심이 없을 수 없으니 나머지 2개의 굴도 마저 뚫어드리지요." 풍환은 나머지 2개의 굴도 마련해 주고 난 뒤 이제 "베개를 높이 베고 편안하게 잠을 자도 됩니다."라고 했다. 이 고사는 불확실한 미래를 위해 선택지를 가져야 한다는 말로, 3개의 선택지를 가지면 뜻하지 않은 불행을 피할 수 있다는 교훈을 준다. 교토삼굴을 현대어로 표현하면 '현명한 사람은 선택지를 3개 지닌다.'라고 할 수 있다.

　실제로 금융시장에서는 **콜옵션**이나 **풋옵션**을 거래해서 자신의 위험을 줄이면서 변동성에 대처할 수 있다. 콜옵션과 풋옵션은 자산 가격의 하방 가능성은 없애고 상방 가능성만 남겨 둔 것이다. 콜옵션 매수는 가격을 지불하고 권리만을 사는 것이다. 예상보다 자산 가격이 떨어지면 권리는 포기하면 되고 자산 가격이 오르면 권리를 행사한다. 풋옵션 매수는 자산 가격이 내릴 때 돈을 벌기 때문에 그때 권리를 행사하면 된다. 이 둘 모두 자산 가격의 상하 변동성에서 자신에게 불리한 한 방향의 변동성을 없앤 것이다. 그러면 바이올렛은 결혼 시장에서 어떤 권리를 샀는가? 일정 기간 후에 여러 후보 남성 중 한 명을 결혼 상대자로 선택할 수 있는 권리를 지녔다. 바이올렛이 돈을 지불하고 그 권리를 산 것은 아니지만 '어장 관리'에 쏟은 비용이 권리를 사기 위해 지불한 비용이라 보면 된다.

　바이올렛은 결혼 대상자를 여럿 두는 방법으로 여러 개의 선택지를 가진 셈이다. 선택지를 갖고 있는 것, 옵션을 갖는 것은 내 삶의 불확실성을 줄이고 내 자산의 변동성을 줄여 준다. 옵션 이외에 변동성을 줄이는 방법도 있다. 바이올렛은 일부일처라는 조건 때문에 선택지를 여럿 두는 어장 관리를 했지만 남편의 숫자에 제한이 없었다면 그냥 남편을 여러 명 두는 **분산 전략**이 좋다. 남편 중에서 몰락하는 사람도 있고 의외로 성공하는 사람도 있고 건강한 사람도 있고 금방 죽을 사람도 있기 때문이다. 금융자산도 마찬가지다.

분산이야말로 변동성을 줄이는 방법이다. 분산에는 크게 공간분산과 시간분산이 있다.

공간분산: 짚신 장수와 나막신 장수

《탈무드》에서 랍비는 이렇게 말한다. "누구나 자신의 재산을 세 부분으로 나누어 둬야 한다. 3분의 1은 땅, 3분의 1은 사업, 3분의 1은 현금이다." 서로 다른 자산으로 나누어 가지라는 뜻이다. 실제로 서로 다른 자산을 지니면 내 재산의 가치가 변동하는 리스크를 줄일 수 있다. 이것이 결국 수익을 지키는 법이다. 리스크를 줄이면서 수익은 그대로인 것만큼 좋은 게 있을까? 어려울 것도 없다. 내가 보유한 자산과 가장 다른 성격의 자산을 보유하면 된다. 우리는 유유상종이라는 말을 쓰지만 금융 업계에서는 통하지 않는 말이다.

짚신 장수와 나막신 장수 형제가 있다. 1년에 우기와 건기 두 기간이 있는데 짚신 장수는 우기 때 -25%, 건기 때 50%를 번다. 반면 나막신 장수는 우기 때 50%, 건기 때 -25%를 번다. 어머니는 두 자녀가 항상 걱정이다. 비가 오면 짚신 장수 아들이, 날이 맑으면 나막신 장수 아들이 걱정이다. 이 둘은 어떻게 하면 어머니의 걱정을 덜어 드리고, 사업의 변동성을 줄이고, 더 나은 삶을 살 수 있을까?

답은 두 형제가 지분을 반씩 교환하는 것이다. 다시 말해 두 형제가 짚신 회사와 나막신 회사의 주식을 절반씩 가지면 된다. 그러면 두 형제는 이제 비가 오나 눈이 오나 각각의 수익률은 25%로 일정해진다. 짚신 회사와 나막신 회사를 합병하여 성질이 다른 두 자산을 갖게 되는 것만으로 수익률의 변동성이 '0'이 되고 이로 인해 복리수익률도 실제로 2배가 된다. 비가 와도 우울하고(짚신 장수 아들 걱정) 날이 맑아도 우울한(나막신 장수 아들 걱정) 어머니의 근심은 그저 마음을 고쳐먹어 해결할 수 있는 것이 아니다. '정신승리'는 진정한 해법이 될 수 없다. 두 아들이 회사의 지분을 반씩 교환하면 어머니는 비가 오나 날이 맑으나 실제로 즐거워진다. 이것이 분산이 주는 지혜다. 신고전학파 경제학의 토대를 닦은 경제학자 알프레드 마샬이 "뜨거운 가슴과 냉철한 머리를 가져라."라고 한 이유다.

투자는 덧셈이 아니라 곱셈이라고 했다. 열 번 수익률이 좋다가도 한 번 수익률이 추락하면 자산을 잃게 된다. 2000년대 고점 대비해서 2001~2002년에 미국의 나스닥 주식 종목들의 추락을 보면 한 종목에 집중해서 투자했을 때의 위험을 볼 수 있다. 당시로서는 엄청난 각광을 받고 가격이 끝없이 오를 것 같던 주식의 가격이 98~99% 하락했다. 투자는 곱셈이기 때문에 자신이 직전에 보유했던 자산액의 1~2%만 남았을 것이다. 우량주인 시스코시스템즈조차 86% 하락했다. 노키아도 63.1유로(2000.6)에서 1.37유로

(2012.6)로 고점 대비 98% 하락했다.[2] 주식 종목에 투자할 때는 주가가 한 번 급락하면 끝이라는 점을 항상 유의해야 한다. '나는 예외겠지.'라는 생각도 금물이다.

종목을 여러 개 섞어야 한다. 그냥 섞는 게 아니라 성질이 다른 자산을 섞어야 한다. 상관관계가 낮아야 한다. 상관관계가 -1이면 완벽하다. 이런 자산만 찾을 수 있으면 세상에 위험이 사라진다. -1의 상관관계를 지녀야 한다고 하면 한 자산이 8%의 수익률일 때 다른 자산의 수익률이 -8%가 되어 결국 둘이 상쇄되어 수익률이 0이 된다고 오해한다. 상관관계가 -1이라는 것은 두 자산의 수익률이 반대로 움직인다는 뜻이 아니다. 한 자산이 평균 대비 추가수익을 낼 경우 다른 자산은 평균 대비 그만큼 적은 수익을 냄을 의미한다.

두 자산 모두 연 기대수익률이 15%라고 하자. 만일 두 자산이 -1의 상관관계라고 하면 한 자산이 23%(15%+8%)일 때 다른 한쪽은 7%(15%-8%) 수익률을 기록한다는 의미다. 한 자산이 '평균 대비해서' 8% 오르면 다른 자산이 '평균 대비해서' -8%라는 뜻이다. 두 자산을 모두 가진다면 항상 수익률은 15%(=30%÷2)로 똑같다. 수익률은 15%로 고정되고 변동성이 없어진다. 상관관계가 1이면 두 자산은 똑같아서 보유한다고 해서 분산 효과가 나지 않는다. 결국 상관관계가 1보다 작아야 자산을 섞었을 때 변동성이 줄어든다. 자산 간의 상관관계가 낮을수록 포트폴리오의 변동성이 낮아진다. 분산은 별다른 비용이 소요되지 않으면서도 변동성을 낮추고 수익률을 높여 준다고 해서 '공짜 점심'이라 한다. 돈을 주고 사는 옵션과 달리 공짜이니 맘껏 누려야 한다.

분산의 논리를 현실에 적용한 것이 지수(인덱스)펀드 혹은 지수에 투자하는 것이다. 찰스 다우는 주가를 예측할 수 있다고 보았고 시장의 흐름을 단번에 파악할 수 있도록 다우지수를 개발했다. 다우지수는 1884년 7월 13일 처음으로 등장했고 이후 12년 동안 산업체 종목의 흐름을 알 수 있는 지수를 개발하여 1896년에 내놓는데 이것이 우리가 보는 다우존스 산업평균지수DJIA: Dow Jones Industrial Average이다. 당시는 지수 계산에 들어가는 종목수가 많으면 계산이 복잡해지므로 가급적 종목수를 줄이려 했고 그래서 지금도 30개 블루칩 종목으로 유지하고 있다. DJIA는 종목의 시가총액에 상관없이 30개 종목 가격을 단순하게 더한다. S&P500이 500개 종목인 것을 감안하면 다우지수는 그 대표성은 떨어지지만 그럼에도 주가 지수가 급등하거나 급락할 때 사람들은 다우존스지수를 참고한다.

다우존스지수는 1929년 고점 대비 1932년 저점에 90% 하락했다. 당시 가족의 재산을 관리하던 미 경제학자 알프레드 코울스는 증권분석 보고서를 꼼꼼하게 분석했다. 엄청난 리서치를 요양원에서 혼자 해냈는데, 분석결과는 16곳 자문사 중 6곳만이 주가 예측에 성공했고 그 6곳도 운이 좋았다고 보아야 한다는 것이다. 심지어 무작위로 주식 종목을 선정한 기관 투자자들도 성과를 냈다. 코울스의 결론은 시장 전체의 수익률이 예측 전문가들보다 탁월했다는 것이다. 인덱스펀드에 투자하는 것이 주가 예측가의 추천을 따르는 것보다 유리했다는 뜻이다. 아마추어인 그의 분석은 의심받기도 했는데, 그는 15년 반 동안 주가 예측 6904건의 정확성을 분석한 논문을 1944년에 저명한 경제학술지 《이코노메트리카》에 게재했다. 이 논문의 결론 역시 "주가의 미래 변화를 정확하게 예측했다고 할 만한 증거가 없다."이다.[3]

코울스는 한 걸음 나아가 코울스지수를 개발했다. 1933년에 개발된 코울스지수는 시가 총액 방식이며 당시 뉴욕 증권거래소 시가총액의 97%를 반영할 정도로 방대했다. 코울스지수의 현대판이 S&P500이다. 코울스지수와 S&P500은 주식 종가에 발행주식 총수를 곱하는 방대한 작업이어서 한 달에 한 번 발표된 데 반해 다우지수는 시가총액 방식이 아니라서 손쉽게 매일 발표되었다. 컴퓨터가 없던 시대의 선택이었다. 이에 사람들은 슈퍼 컴퓨터 시대인 지금도 다우지수를 참고하고 있지만 시장을 정확하게 반영하는 건 S&P500과 같은 지수다. 코울스는 결론을 내렸다. 주식 가격을 경쟁력 있게 예측할 수 있는 곳은 없으므로 주식 종목을 예측해서 투자하는 것은 아무 실익이 없다. 그리고 투자 측면에서는 충분히 분산된 시장 지수에 투자하는 게 낫다고 말이다.

심지어 주식 종목 투자로 성공을 한 워런 버핏도 개인 투자자들에게 S&P500에 투자하기를 권유했다. 워런 버핏은 사람들이 열심히 종목을 예측해 부를 증식하려 하자 인덱스투자의 우월성을 자신이 직접 보여 줬다. 한창 헤지펀드가 인기 있던 2000년대에 워런 버핏은 2008년 1월부터 헤지펀드 프로테제파트너스와 수익률 대결을 벌였다. 버핏은 S&P500지수에 투자하고 헤지펀드는 5개의 유망한 헤지펀드를 골라서 투자했다. 10년이 지난 2017년 12월 29일, 버핏의 수익률은 연 7.1%, 헤지펀드는 연 2.2%였다. 버핏의 압승이다. 버핏은 자신이 죽고 나면 아내에게 재산의 90%를 S&P500에 투자하고 10%는 채권에 투자하라고 했을 정도다.[4]

사실 학계에서는 오래전부터 지수투자를 주장했다. 노벨 경제학상을 수상한 제임스 토빈은 복잡하게 포트폴리오를 제시할 필요 없이 모든 위험자산으로 구성된 시장대표 포트폴리오 하나와 무위험자산의 자산배분만 결정하면 된다고 했다. 이를 '분리정리'라고 하는데, 자산관리 의사결정을 두 단계로 분리하면 된다는 뜻이다. 첫 단계는 시장대표 포트폴리오를 하나 선택하고 두 번째 단계는 자신의 위험 선호에 따라 시장대표 포트폴리오와 무위험자산의 자산배분 비중을 결정하면 된다.

학계는 한 걸음 나아가 분산을 통해서 줄일 수 있는 위험의 한계까지 이미 계산했다. 주식의 위험은 체계적 위험과 비체계적 위험의 합이라고 보았다. '체계적 위험'은 시장의 위험으로 실업 증가, 코로나 발발, 미국 FED의 급작스런 금리 인상 등을 말한다. '비체계적 위험'은 그 기업의 고유한 위험으로 CEO의 횡령, 경영 능력, 기업의 개발 계획 실패, 집단 소송, 회계 부정 사건 등이 이에 속한다. 그런데 비체계적 위험은 종목을 분산하면 없앨 수 있다. 지금까지 살펴본 공간분산이다. 하지만 주가지수를 출렁이게 하는 체계적 위험은 종목을 아무리 분산해도 어찌할 도리가 없다. 실리콘밸리은행의 주가가 하루 만에 60% 하락하는 것은 피할 수 있지만 1987년에 주가지수가 하루 만에 25%가 빠지는 것은 피할 수가 없다. 다행히도 주식의 체계적 위험 역시 시간분산을 통해서 일정 부분 피해갈 수 있다. 주식의 공간분산을 통해서도 줄일 수 없는 체계적 위험을 시간분산을 통해 줄일 수 있다는 뜻이다. 이것이 바로 랜덤을 패턴으로 만들어 주는 시간의 마술이다.

시간분산: 주식보다 부동산으로 돈 번 사람들이 많은 이유

피터 린치는 부동산 투자의 장점을 여럿 이야기했다. 그중 하나가 "집값이 폭락해도 살고 있는 집을 팔지 않는다."였다. 주식이었으면 폭락하는 값을 보고는 화들짝 놀라서 팔았을 것이다. 주택은 주식과 달리 자의 반 타의 반으로 장기투자를 할 수 있는 장점이 있다. 우리나라에서도 주식으로 돈을 벌었다는 개인은 많지 않은데 주택으로 돈을 벌었다는 개인은 꽤 있는 이유가 주식은 단기로 거래하지만 주택은 장기로 거래하기 때문이기도 하다.

　강의를 하다 사람들에게 주택은 몇 년 정도를 보고 투자하느냐고 물어보면 대부분이 10년이라 답한다. 주식은 얼마 만에 매도하는지 물으면 3~4개월이라 답한다. 주택은 장기투자 하고 주식은 단기투자 하는 차이만으로도 일단 주택 매매가 성공할 확률이 높아진다. 그러면 왜 장기투자를 하라고 할까? 결론부터 말하자면 주식 단기투자는 무작위에 승부를 거는 것이고 장기투자는 패턴이나 규칙성에 승부를 거는 것이기 때문이다. 다시 말해 **단기투자는 자신의 자산을 랜덤에 맡기는 것이고, 장기투자는 패턴에 맡기는 것**이다.

　〈그림 5-1〉은 아주 중요하니 잘 이해해서 기억하도록 하자. 여기서 1년의 수익률이라 하면 1950년 주가와 1949년 주가를 비교한 수익률이다. 그럴 경우 그림에서 보듯이 주식수익률은 일정한 패턴 없이 그냥 들쑥날쑥하다. 언뜻 보면 이런 시장에서는 매매를 해서 돈을 벌 수 있을 것 같지만 쉽지 않다. 5년 단위의 수익률을 보자. 이는 1950년 주가와 1945년 주가의 수익률을 비교하여 5년 수익률을 구한 뒤 해당 연수로 나누어 연수익률을 구한 것이다. 이런 식으로 계속 구해 간다. 이렇게 하니 수익률 변동성이 훨씬 줄었다. 10년 단위로 수익률을 구하니 변동성이 더 줄었고 20년 단위로 보니 이제 마이너스 수익이 난 기간조차 없다. 1년 수익률은 무작위처럼 움직였는데 10년, 20년 기간이 길어질수록 수익률

그림 5-1. 투자 기간별 미국 주식 수익률(S&P500, 1950~2017)

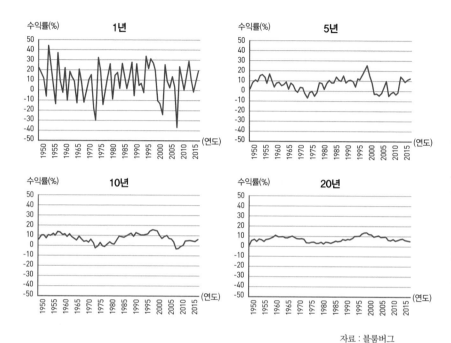

자료 : 블룸버그

의 변동폭이 줄어들고 일정한 규칙성을 보이는 것을 확인했다.

　이를 〈그림 5-2〉에서 알기 쉽게 도표화해 보았다. 각 투자 기간 별로 수익률의 평균과 최고수익률 최저수익률을 그린 것이다. 1년 단위로 투자할 때(1년 단위로 매매할 때) 최저수익률은 -37%, 최 고수익률은 52.6%를 보인다. 이런 그래프를 보면 사람들은 52.6% 에 시선을 사로잡힌다. 다른 사람은 몰라도 자신은 최고수익률 근

그림 5-2. 투자 기간별 미국 주식 수익률 분포(S&P500, 1950~2017)

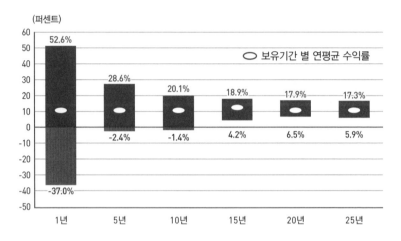

자료: 버턴 말킬(2020),《랜덤워크 투자수업》, p.448

처를 달성할 수 있는 것처럼 말이다. 이것이 사람들이 심리적으로 가진 편의bias다. 많은 사람이 52.6%를 보고 거래하지만 정작 -37%를 손해 보고 시장을 나온다. 랜덤(무작위) 시장에서는 규칙성이 없으므로 일관성 있게, 잘 매매할 방법이 없다. 그저 우연히 많이 벌거나 혹은 우연히 큰 손해를 본다. 그러니 세력이나 작전으로 시장을 만들어 돈을 벌려는 집단이 나온다. 돈을 가진 사람, 정보를 가진 사람, 정보를 확산하는 사람들이 모여서 시장을 만들어 돈을 버는 것이다. 이들에게 종목을 선택할 진정한 능력이 있다면 작전 등으로 감옥 갈 위험을 감수할 이유가 없다. 무엇보다, 사람들은 무작위의 주식 가격을 예측할 수 있다는 착각에 빠진다. 가장 경계해야 할 일이다.

투자의 기간이 길어지면 최고수익률과 최저수익률의 편차가 크게 줄어든다. 5년 단위로 투자해도 최악의 수익률이 연 -2.4%이다. 물론 작은 수치가 아니다. 5년 동안 연 -2.4%이니 5년 동안 주식을 됐는데도 -12%인 때가 있다는 것이다. 하지만 15년 동안 투자하면 최악의 수익률이 연 4.2%이다. 변동폭이 크게 줄었다. 이후에는 변동성의 축소가 일정한 범위 내에서 머무르고 더 이상 줄어들지는 않는다. 그리하여 투자 기간 15년 이후는 주식 투자수익률은 일정한 규칙성 혹은 패턴을 만들어 낸다. 전 투자 기간에 걸쳐 평균수익률은 큰 차이 없으나 장기투자를 할수록 변동성이 줄어드는 것을 볼 수 있다. 장기투자만으로 변동성을 줄이는 것이다. 얼마나 신기한 발견인가! 주식투자로 좋은 수익률을 올리기 위해서는 장기투자를 해야 하는 이유를 보여 주는 그림이다. 전문가들이 장기투자를 권하는 것은 랜덤이 아닌 패턴에 투자하라는 것이다.

경험적으로 장기투자가 맞다 할지라도 이론적으로도 그러한가? 우선 직관적으로 이해해 보자. 만약 2022년에 S&P500지수를 보유했고 2023년에도 보유했다면 본질적으로 2개의 다른 자산에 투자한 셈이다. 2022년의 주가지수수익률과 2023년의 주가지수수익률은 상관관계가 없을 가능성이 높기 때문이다. 2022년의 주식 가격이 어떻든지 간에 2023년에 주식 가격이 오를 가능성과 내릴 가능성은 각각 50:50이다. 따라서 2022년과 2023년에 S&P500을 계속 보유한 것만으로 분산투자를 한 셈이다. 주식의 종목을 여러 개로 분산한 것을 공간분산이라 한다면 하나의 주식을 여러 시간에 걸쳐 보유하고 있는 것은 시간분산이라 한다. 따라서 하나의 자산에 장기간 투자하는 것은 질적으로 한 시점에 서로 다른 자산을 여럿 보유하는 것과 유사한 효과를 지닌다. 앞선 예에서 보듯이 분산의 효과를 얻기 위해 15년 이상 투자하면 변동성이 거의 일정 수준까지 줄어든다. 전문적으로 표현하면 자산 가격(혹은 주식) 수익률이 시차에 따라 상관관계를 갖지 않기 때문에 장기적으로 변동성이 줄어든다고 말한다.[5]

우리는 앞서 종목을 분산해 비체계적 위험을 줄였다. 그리고 남은 하나, 체계적 위험도 투자 기간을 길게 하면 줄어든다는 것을 확인했다. 공간분산과 시간분산은 투자의 기본이다. 종목을 단기로 매매하는 것은 금융시장이 주는 두 가지 분산 혜택을 도외시하고 총알이 난무하는 전장에서 총알을 피해서 전투를 하려는 것과 마찬가지다.

장기투자에 관한 희소식이 하나 더 있다. 만일 주식수익률이 시간에 따라 무작위로 움직이는 게 아니라 마이너스 상관관계를 일정한 패턴으로 가진다면 어떨까? 주식수익률이 많이 높았다면 그 다음 떨어질 확률이 높고 계속 낮았다면 그 다음은 수익률이 오를 확률이 높아진다는 뜻이다. 노벨 경제학상 수상자 리처드 세일러와 베르너 드봉은 1933년 1월~1980년 12월 주식의 3년 수익률을 분석했다. 3년 단위로 수익률을 계산해서 시장수익률보다 많이 오르거나 덜 떨어진 주식을 '승자' 그룹으로 분류하고 반대로 시장수익률보다 적게 오르거나 많이 떨어진 주식을 '패자' 그룹으로 분류해서 이들의 이후 3년 누적수익률을 비교했다.

결과는 승자 그룹은 -5%였고 패자 그룹은 +19.6%였다. 주식수익률이 3년 좋으면 3년 나쁘고 3년 나쁘면 3년 좋다는 걸 보여 준 셈이다.[6] 마이너스의 상관관계가 패턴처럼 나타났다. 이럴 경우 주식수익률의 변동성(표준편차)은 '더' 줄어든다. 세일러와 드봉뿐만 아니라 유명한 경제학자들도 이 주장에 가세했다. 노벨 경제학상 수상자 로버트 실러, 3요인 모형으로 유명한 파마와 프렌치, 미국 재무장관을 역임한 로런스 서머스, 하버드 경영대학원 교수 존 캠벨 등이 있다. 통계학적으로 주식수익률은 무작위random를 넘어서 안정적인stationary 시계열이라는 뜻이다. 이에 모두가 동의하지는 않지만 적어도 주식투자를 장기로 할수록 위험이 줄어든다는 주장에 우호적인 증거임에는 틀림없다. 단기채권이나 장기채권에서는 이런 특징이 없다. 그래서 주식 자신의 변동성을 헷지하는 가장 좋은 수단은 주식 자신이라는 말을 한다.[7]

다만 장기투자에서 주지해야 할 것이 하나 있다. 장기로 가지고 있다고 해서 능사는 아니라는 것이다. 노벨 경제학상을 수상한 미국의 경제학자 폴 새뮤얼슨은 장기적으로 주식의 변동성이 줄어든다고 해도 주식 투자는 하지는 않겠다고 했다. 새뮤얼슨은 경제학 교과서를 판 것만으로도 충분히 돈을 벌어서 그런지 몰라도 케인스와 달리 안정적인 수익을 추구한 것으로 알려져 있다. 그는 주식시장에서 1%의 확률로 25%를 잃을 가능성이 있다면 투자하지 않겠다고 했다. 그래서 "확률은 장기적으로 좋은 것처럼 보인다."라고 말했다. 이 말인즉 장기적으로 투자하면 리스크가 줄어들기는 하지만 손실에서 받는 비효용을 감안하면 매력이 크지 않다고 보았던 것이다. 실제로 장기적으로 돈을 잃을 확률은 줄어들지만 그 낮은 확률에 걸렸을 때 입게 되는 손실의 규모가 커진다. 이것이 젊을 때에 비해 만회할 기회가 크게 줄어드는 노후에는 주식의 비중을 줄이라고 권고하는 이유다.

정액분할투자: 일정 금액을 적립하듯이 투자하라

투자금을 어느 한 시점에 모두 배분하지 않고 일정한 금액을 나누어서 투자하는 정액분할투자법이 있다. 통상 연금에서 이 방법을 많이 쓰는데 적립식 투자라고도 한다. 한 시점에 모두 투자하지 않고 매수 시점을 분산하는 것에 대해 논란의 여지가 여전히 있지만 투자자금을 잘못된 시기에 모두 배분하는 리스크를 줄이는 장점이 있다. 고정금액을 장기간에 걸쳐 납입하는 방법에서 핵심은 '고정금액'을 투자하는 것이다. 고정금액을 투자하면 주가가 높을 때는 적은 수량을 사고 주가가 낮을 때는 많은 수량을 매수하게 된다. 매월 100만 원을 투자하면 주식 가격이 1만 원일 때는 100주를 매수하고 2만 원이면 50주를, 5000원 주가일 때는 200주를 매수할 수 있다. 주식 가격이 계속 오를 때는 불리하지만 변동하는 시장에서는 매입단가의 변동성을 줄여 준다.

〈표 5-1〉에서 보듯이 가격이 변동하는 시장에서 1000만 원씩 다섯 번에 걸쳐 투자하게 되면 집중 매수에 비해 더 낮은 가격에 주식을 매수하게 된다. 주식 가격이 100만 원일 때 5000만 원을 모두 투자해 사지 않고 일정한 금액으로 분할해서 매수하면 평균 매수 단가가 100만 원보다 낮은 82.67만 원이 되기 때문이다. 물론 주식 가격이 계속 오르는 성장하는 시장에서 정액분할법은 상대적으로 불리하다. 표에서 보듯이 매수단가가 평균 118.34만 원으로 처음 100만 원에 모두 매수할 때보다 높은 가격에 사게 된다.

여러 기간에 걸쳐 '정해진 수량'을 사는 것보다 '정해진 금액'을 투자하는 것이 낫다. 수량이 투자금액에 맞게 조절되면 매수 가격이 마치 이동평균선처럼 움직인다. 이동평균선은 원래 주식 가격의 최고보다는 낮고 최저보다는 높다. 정액으로 분할해서 매수하면 가격이 높을 때는 적게, 가격이 낮을 때는 많이 매수함으로써 평균 매수단가가 이동평균선처럼 되는 것이다. 이들 매수단가의 변동성이 줄어들면 기하평균수익률, 즉 투자수익률이 높아진다. 적립식 투

표 5-1. 정액분할매수의 효과 (단위: 만 원)

연도	변동 시장			성장 시장		
	투자 금액	인덱스 펀드 가격	매수량 (주)	투자	인덱스 펀드 가격	매수량 (주)
1년	1000	100	10	1000	100	10
2년	1000	60	16.67	1000	110	9.09
3년	1000	60	16.67	1000	120	8.33
4년	1000	140	7.14	1000	130	7.69
5년	1000	100	10	1000	140	7.14
투자 금액	5000			5000		
총 매수량			60.48주			42.25주
평균 단가	82.67(5000÷60.48주)			118.34(5000÷42.25주)		
분할 매수 최종 가치	6048(60.48주×100)			5915(42.25주×140)		
집중 매수 최종 가치	50주×100 = 5000			50주×140 = 7000		

자료: 버턴 말킬(2020), 《랜덤워크 투자수업》, p.451

자는 매입비용을 평균화하는 효과를 통해 복리수익률을 높여 주는 것이다.[8] 주식의 종목을 분산하고, 장기로 투자하며, 여기에 덧붙여 적립식으로 정액분할매수 전략을 쓰게 되면 삼중으로 분산하는 효과가 있다.

워런 버핏은 정액분할매수를 권장하면서 적립식 투자는 시장이 좋지 않을 때에도 좋은 기회를 준다고 보았다. 주식을 사 놓고 오르기만 바라는 것은 어리석은 행동이며, 주식을 분할해서 적립식으로 매수하면 주가 하락을 반길 수 있다는 것이다. 지금 당장 팔 게 아니라 앞으로 더 매수해야 하는데 낮은 가격에 살 수 있는 기회가 왔기 때문이다. 아쉽게도 우리나라 연금시장에 참여한 사람들은 이와 다르게 행동하고 있다.

이제 막 취업한 후 2~3년 정도 연금에 적립식으로 투자하여 주식펀드를 샀다. 그런데 주가 하락으로 -10% 손실을 본 뒤 펀드를 팔고 예금으로 바꿔야겠다는 사람들이 많다. 당장 연금에 있는 주식펀드를 매각해서 팔 문제가 아니다. 최소한 20년 후에야 돈을 찾을 수 있다면, 오히려 주식의 가격이 낮아졌을 때를 싼 가격에 주식을 매수할 좋은 기회로 봐야 한다. 적립투자처럼 정액분할투자를 하게 되면 어느 한 주식 종목에 쏟아부어 투자하지 않고(연금의 운용규제 때문에 펀드에 투자해야만 한다.) 30~40년에 걸쳐 분산된 주식 가격으로 매수할 수 있게 해준다. 그뿐만 아니라 주식시장의 가격 변동에 대해 의연하게 대처해 운용 실수를 줄일 수 있다. 적립투자는 소위 말하는 대박의 수익률은 얻지 못하더라도 주식시장이 주는 평균적인 수익률은 얻게 해준다. 그리고 평균적인 수익률이 오래 지속되면 대부분의 집중 투자보다 높은 수익을 안겨 준다.

잘못은 시장이 아니라 내게 있다

노벨문학상을 수상한 알베르 카뮈는 삶 자체가 부조리였다. 프랑스 식민지 알제리에서 태어나 어릴 때 1차 세계대전에서 아버지를 잃고 가난에 시달려야 했다. 하지만 우연히 카뮈의 지적 탐구욕을 주목한 루이 제르맹 선생님 덕에 중학교에 진학할 수 있게 된다. 카뮈는 노벨상 수상 후 연설문에서 제르맹 선생님을 어머님 다음으로 감사하는 사람이라고 했다. 아마 제르맹 선생님이 없었다면 카뮈는 책을 쓸 여유라곤 찾아볼 수 없는 삶을 보냈을지 모른다.

카뮈는 46세에 사망했다. 파리로 돌아가려던 중 친구가 자기 차로 가자고 했다. 이미 전철 표를 끊어 놓았지만 카뮈는 친구의 차를 탔고, 시속 100km 이상으로 달리던 차는 가로수를 들이받았다. 그것이 끝이었다. 카뮈는 생전에 "자동차 사고로 죽는 것보다 더 의미 없는 죽음은 상상할 수 없다."라고 했는데 결국 자신이 가장 의미 없다 생각한 죽음을 맞은 셈이다. 평생을 '부조리'와 싸운 카뮈는 태어날 때도 부조리했고 공부를 할 때도 부조리했고 결국 부조리한 사건으로 세상을 떠났다.

세상은 부조리해 보인다. 어린 아이가 페스트에 고통을 당하다 죽고 악인은 끝까지 건강하게 오래 살다가 죽는다. 선인은 고통을 당하다가 끝내 한 번 꽃피우지도 못하고 죽기도 한다. 아침에 출근했다가 저녁에 주검으로 가족의 품으로 돌아가는 사람도 있다. 세상은 설명이 되지 않는 부조리함으로 가득 차 있다. 하지만 카뮈는 관점을 바꾸어 세상이 부조리한 것이 아니라 부조리하게 보는 사람의 문제라고 보았다. 노자의 《도덕경》에는 '천지는 인자하지 않다天地不仁'라고 써 있다. 자연은 그저 존재할 뿐이라는 것이다. 카뮈 역시 세상은 인간에게 무관심하다고 보았다. 때가 되면 비가 내리고 천둥이 치듯 그저 존재할 뿐이라고 보았다. 선해서 비가 내리고 악해서 천둥이 치는 게 아니다. 이유와 의미를 찾고자 하는 사람들의 부조리한 해석이 세상을 부조리하게 보이게 만들었다는 것이다.

투자시장도 마찬가지다. 투자시장은 부조리하지 않다. 잘못은 시장이 아닌 내게 있다. 이를 말한 사람이 찰스 엘리스다. 그의 저서 《패자의 게임에서 승자가 되는 법》은 투자에 관한 이러한 통찰을 보여 주고 있다.[9] 그는 1970년대부터 적극적인 투자보다 장기적인 자산배분의 중요성을 강조했다. 주식을 싸게 사고 비싸게 파는 마켓 타이밍은 사악한 행동이라고 보았으며 이를 통해서는 체계적으로 돈을 벌 수 없다고 보았다. 시장을 마켓 타이밍이라는 관점으로 해석하는 게 아니라 장기적인 자산배분의 관점으로 해석하라는 것이다. 투자시장은 원래 특성이 그러하며 인간을 골탕 먹이려는 의식적인 존재가 아니다. 그저 그렇게 존재한다. 그런데 사람들이 주식시장을 마켓 타이밍 관점으로 해석하려는 데서 투자의 비극이 발생한다고 보았다.

그래서 시장을 이기려면 다른 사람의 실수를 이용하면 된다고 보았다. 그는 테니스 게임에서 영감을 얻었다. 프로의 테니스 경기는 아름답기 짝이 없는데 이는 실수가 거의 없고 정확한 공격을 통해서만 게임에서 승리하기 때문이다. 그러나 아마추어는 많은 실수를 저지르면서도 실수를 줄이기보다 공격을 해서 점수를 따려는 행동이 앞선다. 그러다 보니 실수가 많아져서 아름답지 못하고 서투른 게임을 하게 된다는 것이다. 엘리스가 말하는 '패자의 게임'은 테니스 경기에 임하는 아마추어들이 자꾸 실수를 하면서 점수를 쉽게 내주는 '지는 게임'을 말하는 것이다.

보통 사람들에게 투자시장은 아마추어 테니스 게임과 같다. '실수가 적은 사람이 이기는 게임'이다. 그는 투자시장에서의 패자를 비싸게 사서 싸게 팔거나 포트폴리오를 잘 분산하지 못하여 너무 안정적인 자산 혹은 너무 위험이 큰 자산으로 구성하는 사람들이라고 보았다. 이런 면에서 투자를 잘하려면 지적인 능력 못지 않게 감정적인 능력이 중요하다고 보았다. 나 자신을 잘 알아야 한다는 뜻이다. 내가 대체 어떻길래?

6장

투자의
심리학

손실은 이익보다 더 크게 보인다.

— 대니얼 카너먼 & 아모스 트버스키

손자는 "상대방을 알고 나를 알면 백 번 싸워도 위태롭지 않다."라고 했다. 투자'시장'을 아는 것만으로는 투자에서 승리할 수 없다. 투자시장에 참가하는 '나'를 알아야 한다. 투자시장을 알고 나를 알아야 백 번 투자를 해도 위태롭지 않다. 손자는 백 번 싸워 백 번 이기는 것을 바라지 않았다. 그 대신 백 번 싸워 위태롭지 않게 되는 것을 전쟁의 목표로 삼았다. 투자도 마찬가지다. 투자를 하며 위태로워지면 안 된다. 위태롭지 않으면 돈을 번다. 그러기 위해 나를 알아야 한다.

투자 성공의 관건은 나를 아는 것에서 시작한다. 나는 투자할 때 어떻게 정보를 받아들이고 결정을 내리는지 알고 있어야 한다. 내가 주식시장의 풍문에 따라 쉽게 의사결정을 하는지, 그리고 왜 그런 행동을 하는지 알아야 한다. 이 장은 다소 생소하다. 그럼에도 소개하는 이유는 전쟁터 같은 투자시장에서 길을 잃지 않으려면 인지적 '편향'을 화두로 잡고 있어야 하기 때문이다. 투자에서 인지적 편향은 무엇이며, 어떻게 생겨났으며, 어떻게 극복해야 할까?

우리는 투자에 취약하게 만들어졌다

필자는 추첨에 트라우마가 있다. 때는 중학생 시절로, 창원을 발전시킨다고 마산에 있는 초등학생을 창원에 있는 중학교까지 보냈다. 추첨으로 창원중학교가 되면 우는 애들도 있었다. 학교 한 번 가는데 한 시간, 왕복 두 시간을 버스 타고 3년을 다녀야 하는데 그러지 않겠는가? 그런데 불운의 주인공이 바로 나였다. 추첨에 덜컥 걸린 것이다. 5개 남자 반에서 2명만 선택되는 그 희박한 확률에 당첨되었다. 받아 든 번호는 13번. 아직도 싫어하는 숫자다. 이때부터 인생에 추첨의 행운은 없는 팔자라는 트라우마가 생겼다. 로또나 복권도 사지 않았다. 어차피 안 될 테니까. 물론 말도 안 되는 생각이다. 무작위 추첨에 한 번 걸렸다고 유독 운이 없다는 생각은 전혀 합리적이지 않다. 하지만 알면서도 벗어날 수 없다. 계속 잘못된 생각을 갖고 산다. 이를 '편향'이라 한다. 후에 알게 된 사실이지만 창원중학교 추첨은 무작위가 아니라 작위적으로 학생들을 뽑아서 보낸 거였다. 무작위인 척하면서 조작을 했던 것이다. 그 사실을 알았음에도 나는 추첨 운이 없다는 생각을 버리지 못하고 있다.

편향은 어림으로 판단할 때 주로 발생한다. 엄지손가락법칙은 길이를 잴 때 엄지손가락 한 마디를 사용하는 것이다. 물론 정확하지 않다. 자가 없으니 대용으로 그렇게 쓸 따름이다. 엄밀하게 길이를 재야 할 때 엄지손가락을 사용할 수는 없는 노릇이다. 가구를 짤 때 이렇게 했다가는 대형사고가 난다. 그럼에도 우리의 뇌는 이런 편한 길을 찾아서 사고하고 선택을 한다. 의사결정 시에도 최근 경험이나 손쉽게 획득한 정보를 토대로 한다. 많은 데이터를 모아서 의사결정을 하려 하지 않는다. 필자도 불운한 추첨이라는 한 번의 경험이 편향된 행동을 가져오게 했다.

　일상생활에서 편향은 큰 지장을 초래하지 않는다. 필자처럼 로또를 사지 않거나 비행기를 가급적 타지 않는 정도다. 하지만 투자 시장에서의 편향은 땀 흘려 번 돈의 수익과 직결된다. 특히 투자는 계산과 확률이 지배하고 있어서 어림법이 아닌 합리적 판단이 중요하다. 부를 쌓는 원리인 복리만 해도 직관적으로 이해하기는 어렵다. 1억 원의 돈을 각각 3%와 5%의 수익률로 50년 운용하면 얼마가 될지 어림셈으로 계산해 볼 수 있겠는가? 각각 4억 4000만 원과 11억 4000만 원이 된다. 투자는 계산을 해보거나 통계를 보아야지 대충 어림잡아 직관으로 판단하면 안 된다.

　미디어를 보면 오랫동안 주식 종목에 투자하여 부자가 된 사람들이 나온다. 사람들은 그들처럼 부자가 되고 싶어 한다. 그럼 먼저 데이터를 보아야 한다. 애리조나주립대학교의 헨드릭 베셈빈더 교수는 1926년부터 90년 동안 미국에 상장된 주식을 조사했다. 이에 따르면 90년 동안 주식이 창출한 부는 전체 종목 중 4%의 종목이 이룬 성과였고 나머지 96%의 종목은 수익이 단기국채금리 정도에 그쳤다고 한다. 1990년부터 2020년까지 최근 30년의 데이터를 보면 세계적으로 6만 3785개의 주식 종목 중 2.4%만이 부를 창출할 수 있었다. 나머지 97.6% 주식 종목들은 단기국채 수익 정도였고 이 중 40%는 단기국채 수익보다 조금 높았고 나머지는 단기국채보다 못했다.[1]

이유는 많은 주식 종목의 수익률을 그려 보면 정규분포가 아니라 몇 개 종목이 아주 높은 수익률을 보이는 모양이기 때문이다. 즉 수익률 분포가 오른쪽으로 크게 치우쳐져 있다. 이러면 수익률이 아주 높은 슈퍼 종목 수익이 시장 전체 주식의 수익을 결정하게 되며 마이너스 수익률을 내는 종목이 절반 정도가 된다. 상장된 주식일지라도 주식 종목에 대한 투자는 벤처 투자에 가까워지고 있는 셈이다. 그는 주식 종목을 '충분히' 분산하지 못하면 주식 시장의 평균적인 수익률도 따라가지 못한다고 결론 내렸다.

그런데도 사람들은 소수의 종목에 집중한다. 사람들의 비합리적인 경제행동을 연구하는 행동경제학에 따르면, 객관적으로 낮은 확률도 자신에게는 높은 확률을 적용하는 경향이 있다고 한다. 아주 낮은 확률의 복권을 사는 이유도 내가 사면 당첨 확률이 높다고 주관적으로 가중치를 두기 때문이다. 주식 종목 투자의 경우도 객관적으로 아주 낮은 성공 확률이지만 자신은 높은 확률로 슈퍼 종목을 찾아낼 수 있다고 믿는 것이다. 일종의 자기 과신으로 사람이 가진 인지적 편향이다. 이러다 보니 주식 종목 투자는 고위험·고수익을 추구하지만 실제로는 고위험·저수익의 비효율적인 투자로 끝나는 경우가 대부분이다.

투자시장은 확률이 지배한다. 직관은 확률을 싫어한다. 계산하고 공부하고 생각해야 하기 때문이다. 이러다 보니 사람들은 손쉽게 판단하고 싶은 유혹에 빠진다. 하지만 아무 의미 없이 움직이는 데이터들을 보고 자신의 경험에 따라 원인과 결과를 찾아서 투자에 적용했다가는 낭패를 당하기 십상이다. **투자시장은 본능이나 직관으로 대응하는 곳이 아니다.** 사람들이 이 주식이 모두 좋다고 해도 이면의 위험을 생각해야 하고, 모두가 그 자산을 사려고 줄을 섰을 때 나는 그 줄에서 슬그머니 나와야 한다. 하룻밤 새 주식 가격이 급락하고 세상이 일순간에 낙관에서 비관으로 바뀌기도 한다. 이때에도 당황해서 자산을 팔지 않고 기회를 노려야 하는 곳이 투자시장이다. 주식 가격 변동이 클 때도 주식의 장기수익률을 생각하며 주식을 보유해야 성공한다. 그런데 직관은 이 길로 인도하지 않는다.

인간은 유전적으로 직관에 익숙하다. 어림짐작으로 빨리 판단하고 행동하는 데 익숙해져 있다. 동물의 속도에 비하면 사람의 속도는 굼벵이 수준이다. 사자나 호랑이 비슷한 것만 보여도 무조건 빨리 도망쳐야 하는 이유다. 가까이 가서 확인을 하고 도망치다가는 목숨을 부지하기 어렵다. 말콤 글래드웰은 《블링크》에서 말하길, 인간이 눈 깜짝할 정도의 시간에 그 사람에 대한 판단을 마친다고 한다. 옛날에는 길을 가다가 사람을 만나면 죽임을 당하기 일쑤였기에 짧은 순간에 저 사람이 날 죽일 사람인지 나보다 강한 사람인지를 판단해서 대비해야 했다. 어림짐작이나《블링크》는 현대 사회에 적합하지 않은 면이 있지만 사람들은 여전히 옛날의 생존 습관을 버리지 못하고 있다.

따라서 유전적으로 직관에 익숙한 인간은 확률이 지배하는 투자시장에 적합하지 않다. 오래 기다리지 못하며 합리적인 계산을 하지 않고 다른 사람의 움직임에 쉽게 동요된다. 투자에 적합하지 않은 나를 훈련시켜서 적합하도록 만들어야 하는 이유다. 펀드매니저는 처음부터 펀드매니저로 태어나는 것이 아니다. 많은 훈련을 거친다. 모의 투자를 시키고, 펀드 중 일부분만을 맡겨서 운용하게 하고, 성과평가와 리스크관리 등 후방 지원 부대도 있다. 후방 지원 부대는 펀드매니저가 판단력을 잃고 딴 길로 가는 걸 막아 준다.

개인도 투자를 하려면 스스로를 훈련시켜야 한다. 투자시장의 거짓된 움직임에 속지 말아야 하고 공포에 도망가고 탐욕에 흥분하는 나를 제어해야 한다. 이를 위해서는 나를 움직이는 매뉴얼을 알고 있어야 한다. 내 마음이 왜 그렇게 움직이는지 알면 우리의 마음을 컨트롤 할 수 있다. 불가에서 백팔 번뇌를 만들어 내는 마음을 공부하듯이 투자시장에서는 갖은 바보짓을 해대는 마음을 공부해야 한다. 투자를 하는 나는 누구인가? '나'라는 사람의 매뉴얼을 펼쳐 보자. 이를 통해 나의 편향된 행동을 극복해야 한다.

내 안의 지킬 박사와 하이드

나도 나를 모르겠는 때가 있다. 여러분도 생각지도 않은 내가 불쑥 튀어나오는 걸 경험해 봤을 것이다. 2017년에 개봉된 스릴러 영화 〈23 아이덴티티〉는 23개의 인격을 한 몸에 지닌, 해리성 장애를 겪는 사람을 주인공으로 한 이야기다. 주인공은 어린이처럼 동요를 부르고 뛰어놀다가도 스물세 번째의 무서운 인격이 나오면 성격은 물론 몸의 근육조차 변해 버린다. 투자에서는 23개의 인격까지는 볼 필요 없고 두 개의 상반된 인격이 체계적으로 잘못을 일으키고 있음에 주의해야 한다. 마치 지킬 박사와 하이드처럼. 지킬 박사는 인간의 몸에 선과 악 두 가지 본능이 있다는 가설을 세우고 자신의 인격을 두 가지로 나누는 약물을 만드는 데 성공한다. 하나는 지킬 박사고 다른 하나는 절대악의 분신인 하이드다. 낮에는 지킬 박사의 모습으로 신사적인 행동을 하지만 밤에는 약물로 하이드를 끄집어내어 온갖 범죄를 저지르고 다닌다.

지킬 박사와 하이드를 심리학적, 행동경제학적으로 푼 사람이 있다. 카너먼 교수와 트버스키 교수다. 대니얼 카너먼은 어릴 때 홀로코스트를 겪고 1946년에 유럽을 떠나 이스라엘로 왔고 아모스 트버스키는 이스라엘 토박이다. 둘은 히브리대학교에서 공동연구를 계속했으며 마침내 카너먼 교수는 전망이론prospect theory으로 2002년 노벨 경제학상을 수상했다. 공동연구자인 트버스키는 6년 전에 사망했기에 같이 수상할 수 없었다. 카너먼도 2024년에 세상을 떠났다. 여하튼 심리학자가 노벨 경제학상을 받은 것은 이례적인 일이었다. 그만큼 전통경제학의 영역에 혁명적인 관점을 제공했다는 뜻이다. 그 관점이란 인간은 합리적이라는 데 대한 비판이었다.

카너먼과 트버스키는 '직관이 가져오는 편향'에 대해 조사했다. 이 말을 풀어 보면 '우리는 많은 일을 판단하는 과정에서 간단한 셈법으로 체계적인 잘못을 저지르고 있다.'라는 뜻이다. 대중은 적절한 통계를 무시하고 전적으로 유사한 것들을 활용하여 판단함으로써 잘못된 결론을 내리기 쉽다는 것이다. 우리는 '체계적인 잘못'을 고쳐야 한다. 카너먼은 일반인의 사고에서 발생하는 시스템적 오류들을 기술했고, 이 오류의 발생 원인을 인지 조직의 설계에서 찾아냈다.[2]

카너먼은 사람은 두 가지 인지 시스템을 가지고 있다고 보며 이를 '시스템 1'과 '시스템 2'로 명명했다. 시스템 1은 거의 혹은 전혀 힘들이지 않고 자동적으로, 빠르게 작동한다. 매일 운전을 해서 집을 가는데 집에 도착하면 운전을 어떻게 해서 왔는지 잘 기억하지 못한다. 시스템 1이 작동했기 때문이다. 반복적인 일은 시스템 1이 작동해서 뇌의 에너지 사용을 줄인다. 그 외에 간단한 문장을 이해하거나 소리가 난 곳으로 고개를 돌리는 행위, '2+2'의 정답을 말하는 것은 시스템 1이 작동한다. 이러한 정신활동은 자동적이고 즉

표 6-1. 사람의 두 가지 인지 시스템

시스템 1(직관적 시스템)	시스템 2(심사숙고 시스템)
● 갑자기 소리가 난 곳으로 주의를 돌린다. ● 상대방의 목소리에서 적대감을 감지한다. ● 천천히 산책한다. ● 2+2의 정답을 말한다. ● 대형 게시판의 글자를 읽는다. ● 빈 도로에서 자동차를 운전한다. ● 간단한 문장들을 이해한다.	● 경기에서 출발 신호를 기다린다. ● 시끄러운 방에서 특정인의 목소리에 집중한다. ● 자연스런 수준 이상으로 빨리 계속 걷는다. ● 문서에 a가 몇 개 있는지 세어 본다. ● 좁은 공간에 주차한다. ● 두 세탁기의 전반적인 가치를 비교한다. ● 연말정산 서류에 각 항목을 기록한다. ● 복잡한 논리적 주장의 타당성을 확인한다.

자료: 대니얼 카너먼(2018),《생각에 관한 생각》, pp.33~35

각적이며 노력과 수고가 거의 필요 없다. 다른 동물도 갖고 있는 선천적 능력과 기술이 여기에 해당한다.

반면 시스템 2는 주의를 기울여야 하는 정신활동이다. '18×27'의 답을 구하거나 추리 문제를 풀 때, 아주 좁은 공간에 주차할 때, 정책토론을 할 때, 투자한 두 자산의 수익률을 비교할 때는 시스템 2가 작동한다. 하지만 시스템 1과 시스템 2가 늘 자신의 기능에 맞게 대응하지는 않는다. 시스템 2가 해야 할 일을 시스템 1이 할 때가 있고 시스템 1이 해야 할 일을 시스템 2가 할 때도 있다. 대표적인 예가 투자시장이다. 시스템 2로 신중하게 판단할 일을 시스템 1으로 판단하면서 편향이 나타난다.

지킬 박사와 하이드의 두 자아를 카너먼은 '지킬 박사＝시스템 2, 하이드＝시스템 1'으로 보았다. 카너먼이 본 인간은 지킬 박사와 하이드가 아니라 '시스템 1'과 '시스템 2'인 셈이다. 하이드가 잘 통제되지 않으면 문제가 생기듯이 시스템 2로 시스템 1이 잘 통제되지 않으면 잘못된 의사결정을 내리게 된다. 우리는 이를 **인지적 착각**이라 부른다. 인지적 착각은 경제행위를 비롯해 투자행위에 영향을 준다. 이들이 어떤 왜곡된 판단을 가져오고 이를 고치려면 어떻게 해야 하는지 알아야 한다. 메타인지처럼 제삼자의 입장에서 자신을 보며 과연 나는 어떤지를 판단해 보기 바란다. 시스템 1과 시스템 2의 기제를 파악해서 투자에서 저지를 수 있는 인지적 착각을 방지해야 한다. 이제 이들의 세계로 들어가 보자.

돈보다 돈에서 얻는 효용이 중요하다

이야기는 상트페테르부르크의 역설에서 시작한다. 수학자 니콜라스 베르누이는 1713년 상트페테르부르크 과학 아카데미에서 역설을 공식적으로 제시했다. 문제는 다음과 같다.

"동전 한 개를 뒷면이 나올 때까지 던진다. 첫 번째 뒷면이 나오면 2를 주고, 두 번째 뒷면이 나오면 2의 제곱을, …, n번째 뒷면이 나오면 2의 n제곱을 받는다. 이런 도박을 한다고 할 때 얼마를 내는 것이 공정할까?"

답은 기댓값만큼 내면 된다. 기댓값을 구해 보면 $E = 2 \times \frac{1}{2} + 2^2 \times \frac{1}{4} + 2^3 \times \frac{1}{8} + \cdots + 2^n \times \frac{1}{2^n} + \cdots = \infty$가 된다. 여러분들은 이 게임에 참가하기 위해 얼마의 참가비를 내겠는가? 기댓값이 무한대이니 10억 원을 내도 감사하면서 참가해야 한다. 그런데 제정신이 박힌 사람이라면 100만 원, 10만 원도 걸지 않을 것이다. 니콜라스 베르누이는 무한대의 기댓값에 비해 참가비가 턱없이 낮은 이유를 물어본 것이다.

여기서 잠깐만 신의 불공평을 짚고 넘어가자. 베르누이라는 이름을 숱하게 들어 봤을 것이다. 니콜라스 베르누이는 요한 베르누이의 아들이다. 요한 베르누이 역시 유명한 수학자로, 비탈진 경사면에서 공을 굴렸을 때 목적지에 가장 빨리 도달하는 궤적을 물어본 사람이다. 기억나는가? 앞서 살펴본 사이클로이드 곡선을 발견하고 의기양양하게 학술지에 뉴턴에게 풀어 보라고 문제를 낸 인물이다. 요한 베르누이의 형이 야곱 베르누이로 그 역시 당대의 유명한 수학자다. 여기서 끝이 아니다. 니콜라스 베르누이가 상트페테르부르크의 역설을 제기하고 죽은 뒤 이 역설을 그의 동생 다니엘 베르누이가 풀었으며 그의 아이디어는 근대경제학의 출발점을 마련해 주었다.

다니엘 베르누이는 효용함수를 도입하여 이 문제를 해결했다. 베르누이는 사람들이 종종 어떤 불확실성을 수반하는 결정을 내릴 때 금전적 이득을 최대화하는 것이 아니라 오히려 개인적 만족과 이익을 포괄하는 '효용utility'을 극대화한다고 보았다. 베르누이는 돈과 효용 사이에는 직접적인 관계가 있지만 돈의 규모가 커짐에 따라 이 관계가 달라진다고 보았다. 예를 들어 연소득이 10억 원인 사람에게 100만 원 추가소득이 생기는 것보다 연소득이 1억 원인 사람에게 100만 원의 추가 소득이 더 많은 효용을 준다는 것이다. 실제로 베르누이는 그 효용을 계산했는데 표와 같이 100만 원에서 1000만 원으로 올라갈 때 효용이 올라가는 폭은 다르다. 100만 원에서 200만 원으로 증가하면 효용은 10에서 30으로 20만큼 증가하는 데 900만 원에서 1000만 원으로 증가하면 효용이 96에서 100으로 불과 4만큼 증가한다. 사람들은 돈의 가치가 아니라 결과의 심리적 가치, 즉 효용에 따라 선택한다는 것이다.

부가 커질수록 효용의 증가 폭이 줄어드는 베르누이의 효용표는 위험회피를 설명한다. 다음의 경우를 살펴 보자.

① 100만 원과 700만 원을 같은 확률로 가질 수 있는 기회
　　→ 기댓값 400, 효용 (10+84)/2=47

표 6-2. 돈과 효용 사이의 관계

부(100만)	1	2	3	4	5	6	7	8	9	10
효용	10	30	48	60	70	78	84	90	96	100

자료: 대니얼 카너먼(2018), 《생각에 관한 생각》, p.350

② 확실하게 400만 원을 가질 수 있는 기회

→ 기댓값 400, 효용 60

베르누이의 효용표에 따르면 ①의 경우처럼 100만 원과 700만 원을 1/2 확률로 가질 수 있는 기회가 있다면 기댓값은 400만 원이지만 이 사람이 얻는 효용은 47이다. 그런데 ②의 경우 확실하게 400만을 가질 수 있다면 기댓값은 400만 원이지만 효용은 60이다. 60은 47보다 크기 때문에 위와 같은 효용함수를 가진 개인은 확실한 것을 위험한 것보다 선호한다. 베르누이는 부의 한계효용이 줄어드는 사람은 위험회피성향을 보인다는 것을 보여 준 것이다.

다니엘 베르누이는 효용을 이용해 형이 낸 문제를 어떻게 풀었을까? 그는 주사위를 던지는 횟수가 늘어날수록 위험 또한 커지기에(계속해서 뒷면이 안 나올 확률이 커지기에) 늘어나는 효용의 정도가 줄어든다고 보았다. 총효용은 증가하지만 추가적인 효용은 줄어드는 것이다. 크래머의 효용함수 $U(w) = w^{\frac{1}{2}}$를 활용하여 계산해 보면 기대효용값은 2.42원이며 참가비는 5.83원이다.[3] 단위를 만원으로 보면, 어떤 사람이 크래머 효용함수를 가지고 있다면 그 사람은 참가비가 5만 8000원 이하이어야 게임에 참가한다. 멋지지 않은가? 시스템 2는 이런 능력을 가지고 있다.

베르누이의 주장은 300년의 세월이 흐른 지금도 전통경제학의 굳건한 기반이 되고 있다. 부의 한계효용이 줄어드는 것을 전통경제학에서는 '한계효용체감의 법칙'이라 부른다. 여기에 완비성, 이행성, 연속성, 독립성 네 가지 공리체계를 기반으로 전통경제학의 기대효용체계를 세웠다. 이 효용곡선에서 무차별곡선이 도출되고 무차별곡선에서 수요이론이 나오게 된다. 전통경제학의 구조물이다. 그런데 카너먼은 베르누이가 틀렸다고 말한 것이다. 각자가 가진 기준점에 따라 호용이 다르다고 보았다. 그의 주장은 전통경제학의 근간을 흔드는 것이었고 이는 거의 목숨을 내던진 주장이었다. 우리 선조들이 왕에게 읍소할 때 도끼를 옆에 두고 하는 것과 마찬가지 심정이었을 것이다. 노벨 경제학상을 받으려면 이 정도는 해야 한다.

이익의 기쁨보다 손실이 2배 더 아프다

전통경제학은 기대효용을 극대화하고 위험을 회피하려 하며 여기에 몇 가지 전제를 내세워 경제학의 토대를 만들었다. 그런데 카너먼과 트버스키는 1979년 〈전망이론〉이라는 논문[4]에서 전통경제학의 토대를 비판하는 포문을 열었다. 사람들은 손실을 더 회피하고 싶어 하며 의사결정을 할 때 객관적 확률이 아닌 주관적인 확률에 기반하여 판단한다는 것이다. 이들의 이론은 가치함수의 확률가중함수에 기반을 두고 있다. 이를 바탕으로 실제로 나타나는 두 가지 편향(어림법 편향, 동기적 편향)을 보여 준다.

가치함수

가치함수는 이익과 손실에 대한 사람들의 효용을 나타낸 것이다. 가치함수는 세 가지 특징을 갖는다.

첫째, 준거점이다. 준거점을 기준으로 이득과 손실을 평가한다. 전통경제학의 효용함수는 0에서 시작하지만 가치함수는 어떤 준거점을 중심으로 이득과 손실이 나뉜다. 개인마다 준거점이 다르며 그 준거점을 기준으로 이득을 볼 때와 손실을 볼 때 가치를 다르게 매긴다. 일반적으로는 현재 상태를 준거점으로 두지만 앞으로 마땅히 기대하는 결과나 동료들이 받는 임금이나 보너스가 준거점이 될 수도 있다. 준거점보다 높으면 이득, 낮으면 손해가 된다. 기대효용이론과는 다르게, 부의 수준이 아니라 선택하는 사람이 가진 준거점에서부터의 이익 또는 손실이라는 상대적 기준으로 의사 결정이 이루어진다는 차이점이 있다.

둘째, 손실회피다. 전통경제학의 위험회피와는 다르다. 위험회피는 한계효용체감을 의미한다. 전망이론은 '준거점을 기준으로' 이득과 손실이 나뉠 때 이득일 때의 가치함수의 기울기보다 손실일 때의 기울기가 더 크다는 주장이다. 〈그림 6-1〉에서 보듯이 이득일 때의 가치함수를 x, y축에 각각 대칭으로 한 것보다 손실함수는 더 기울기가 큰 것을 볼 수 있다. 이는 준거점을 기준으로 이득을 볼 때 얻는 행복감에 비해 손실을 볼 때 얻는 불행감이 더 크다는 것이다. 사람들은 이익을 좋아하지만 손실은 더 싫어한다. 손실은 이익이 여러분을 기쁘게 하는 것보다 2배나 더 슬프게 만든다고 보면 된다.

셋째, 민감도 체감성이다. 이득과 손실의 크기가 커질수록 그로부터 발생하는 행복감과 불행감의 변화가 줄어든다. 어두운 방에서는 불을 약하게 켜도 환하게 밝아지지만 환하게 밝은 방에서는 똑같은 정도의 불을 밝혀 봐야 감지하기 어려운 이치와 같다. 이는 다니엘 베르누이가 이미 말한 바다. 그래서 이득일 때는 전통경제학의 효용곡선과 같은 모양의 오목이고 이득의 규모가 매우 커지면 추가적인 이득이 별다른 행복을 제공하지 않는다. 전망이론에서는 손실 역시 민감도 체감성을 나타내어서 10달러 손실과 20달러 손실의 차이는 1500달러 손실과 1510달러 손실의 차이보다 훨씬 크게 나타난다. 전망이론은 이득일 때뿐만 아니라 손실일 때도 민감도는 체감한다고 본다.

그림 6-1. 가치함수(좌)와 확률가중함수(우)

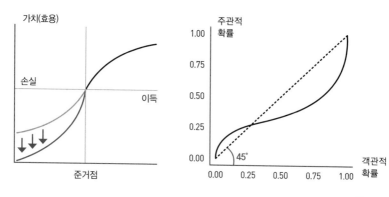

자료: Kahneman and Tversky(1979, 1992)[5]

가치함수의 가장 중요한 특징인 손실회피를 주식시장에 적용하면 '손절'을 하지 못하는 이유를 설명할 수 있다. 전통경제학에서는 익절(이익이 났을 때 파는 것)과 마찬가지로 손절을 할 수 있어야 하는데 현실에서는 실행하기가 어렵다. 사람들을 대상으로 ①과 ②에서의 선택을 물어본다.

① 확실히 900만 원 얻기 vs. 1000만 원 얻을 수 있는 90퍼센트 확률(기대값 900만 원)

② 확실히 900만 원 잃기 vs. 1000만 원 잃을 수 있는 90퍼센트 확률(기대값 900만 원)

대부분 ①에서는 900만 원 이익을 확정하고 내기를 하지 않는 반면 ②에서는 900만 원 잃기를 확정하지 않고 10퍼센트 확률로 1000만 원을 잃지 않는 것에 내기를 건다. 전통경제학은 ①을 설명하지만 ②를 설명하지 못한다. 하지만 전망이론은 준거점을 기준으로 한 손실회피로 이를 설명한다. 사람들은 손실을 이익보다 훨씬 싫어하기 때문에 손실을 확정 짓기보다는 손실이 더 커질 수도 있는 위험한 도박에 자신의 운을 맡긴다는 것이다. 그래서 주식을 샀다가 크게 물리면 '세월아 네월아' 하고 기다리는 것이다. 수동적 장기투자자가 된다. 이익은 확정 짓고 싶어 하지만 손실은 확정 짓지 않고 복구할 가능성에 내기를 거는 비일관적 행동이 실제로 '손절'하지 못하게 만든다.

그래서 손실이 발생했을 때 더 큰 손실이 초래되는 것은 아닌지를 잘 판단해야 한다. 도박을 할 때 판돈이 얼마 안 남으면 낮은 확률에 과도하게 베팅하고 장렬하게 전사하는 경우가 많다. 이러한 과도한 위험을 떠안는 행동은 시스템 1, 즉 하이드가 저지르는 비합리적 행동임을 자각하고 있어야 한다. 내 안의 하이드를 눌러야 한다.

확률가중함수

전망이론의 두 번째 개념은 〈그림 6-1〉의 오른쪽 그래프, 확률가중함수다. 가로축이 객관적 확률이며 세로축은 사람들이 생각하는 주관적 확률이다. 확률가중함수의 45도 선은 사람들이 확률을 있는 그대로 받아들이는 것을 뜻한다. 객관적 확률과 실제 확률이 같은 확률은 0.35다. 따라서 확률 0~0.35에서는 확률을 과대평가하고 0.35~1에서는 확률을 과소평가한다.[6] 로또를 사는 사람들은 당첨 확률이 아주 낮은데도 '되거나 안 되거나'로 거의 50%에 가까운 높은 확률을 주관적으로 부여한다. 혹은 아파트 분양 때 수십만 대일의 경쟁률임에도 불구하고 그래도 한 명은 된다는 신념으로 당첨 가능성을 과대평가하면서 신청한다. 반대로 가능성이 아주 높은 것을 과소평가한다. 99%로 수익을 얻는 딜이 있지만 1%로 손실을 볼 가능성이 있다고 하면 그 작은 손실을 과대평가하고 99%의 수익 가능성은 과소평가한다. 그러다 보니 확률가중함수는 0.35보다 낮은 확률에서는 과대평가하고 0.35보다 높은 확률에서는 과소평가하는 비선형적인 형태를 보인다.

투자할 때도 이런 경향이 나타난다. 주식이 장기적으로 채권보다 높은 수익을 보일 가능성이 아주 높지만 '대공황 같은 사태가 일어나면 어쩌지?' 하며 수익의 가능성을 과소평가한다. 이렇게 주식의 투자 비중을 높이지 못하는 것이다. 1929년 이후 80년이 흘렀지만 대공황 사태는 아직 일어나지 않았다.

이를 주식 '종목' 투자에 응용할 수도 있다. 많은 사람들이 주식 종목은 2~3배 벌어야 한다고 생각한다. 왜 그럴까? 실제로 주식수익률은 대부분은 30% 이하이다. 그렇다면 2~3배 고수익을 얻을 확률은 아주 낮고 30% 이하의 수익률을 달성할 가능성이 높은 것이 객관적인 확률이다. 하지만 사람들은 2~3배 수익이라는 낮은 확률을 과대평가하고 30% 이하 수익률이라는 높은 가능성을 과소평가한다. 그러다 보니 주식 종목에 투자할 때 높은 수익을 목표로 뛰어들고, 수익률이 20~30%가 되어도 팔지 못한다. 그렇게 2~3배 수익을 기다리다가 낭패를 당하는 경우가 많다. 주식 종목은 고수익을 목표로 하지 말고 적정한 수익을 목표로 하는 것이 객관적인 확률에 부합하는 합리적인 행동이다.

기대효용 극대화

불확실성하의 선택에서 전통경제학은 효용함수에 확률을 곱한 기대효용을 극대화한다. 반면에 행동경제학의 전망이론을 개념화한다면 가치함수에 확률가중함수를 곱한 것을 극대화한다고 볼 수 있다. 이것이 합리적인 인간에 기반을 둔 전통경제학의 구조와 실제 인간의 모습에 기반을 둔 행동경제학의 전망이론의 구조다. 행동경제학은 인간의 합리성을 모두 부인하는 것이 아니라 제한된 합리성을 가정하고 있으므로 전통경제학에서 설명하기 어려운 부분을 설명하는 데 효과적이다.

하지만 통상의 환경에서 인간의 평균적, 집단적 합리성을 가정하는 것이 현실적이므로 전통경제학 틀은 유효하며 다만 편향 등 인간의 체계적 오류에 대해서는 행동경제학의 기여가 크다. 행동경제학의 프레임을 보았다면 이제 인간의 체계적 오류인 편향에 대해 알아보기로 한다. 편향은 크게 어림법 편향과 동기적 편향이 있다. 전자는 정보 처리 과정에서 발생하는 반면 후자는 우리의 내부적 동기에 기반하여 발생한다. 우리의 목표나 욕구와 같은 내부적 동기가 정보의 핵심을 왜곡시키는 것이다.

어림법 편향: 적은 숫자 법칙, 닻, 가용성

사람은 서둘러 결론 내리기를 좋아하고 최적화보다는 적당히 정리한 것에 만족한다. 또 어려운 질문을 받으면 이를 쉬운 질문으로 만들어 이해하려 하는데 이를 어림법 행동 특성이라 한다. 복잡하게 확률을 계산할 필요도 없고 인지적으로 편하기 때문이다. 여기에는 적은 숫자 법칙, 닻 내림, 가용성이 있다. 이러한 행동 때문에 편향이 나타나니 주의해야 한다.

적은 숫자의 법칙

선거철이 되면 여론조사가 횡행한다. 그런데 사람들은 여론조사가 전하는 메시지에만 집중하고 어떻게 산출되었는지는 그다지 신경 쓰지 않는다. 예를 들어 "노인 300명을 대상으로 실시한 전화조사에서 응답자의 60%가 대통령을 지지하는 것으로 나타났다."라는 여론조사 결과가 나왔다. 그럼 사람들은 합리적으로 생각하려 하지 않고 시스템 1의 사고를 작동시켜 '노인들은 대통령을 지지한다.'가 여론조사 결과라고 생각한다. 노인 300명은 표본수가 너무 적어서 또 한 번 시행하면 결과가 다르게 나올 수 있다. 아마 악의적 편집을 하려는 사람은 300명의 사람을 표본으로 두고 여러 번 조사하다가 이 중 대통령의 지지율이 가장 낮게 나온 것을 선택하여 공표할 수도 있다. 이처럼 소규모 표본은 결과가 안정적이지 않고 다르게 나올 수 있다. 그래도 사람들은 이를 믿는다. 소규모 표본의 결과를 보면서 멋있는 이야기를 만들어 내고 싶은 것이 시스템 1 특성이다. 이는 웬만한 지적 수준을 가진 사람들도 빠지는 오류다. 늘 통계적인 직관과 내가 받은 인상을 경계하고 계산으로 대처해야 한다.

〈나는 SOLO〉 프로를 보면 6명의 남자와 6명의 여자가 나온다. 어느 기수의 출연자 중 한 여성이 "저는 밖에서 인기가 아주 좋아요. 그런데 여기서는 왜 이런지 모르겠어요."라고 말하면서 속상해한다. 적은 표본을 보고 잘못 판단하는 예다. 세상에 얼마나 많은 각자의 선호가 있겠는가? 그 여성은 실제로 솔로나라보다 훨씬 표본이 큰 바깥세상에서는 인기가 좋았을 것이다. 그런데 우연히 솔로나라의 6명의 남자는 다른 여성관을 지녔다. 여기서 선택되지 않았다고 해서 좌절할 필요가 없다. 거기의 표본은 너무 적기 때문이다. 적은 숫자의 법칙을 아는 사람이라면 이런 편향된 결과에 좌절하지 않고 더 큰 표본을 찾아갈 것이다. 반대로 그곳에서 인기가 좋았다고 해서 우쭐할 것도 아니다. 적은 표본에는 우연적 요소가 많이 지배한다.

그럼에도 사람들은 적은 표본에서 나오는 우연적 요소에 원인과 결과를 대입한다. 사람의 뇌는 우연적인 것을 용납하려 하지 않는다. 부처도 이 세상은 촘촘한 인과로 이루어졌다고 하지 않는가. 자연과학계도 원인 없이 결과가 만들어지지 않는다고 본다. 이러한 사고를 인간의 행동과 사회현상에도 그대로 가져오는 경향이 있다.

몇 번 자산운용 수익률이 좋으면 그 펀드매니저를 두고 실력이 뛰어나다고 하고 골프선수가 한 경기를 우승하면 역량이 출중하다고 판단한다. 골프선수의 역량을 판단하려면 더 많은 경기에 참가하여 얻은 큰 표본이 있어야 한다. 펀드매니저 역시 실력을 평가하려면 웬만한 운용경력의 표본으로는 어렵다. 인간의 수명이 한정되어 있기에 실력 있는 펀드매니저를 판단할 수 있는 방법은 영원히 없을지도 모른다. 그럼에도 많은 사람들은 몇 번의 성공 사례나 실패 사례를 그 사람의 실력과 연관 짓는 인과관계 오류를 범한다. 투자시장에서는 1~2년 수익률이 좋으면 그 상품을 추천한다. 1~2년 수익률이 좋은 운용사가 있으면 그 운용사를 추천한다. 그러나 금융상품이나 펀드매니저는 보통 수준의 사람이어도 시장 상황에 따라 수익률이 좋았다가 나빴다가 한다.

시스템 1은 인과를 연결하고 스토리를 만드는 데 익숙하다. 때문에 일반인들은 적은 표본에서 비롯된 우연이나 무작위적인 것들도 패턴이나 규칙이 있는 것처럼 본다. 노이즈를 정보로 보는 것이다. 이를 방어하기 위해 투자의 대가 존 템플턴이나 워런 버핏은 그런 소리들이 난무하는 곳을 피해 월가가 아닌 시골에 있는 것이다. 너무 많은 정보에 귀를 기울여 의미가 없는 무작위 사실들을 연결하여 억지로 인과관계를 만들려 하지 말자. 여러분의 에너지만 소비하고 주의만 흩뜨릴 따름이다.

닻 내림 효과

중국에 여행 가면 길에서 물건 파는 광경을 자주 본다. 이때 물건을 파는 사람이 가격을 부르고 사는 사람은 다시 가격을 깎는다. 여기서 물건을 파는 사람은 가능한 한 높은 가격을 부르고 이를 들은 사람은 가능한 한 낮은 가격을 부른다. 사는 사람은 1만 원 가격이 적정하다고 생각하던 차에 파는 사람이 3만 원으로 가격을 제시하면 헷갈린다. 상대방이 1만 원을 부르면 5000원으로 깎으려 했는데 3만 원을 부르니 기껏 깎아 봐야 1만 원이나 1만 5000원이 아닌가. 이처럼 처음 가격을 얼마로 제시했느냐는 중요하다. 수조 원 가치의 기업을 사고팔 때도 얼마의 가격으로 시작하느냐가 중요하다.

이 질문에 답을 해보자.

질문 1: 간디가 작고했을 때 나이가 114세 이상이었는가?

질문 2: 간디가 작고했을 때 나이가 35세 이하였는가?

질문 2보다 질문 1의 물음일 때 간디 사망 나이가 높아진다. 간디는 79세에 사망했다. 질문을 어떻게 했느냐에 따라 사전적 지식이 없는 사람들은 답이 크게 달라진다. 그래서 주식 설명회에서 사람들은 10~20% 수익률을 이야기하지 않는다. 2배, 3배 수익을 이야기한다. 그런데 실제로 주식에서 2배, 3배 수익을 얻는 것은 별로 없다. 엔비디아 주가가 폭등하여 전 국민이 들썩였다. 그런데 엔비디아의 2년 동안 수익률은 2024년 5월 기준 370%에 가깝다. 그 많은 주식설명회에서 그 많은 종목이 엔비디아처럼 취급되고 있는 것이다

기부금을 받을 때도 닻 내림 효과는 크다. 기부 후보자를 찾아갔다면 과감하게 높은 금액을 부르는 것이 유리하다. 박물관은 방문객에게 세 가지를 제시했다. ① 아무 기준 없이 그냥 기부금을 받는다. ② "5달러를 기부하시겠습니까?"라고 먼저 묻고 기부금을 받는다. ③ "400달러를 기부하겠습니까?"라고 묻고 기부금을 받는다. 세 경우의 기부금 평균은 얼마일까? 64달러, 20달러, 143달러였다.[7] 여기에는 두 가지 교훈이 있다. 첫째, 닻 내림 효과는 확실히 있다는 것. 둘째, 어정쩡한 닻 내림을 할 바에야 안 하는 것이 낫고, 이왕 할 거면 통 크게 닻을 내리라는 것이다. 그래서 주식설명회에서 통 크게 기대수익률을 외치는 것이다.

여러분들이 닻을 내릴 때는 과감하게 내려야 한다. 그런데 반대로 상대방이 여러분들에게 과감하게 닻을 내리면 어떻게 대응해야 할까? 여러분들은 닻에 반하는 주장들을 머리에 자꾸 떠오르게 해서 시스템 2가 작동하게 해야 한다. 당신이 인수하려는 회사에서 향후 10년간 예상수익을 보내 왔다면 보지도 말고 바로 쓰레기통에 던져 버려야 한다. 잠깐 보았다고 하더라도 닻은 마약처럼 여러분의 뇌에 상주하게 되기 때문이다.

가용성 편향

어떤 현상에 대해 판단을 할 때 머리에 잘 떠오르는 것이 영향을 미치는 것을 말한다. 다시 말해 인간의 뇌가 어떤 물음에 대해 답을 내려야 하고 이를 위해 정보 검색을 할 때 '먼저' 그리고 '손쉽게' 검색되는 정보가 판단에 영향을 준다는 뜻이다.

유명인의 사례, 극적인 사건 혹은 개인적 경험은 강하게 각인된다. 때문에 무언가를 판단할 때면 가장 먼저 튀어나온다. 또 이 정보를 과장할 가능성이 높고 편향된 선택을 하게 된다. 유명 연예인일수록 스캔들이 많다고 생각하고 비행기 사고는 실제 확률보다 더 높게 일어난다고 본다. 질병으로 인한 사망이 사고로 인한 사망보다 18배 더 많은데도 불구하고 두 사망 건수를 비슷하게 판단한다. 사건이 더 강하게 각인되어 있기 때문이다. 스파이 영화를 많이 보다 보면 세상이 음모론으로 돌아가는 것으로 보인다. 미국 드라마 〈X-파일〉이 유행할 때 필자는 보이는 모든 것이 모두 초자연적인 이유 때문으로 느껴졌다.

그래서 중요한 의사결정을 할 때는 옆에 있는 손쉬운 정보를 바탕으로 직관적으로 판단하지 말고 시간을 두고 많은 정보를 검색하고 통계치를 찾아 봐야 한다. 나에게서 떨어져 있고 검색하는 데비용이 드는 정보들을 의도적으로 모아서 판단해야 한다.

동기적 편향: 확증 편향, 낙관주의, 자기 과신

자신의 이미지, 자존감, 효능감이나 통제감을 높이기 위해 어떤 판단을 내리거나 행동을 선택하기도 하는데 이를 동기적 편향이라한다. 소망, 욕구, 목표 등과 같은 개인의 동기가 정보 처리 과정에영향을 미쳐 정보를 왜곡하거나 선택적으로 정보를 수집하고 해석하는 것이다. 이는 쉽고 간단한 방법으로 서둘러 결정을 내리는 어림법 편향과는 다르다. 동기적 편향은 자기 고양적 특징을 지닌다.기분이 업up되어 오버over한다는 뜻이다. 여기에는 확증 편향, 낙관주의, 자기 과신이 있다.

확증 편향
어떤 사안에 찬성하는 사람은 해당 사안에 긍정적인 정보만을, 반대 입장인 사람은 부정적인 정보만을 취사선택한다. 확증 편향에 빠진 것이다. 확증 편향은 자신의 견해에 부합하는 증거를 적극적으로 찾는 반면 반박하는 증거는 찾지 않거나 무시하는 경향을 말한다. 이는 같은 생각을 가진 사람들만 가까이하게 되어 기존의 믿음을 끊임없이 강화하게 되는데, 알고리즘 시대, 탈중앙화 시대, Web 3.0시대에 더욱 강력하게 나타나고 있다. 사람들은 확증 편향에 쉽게 빠지며 한번 빠지면 우리가 원하는 정보 이외에는 눈과 귀를 닫아 버린다. 즉 자신이 보고 싶은 것만 본다.

이런 경향은 정치에서 많이 나타나지만 투자시장에서도 나타난다. 배터리 관련 주식을 사고 나면 배터리 기업에 대한 안 좋은 정보는 거짓이나 음모론으로 치부하고 배터리에 우호적이 뉴스나 유튜브만을 찾아서 본다. 이렇게 해야 마음이 편하기 때문이다. 투자는 불확실성을 사는 것이다. 마음이 불편한 게 정상이다. 그러나 투자를 하고 나서 마음이 편하기를 원하는 것이다. 그게 우리의 인지 시스템이다. 블로그, 유튜브, SNS 등에서 같은 성향을 지닌 이들과 교류하며 확증 편향을 더 강하게 만든다. 새로운 정보를 받아들여 자신의 투자 포트폴리오를 조정하지 않고 자신이 믿고 있는 것을 다시 한번 확인한다. 필자에게도 그런 경향이 자주 나타나며 그럴 때마다 시스템 2를 작동시키려 노력한다. 시스템 2가 작동하면 마음은 불편하지만 마음이 불편해야 내 돈을 지킬 수 있다. 세상에 공짜는 없다. 투자의 구루 워런 버핏은 평생 찰리 멍거와 견해를 나누었다. 확증 편향에 빠지지 않기 위해서다.

낙관주의

어떤 목표를 달성하기까지 어려운 일이 발생할 가능성을 과소평가하는 경향이다. '내가 하면 할 수 있다.'라는 긍정적인 생각이다. 창업의 실패율이 높음에도 불구하고 '나는 성공할 수 있다.'라는 믿음을 지니고 창업을 한다. 투자도 '내가 하면 잘할 수 있다.'라고 생각하는 경향이 많다. 낙관주의는 신체와 정신 건강을 증진시키는 장점이 있지만 실제 일어날 비용이나 위험을 과소평가하는 단점이 있다. 낙관주의가 세상을 변화시키기도 하지만 투자시장은 무작위의 시장이므로 '파이팅'이 통하지 않는다. 미국에서 개인의 매매기록을 보면 거래가 활발할수록 성과는 부진했다. 매매를 잘할 수 있다는 것은 낙관적인 편향일 따름이지 실제 성과는 그렇지 못했다.

자기 과신

자신의 능력 및 향후 성과에 대해 과대평가하는 경향을 말한다. 90%의 신뢰 구간에 속하는 답을 제시해 보라고 하면 실제로 정답이 그 안에 포함되는 것은 절반 정도다. 쉽게 말해 어떤 질문을 주고 90% 확신하는 것만 답하라고 해도 정답률을 보면 50%에 불과하다는 것이다. 이는 자신이 가진 지식의 정확성을 과대평가하기 때문이다. 사람들은 자신이 실제로 할 수 있는 것에 비해 많은 것을 이룰 수 있다고 생각한다. 의학, 공학, 금융 등에서는 부정확한 판단이 심각한 문제를 야기할 수 있으므로 주의해야 한다.

투자시장에서 자기 과신은 상존한다. 그중 하나는 '초심자의 행운'이다. 포커를 치면 처음 배우는 사람이 돈을 딴다. 주식시장도 처음 계좌를 만든 후 의외의 높은 수익을 얻는다. 이때 이들이 주로 갖는 생각이 '나는 투자 천재인가 봐.'다. 투자 초심자에게 찾아온 행운은 그 사람이 주식시장에 좋을 때 들어와서인 경우가 많다. 초심자는 대부분 주식시장이 좋을 때 들어온다. 그러다가 자기 과신으로 많은 돈을 투자했다가 주가 하락기에 폭삭 망한다. 주식시장은 신이 만들어 놓은 것이어서 신만이 안다. 신만이 안다는 것은 '아무도 모른다.'라는 뜻이다. 주식시장에서 자기 과신은 경계해야 한다.

자기 과신은 '이야기 짓기의 오류, 사후 확신 편향, 내부 관점'을 통해 과거를 편향되게 해석하고 이 해석을 진실이라 생각하여 이를 바탕으로 미래를 예측할 수 있다고 생각하는 데서 비롯된다. '이야기 짓기'는 아무 관계 없는 우연한 사건들에 인과관계를 만든다. 인과관계를 만들면 이 관계를 바탕으로 미래 예측이 가능해진다. 마치 까마귀가 날자 배가 떨어지는 것을 본 농부는 까마귀가 배를 쪼았을 것이라고 확신하는 것과 같다. 그래서 농부는 다시는 까마귀가 접근하지 못하도록 조치를 취한다. '사후 확신 편향'은 사후에 일을 해석하는 것이다. 일이 일어난 후에 이를 해석하면 논리적 인과관계가 명확해진다. 거기에 관계된 요인들만 뽑기 때문이다. 우리는 주식 버블과 버스트의 원인을 잘 파악하고 난 뒤(수많은 책들이 그 원인을 설명한다.) 미래에 이를 활용하여 다시는 버블과 버스트의 함정에 빠지지 않을 것이라 생각한다. 하지만 버블이 올 때마다 당하고 만다. '내부 관점'은 외부의 통계자료를 활용하는 것이 아니라 나의 경험을 바탕으로 하는 경우다. "나 때는 말이야." 하면서 젊은 직원의 정보는 활용하지 않고 자신의 정보에 집중하는 경우다.

금융전문가들은 장이 끝나고 나면 그날 있었던 일을 확신을 가지고 해석한다. 이야기를 만들고 과거의 데이터를 보여 주며 자신의 경험을 말한다. 자기 확신에 찬 목소리다. 그러면 그 방송을 듣는 사람들은 '아 우리가 예측할 수 있었던 것을 놓쳤구나.'라는 생각을 하며 한 걸음 나아가 이제 우리가 놓친 이유를 알았으니 미래에는 놓치지 않고 더 정확하게 예측할 수 있을 것이라 확신한다. 과거를 이해한다는 착각은 미래를 예측할 수 있다는 오만을 공고하게 만든다. 비극의 탄생이다. 참선하는 방에서는 무얼 물으면 무조건 모른다고 답해도 진정한 자신을 찾을 수 있다 한다. 주식시장의 미래에 대해 누가 물으면 "몰라."라고 답해 보자. 좋은 종목 아느냐고 물어도 "몰라."다. 그럼 투자수익이 나아질지 모른다.

동기적 편향에 빠지지 않고 더 나은 판단과 결정을 위해서는 네가지를 명심해야 한다. 첫째, 베이컨의 '동굴의 우상(개인이 자신의 문화와 사회 집단, 선호에 파생된 규범이나 교리를 부적절하게 확장하는 편견)'처럼 모든 판단에는 편향이 있다는 것을 인식하고 인정해야 한다. 둘째, 실제 의사결정을 할 때 다양한 정보와 여러 사람들의 의견을 청취하는 것이 필요하며 셋째, 통계 수치 등을 이용하여 최대한 객관적인 평가를 해야 한다. 마지막으로 결과에 대해 다시 한번 비판적으로 생각하고 피드백을 받아 이를 수용하고 고쳐 가는 노력이 필요하다.

고위험 · 저수익 투자를 하는 사람들

워런 버핏은 주식 종목이 아닌 S&P500지수에 투자하라고 했다. 미국 S&P500은 연 10% 정도의 수익률을 기록한다. 그런데 많은 사람들은 여전히 주식 종목에서 2~3배의 수익률을 노리고 있다. 종목에 투자하면 '주가지수+α'의 수익률은 낼 수 있다고 보는 것이다. 여기에는 두 가지 착각이 있다.

우선, 평균의 의미를 착각했다. S&P500지수는 500개 기업의 시가총액을 가중평균한 수익률이다. 수익률을 단순하게 합한 것이 아니라 시가 총액이 2배인 것은 2배의 가중치를 두어 평균을 구한 것이다. 평균은 몇 개의 값이 왜곡할 수 있는 단점이 있다. 5명의 사람이 있는데 4명이 키가 150cm인데 한 명의 키가 2.5m라고 하면

5명의 평균키는 170cm가 된다. 이 집단의 평균키가 170cm이지만 만일 무작위로 눈을 감고 한 명을 택했을 때 여러분은 150cm의 사람을 택하는 확률이 80%이다. 평균이 170cm인데도 150cm의 사람을 택할 확률이 80%가 되는 것이다.

주식 종목에서도 마찬가지 현상이 일어난다. 주식 종목의 수익률은 지수 수익률 10% 중심으로 정규분포 되어 있지 않다. 종목 투자 관련한 몇 가지 특징을 알아본다. 첫째는 미국의 1926년~2016년까지의 주식 데이터를 보면 주식의 초과수익은 전체 종목의 4% 정도의 슈퍼스타 주식이 만들었다. 둘째, 47.8%만의 종목이 1년 단기국채수익률보다 수익률이 높았다. 절반 이상은 수익률이 마이너스였다. 셋째, 주식 종목을 임의로 선택하는 전략과 시장지수에 투자하는 전략을 시뮬레이션을 통해 비교했을 때 시뮬레이션 중 96%는 지수 전략의 수익률이 종목 선택 전략보다 좋았다.[8] 이렇게 보면 주식 '종목'에 대한 투자는 '고위험·고수익' 투자가 아니라 '고위험·저수익' 투자가 된다. 비효율적인 투자를 택한 것이다.

이는 4%에 해당하는 슈퍼 종목을 선택할 수 있다는 착각 때문이다. **낮은 확률이지만 본인이 하면 확률이 높아진다고 본다.** 자기 과신이며 편향된 생각이다. 그 귀결은 높은 위험을 부담하면서 기대수익은 낮아지는 '고위험·저수익' 투자며 개인이 주식 투자를 통해 돈을 잘 벌지 못하는 이유이기도 하다. 주식은 종목이 아닌 충분히 분산된 지수에 투자해야 한다.

'고위험·저수익' 투자는 다른 영역에서도 일어난다. 아마 ELS(주식연계증권)는 우리나라에서 가장 많이 성행할 것이다. 이와 같은 중위험 상품에서 금융사고가 많이 났다. 2019년 금리가 한창 낮을 때 DLS(파생연계증권)가 많이 팔렸다. 독일 10년 국채금리가 마이너스 일정 수준(대략 -0.25%)을 넘어가지 않는 한 4%에 가까운 이자를 지급하고 대신 그 금리 밑으로 내려가면 원금 전액을 잃을 수 있는 상품이다. 이 DLS는 잘해야 연 4~6% 수익률을 주지만 하방은 원금 100% 손실까지 열려 있다.

그런데 이 상품에 누가 가입했을까? 2019년 8월 7일 기준, 우리·하나 은행을 통해 DLS에 가입한 투자자 3243명 중 개인 일반 투자자가 3004명으로 거의 대부분(93%)을 차지했다. 개인 투자자 중 60대 이상 고령 투자자는 1462명(48%)으로 절반에 달했다.[9] 이 상품이 많이 팔린 3월과 4월 독일 10년 금리가 플러스(+) 0.1% 전후였다는 점을 고려하면 35bp(0.35% 포인트)만 내려가도 원금 손실 구간에 진입하는 구조다. 그런데도 고령자들이 자신의 은퇴자금으로 이 자산이 안전하다고 판단하여 산 것이다. 왜일까?

일단 독일 10년 국채금리가 마이너스가 될 것이라고 예상하지 못했다. 어떻게 채권을 보유한 사람이 채권을 발행한 사람에게 돈을 준다는 말인가? 말이 되지 않는 상황이다. 상식적으로 그 채권을 살 이유가 없고 따라서 채권 가격이 올라 금리가 더 떨어질 가능성도 없다. 하지만 금융시장은 상식을 뛰어넘는 일이 발생한다.

금리는 마이너스로 여지없이 떨어졌고 원금을 거의 다 잃은 사람도 있었다. 고령자들이 이를 산 이유는 판매하는 사람들이 위험에 대해 제대로 고지를 해주지 않았기 때문이기도 하지만, 이면에는 높은 수익률의 금융상품은 사고 싶은데 위험은 떠안고 싶지 않은 심리에서 나온 착각도 있다. 이런 금융상품은 없는데도 있다고 착각한다.

투자시장의 가장 기본적인 원칙은 위험과 수익이 비례한다는 것이다. 수익이 높으면 위험도 높다. 하지만 사람들은 끊임없이 수익은 높지만 위험은 낮은 투자를 원한다. 항상 듣는 질문이 "안정적인 투자처가 없을까요?" 혹은 "수익은 높지만 위험하지 않은 투자처는 어디일까요?"다. 이는 불가능하다. 그럼에도 불구하고 이를 심리적으로 부정하고 싶어 한다.

이러한 착각에 대처하는 방법이 있다. 우선 '무위험 수익률은 3%로 충분한데 왜 저 사람들이 돈과 시간을 써가며 일부러 찾아와서 6%의 무위험 상품을 주려 할까?'라는 질문을 던져 보자. 그리고 내재된 위험에 주목해야 한다. 필자도 그런 경험을 갖고 있다. 2007년에 미국 글로벌 증권사에서 서브프라임 모기지 관련 채권을 팔려고 필자를 찾아온 적이 있다. 구조가 복잡했다. 그때 했던 생각이 '지금까지 신나게 팔다가 한국 땅까지 찾아온 것 보니 이제 끝물인가 보다. 더 이상 팔 곳이 없으니 한국의 자산운용사까지 찾아왔구나.'였다. 그래서 제안을 거절했고 몇 개월 후에 서브프라임 모기지 사태가 터졌다.

2003년 카드사가 발행한 카드채 옵션CP 사태에서도 살아남은 적이 있다. 옵션CP는 만기는 3개월이지만 이면 계약을 통해 1년 동안 새로이 발행되는 카드채 CP를 계속 보유하면 3개월이 아닌 1년 CP 금리를 준다는 것이다. 많은 자산운용사들이 카드채 옵션CP로 MMF 수익률을 높였다. 필자에게도 원성이 자자했다. 이걸 넣으면 수익률이 높아지니 넣자는 것이다. 채권운용 담당자들과 회의를 했다. 그때 필자의 결론은 '1bp(0.01%) 금리 더 주는 걸로 이런 옵션 계약을 산다는 것은 너무 억울해서 못 하겠다.'였다. 안건을 부결한 뒤 곧바로 카드채 사태가 터졌고 필자는 살아남았다. 필자의 이러한 대응이 고위험·저수익 투자를 하지 않는 두 번째 대처 방안이다. **상대방의 프레임에 빠지지 말라**는 것이다. 상대방의 용어와 틀 속에 갇히다 보면 그 세계를 자기도 모르게 믿게 된다. 그 사람의 용어로 사고하지 말고 본인의 용어로 사고해야 하며 나의 논리로 판단해야 한다. 공짜 점심은 없으며 상대방의 프레임에 빠지지 말아야 한다.

과잉 반응

예일대학교의 로버트 실러 교수는 1981년에 충격적인 논문을 발표했다. 시장은 효율적이라는 효율적 시장론자들이 득세하고 있을 때 시장은 효율적이지 못하다는 메시지를 던졌기 때문이다. 논문의 제목은 꽤 긴데 대략 내용은 '주식의 배당금으로 추정한 주식의 가격보다 실제 주식 가격은 과다하게 변동하는가?'다.[10] 주식은 배당 흐름이 있으며 이를 현재가치로 할인하면 주식 가격을 구할 수 있다. 우리가 주식 가격을 구할 때 배우는 배당할인모형이다. 실러 교수는 1871년대부터 1979년까지 108년에 걸친 데이터로 구해 봤더니 배당할인모형을 이용한 주가는 변동이 크지 않은데 반해 실제 주식 가격은 그야말로 얼토당토않게 요동쳤다. 이를 과다변동성이라 부른다.

즉각적으로 비판들이 쏟아졌다. 효율적 시장론자 스승을 둔 제자들도 비판에 가세했다. 학계는 무림계와 마찬가지로 무섭다. 카이사르가 펜으로 암살자들과 싸우면서 "브루투스여, 너마저." 하고 죽었다는데 학자들은 펜을 칼처럼 휘두르는 무림에 살고 있다. 최고 명망 있는 학술지에 논문을 자주 싣는 사람이나 기념비적인 논문을 실은 사람은 무림의 지존으로 추앙받는다. 노벨 경제학상 수상자 존 내쉬를 주인공으로 다룬 영화 〈뷰티풀 마인드〉에서 내쉬가 은퇴할 때 동료 교수들이 자신들이 쓰던 만년필을 건네 준다. 이는 학자들이 표하는 최고의 존경의 표시다. 무림으로 치자면 자신이 지금까지 쓰던 검을 바치는 셈이다. 온 세상이 무림이지만 학계도 무림이다. 무림의 지존으로 추앙받으면 분파가 생기고 제자들이 따른다. 시간이 흐르면 제자들이 학계 전반에 퍼지고 무림의 지존은 대적 못할 존재가 된다. 그런데 35세의 실러 교수가 감히 도전을 한 것이다.

많은 논문들이 그의 방법론과 연구결과를 비판했다. 결점 없는 논문이 어디 있겠는가? 수학처럼 정답이 나오는 것이 아니라 데이터를 수집해서 이를 추정하여 만든 것이라면 비판이 쏟아지는 것이 당연하다. 그러나 실러에게 행운이 찾아왔다. 집단 포격을 받는 와중에 1987년 10월 19일 블랙먼데이로 주가가 하루 만에 20% 이상 폭락해 버린 것이다. 그 사건은 홍콩에서 시작되어 유럽으로 옮겨 왔고 급기야 미국에서 폭발했다. 그 전날도 5%나 빠졌는데 여기에 더해 20%가 더 빠진 것이다. 핵전쟁이 일어난 것도 아니었다. 별다른 이유가 없었다. 그럼에도 주식 가격은 전 세계적으로 급락했고 사람들은 이유를 찾지 못했다. 《월스트리트 저널》은 이렇게 썼다. "진실로 드러난 로버트 실러의 주장: 금융시장은 지나치게 불안하다."[11] 이후에 실러는 1996년에 또 한 번 주식 가격이 비이성적으로 과열되었다고 연방준비제도이사회에 경고했지만 주가는 그 이후에도 계속 엄청나게 오르다가 4년 후에 폭락했다. 결국 맞았지만 1996년에 주식을 판 사람은 성공을 거두기 전에 망했을 것이다.

투자시장은 인간의 합리성을 바탕으로 최적의 의사결정에 따라 변하는 게 아니라 과다한 변동성을 보인다는 것을 이제 받아들이고 있다. 이는 한편으로 인간의 제한된 합리성을 주장하는 행동경제학과 궤를 같이한다고 볼 수 있다. 대니얼 카너먼이 2002년에 노벨 경제학상을 수상한 것도 2000년 나스닥 버블 붕괴라는 경험이 영향을 준 것이 아닐까 생각한다. 카너먼의 주장에 따르면 사안에 대한 면밀한 검토보다 2000년의 나스닥 버블 붕괴라는 끔찍한 경험이 노벨 경제학상을 심사한 사람에게 영향을 주어 편향된 결과를 낳았을지도 모를 일이다. 이러나저러나 카너먼의 이론은 맞은 셈이 됐다. 성공적인 투자를 위해서는 행동경제학에서 말하는 편향을 숙지하는 것이 필수가 되었다.

7장

적자 인생에
대비하는
생애자산관리

은퇴설계는 판타지 세계가 아니다.

— 윌리엄 샤프

생애자산관리 컨설팅을 받아 본 적이 있는가? 현재 나이, 저축액, 예상 은퇴연령, 은퇴 후 예상 지출금액, 은퇴 후 기간, 투자수익률, 인플레이션 등의 인풋input 값을 넣으면 그래프가 나온다. 그래프를 보고 있으면 자산이 매끈하게 축적되고 또 매끈하게 인출되어 생을 행복하게 마감할 수 있을 거라 생각된다. 하지만 실제 생애자산관리는 그래프처럼 평탄하지 않다.

삶은 판타지 세계가 아니다. 삶 자체가 울퉁불퉁한 길을 걷는 것과 같다. 자칫하면 100세 시대에 노후의 삶이 붕괴될 수 있다. 은퇴 후 자산으로 주식을 좀 샀더니 1987년처럼 주가가 하루아침에 25% 급락할 가능성도 배제할 수 없다. 이뿐인가. 자신의 예상보다 20년을 더 살게 되거나 심한 인플레이션이 진행될 수도 있다. 노후에는 물가만큼 오르는 소득이나 자산이 없어 물가상승에 속수무책이다. 때문에 생애자산관리는 보다 정교하고 치밀한 모델이 필요하다. 시스템 1이 아니라 이성과 합리가 지배하는 시스템 2로 생애자산을 관리해야 하는 이유다.

사람이 호랑이보다 오래 사는 이유

호랑이는 늙어서 이빨과 발톱이 빠지면 죽는다. 반면 사람은 늙고 일할 힘이 없더라도 계속 산다. 나이 든 호랑이와 달리 〈꽃보다 할배〉의 어르신들은 늙어서도 여유 있고 재미있게 사는 이유가 뭘까? 간단하다. 호랑이는 저장했다가 나중에 먹는 방법을 모르기 때문이다. 장기간 보관할 방법을 안다면 젊을 때 잡은 토끼를 말려서 보관하다가 늙어서 그걸 먹으며 할배 호랑이로 살아갈 것이다. 하지만 이보다 더 근본적인 이유가 있는데 이것이 생애설계의 본질이다. 사람이 늙어서도 풍족하게 오래 사는 이유는 자신들이 고안한 몇 가지 장치 때문이다.

첫째가 돈(자산)이다. 만일 호랑이 사회에 돈이 있다면 젊은 호랑이는 토끼를 많이 잡아서 자신이 먹고 남은 토끼를 나이 든 호랑이에게 돈을 받고 팔 것이다. 이 호랑이가 늙으면 젊을 때 모아 둔 돈으로 젊은 호랑이가 잡은 토끼와 교환하면 된다. 하지만 호랑이는 화폐라는 수단을 고안하지 못했다. 반면 사람은 화폐를 고안하여 자신이 일할 수 없을 때도 생존할 수 있게 하였다. 돈이라는 장치가 풍족한 노후를 가능하게 한 셈이다. 30년 이상의 먹이를 보관하고 쌓아 둘 창고와 장기간 식품 상태를 유지할 기술을 화폐가 대체했다. 돈은 사람이 늙어서도 오래 살게 해주는 장치인 것이다. 무슨 뚱딴지같은 소리냐고 할 수 있지만 노벨 경제학상을 받은 사무엘슨의 유명한 논문 테마다.[1] 여기에서부터 세대중첩모형Overlapping Generations Model이라는 이론이 나오게 된다.

둘째 방법이 **부양**이다. 서양의 경우 자식이 부모를 부양해야 한다는 생각은 있었지만 부모를 그렇게 존중하면서 모시지는 않은 것 같다. 기록들을 보면 부모가 토지를 주는 대신 자식이 자신에게 해주어야 할 의무사항을 구체적으로 써서 계약을 맺기도 했다. 백승종의《상속의 역사》에 따르면 노르웨이의 경우 1875년 당시 50%의 농부들이 은퇴 계약서를 작성했다고 한다. 스웨덴 북부 산간의 경우 1910년대까지 은퇴 계약서가 존재했다고 하며, 그 계약에는 일주일에 우유를 몇 리터 제공할지, 한 달에 고기를 얼마 식탁에 올려줄지 등의 조항들이 있다. 이러한 약속을 지켜야 자신의 땅을 상속자에게 준다는 계약을 맺는 것이다.

동양에서는 부모와 자녀 간 효孝 시스템을 도입했다. 조선의 경우 효를 국시로 했기 때문에 부모를 극진히 모시면 효자비를 세워주었다. 혹 어머니가 아파 자식이 자신의 허벅지 살을 떼어 끓여 드렸다는 효행이 알려지면 나라에서 큰 상을 내렸다. 이런 일이 있고 나면 전국 곳곳에서 허벅지 살을 떼어 봉양하는 사건이 일어나기도 했다. 늙은 부모님을 제 몸처럼 모시는 모습을 본 자식은 성장하여 자신의 부모에게 같은 행동을 하게 된다. 만일 부모를 홀대하는 자식이 있으면 공동체에서 쫓겨나고 말았다. 이 당시 공동체에서 쫓겨나는 것은 생명에 위협이 되는 것이었으니 효라는 장치는 노후설계를 가족이 부담하는 방식이었다.

셋째는 **사회 계약**이다. 간단히 말하면 가족 내에서의 자행되던 은퇴 계약을 국가가 사회 전체의 세대 간 계약으로 바꾸었다. 젊은 세대가 늙은 세대를 부양하고 젊은 세대가 늙었을 때 새로 진입한 젊은 세대의 부양을 받는 것이다. 여기서 가장 큰 리스크는 계약을 지키지 않는 경우다. 자신은 늙은 세대를 부양했는데 자신이 늙자 젊은 세대가 부양을 거부하면 어쩌나? 이를 위해 국가가 그 이행을 강제하며 등장한 것이 연금제도다. 국가가 젊은 세대에게 세금을 징수하여 늙은 세대에게 이전하는 방식을 쓰는 것이다.

이 제도는 원래 일부 직업에만 존재하던 방식이었다. 예컨대 자식을 낳지 않고 돈도 모으지 않는 수도사 같은 경우다. 이들은 노후가 어떻게 될까? 국가를 위해 전쟁터를 돌아다니는 군인도 해당된다. 국가를 위해 일하다 결혼을 못하고 자녀도 못 갖게 되면 노후가 걱정되지 않을까? 이런 걱정을 하다 보면 본업에 충실할 수 없다. 그래서 수도사나 성직자 혹은 군인에게는 그 조직에서 연금 형태로 생활비를 주어 노후를 돌봐 주기도 한다. 이것이 최초로 체계화된 국가가 비스마르크 시대의 독일이다. 비스마르크는 1880년대에 사회입법을 추진하여 세계 최초로 의료보험, 산재보험, 노령연금을 도입했다. 1889년에 도입된 폐질disability 및 노령 보험을 통해 독일은 세계에서 가장 먼저 공적 연금을 도입했다.

돈은 개인이 노후를 스스로 관리하는 수단이라면, 효는 가족 구성원이 노후를 책임지는 장치이고, 노령연금은 국가가 개인의 노후에 관여하게 된 것이다. 그런데 시대에 따라 이들 장치의 중요성이 변해 간다. 요즘처럼 인구구조가 달라지면 노후 장치의 양상이 달라진다. 효와 연금제도는 기본적으로 젊은이 숫자가 노인보다 많아야 유지되기 때문이다. 효는 자식들이 많고 부모의 수명이 길지 않을 때 가능하다. 그런데 우리 사회는 이 양상이 변화하기 시작했다. 저출산·고령화로 자녀 수가 줄었고 부모의 수명은 길어졌으며 이미 효라는 시스템은 취약해졌다. 국가의 연금제도 역시 인구구조가 피라미드처럼 되어야 가능하다. 역피라미드 모양의 인구구조가 되면 유지되기 어렵다. 적은 수의 젊은이에게서 많은 수의 노인에게 연금을 줄 만한 재원을 갹출하기 어렵기 때문이다.

결국 부양도, 사회 계약도 아닌, 돈으로 스스로 생애자산관리를 준비해야 하는 시대가 왔다. 물론 이 세 장치 중 어느 하나 소홀히 할 수는 없다. 자신이 노후자산을 잘 축적해서 대비해야 하며 자녀와의 관계를 잘 유지하고 따뜻한 가정을 만들어야 한다. 국가의 연금제도가 지속되기 위해서는 세대 간에 서로 양보하며 세대통합적 사고를 가져야 한다. 하지만 과거에 비해 효와 연금 시스템은 약화되는 것이 사실이다. 인구구조의 변화로 말미암아 이제 노후도 각자 생애자산관리를 통해 준비해야 하는 시대가 왔다. 각자 책임의 시대다.

생애자산관리의 특징

생애자산관리는 인적자본과 주택자산을 포함한 생애자산배분으로 정의할 수 있겠다. 이 특징들이 생애자산관리의 본질이다. (1) 생애자산관리는 소득과 지출의 불일치를 해소하여 생애지출을 극대화하는 것이 목표이며 (2) 축적과 인출의 두 과정으로 이루어졌고 (3) 동적자산배분을 해야 하며 (4) 자산배분에 인적자본과 주택자산이 포함되어 있다. 하나씩 차근차근 살펴본다.

소득과 지출의 불일치 해소

생애자산관리의 비극은 소득과 지출의 미스매치에서 시작된다. 청소년기는 소득보다 지출이 많아 누군가 소득을 지원하지 않으면 지출을 크게 줄여야 한다. 청소년기의 지출은 주로 교육임을 감안하면 교육을 잘 받을 수 없다는 뜻이다. 과거에는 실제로 가난한 가정의 아동들은 교육을 받지 못했다. 하지만 이제 중학교까지 의무교육이 되면서 국가의 지원으로 교육을 받을 수 있다. 청소년기는 국가와 부모의 보조로 필요한 지출 수준을 유지한다.

청년기~중년기는 소득이 지출을 초과하는 흑자 기간이다. 초과된 소득은 노년기의 적자 기간을 대비해서 자산으로 축적한다. 이 시기는 자산이 축적되는 기간이다. 그런데 노년기에 접어들면 다시 근로소득보다 지출이 많아지는 적자 인생에 접어든다. 그 부족분을 중년기에 축적한 자산에서 인출해 쓴다.

만일 생애에 걸쳐 소득이 있는 만큼 지출을 해버리면 지출의 변동이 심해진다. 청소년기에는 교육이나 양육을 받지 못하고 노년기에는 생계가 어려워진다. 따라서 생애자산관리란 '생애에 걸쳐 지출의 변동을 줄여 생애 전체의 지출을 극대화하는 것'이다. 수익률의 변동성을 줄여 전체수익률을 극대화하는 돈 버는 전략과 유사하다. 생애지출을 극대화하기 위해서는 소득의 얼만큼을 저축할지에 관한 저축 수준, 저축한 자산의 효과적 운용, 은퇴 시점을 언제할지 등의 의사결정이 필요하다. 그리고 이를 자산 측면에 초점을 맞추어 보면 자산의 축적과 인출의 과정이라 할 수 있다.

축적과 인출의 대서사시

25세부터 소득이 있다면 대략 35년은 축적의 과정일 것이다. 그리고 이후 30년은 인출의 과정이다. 그렇게 본다면 축적과 인출은 60년이 훨씬 넘는 과정이니 삶은 축적과 인출의 대서사시라 해도 과언이 아니다. 영웅들만 대서사시를 쓰는 것이 아니라 여러분들도 생애에 걸쳐 자산관리라는 대서사시를 쓰는 셈이다. 대서사시의 과정인 축적과 인출은 완전히 다른 길이므로 그 특징을 잘 알아둘 필요가 있다. 마치 산을 오르는 것과 내려오는 것만큼 다른 차원이다.

축적은 근로소득이나 사업소득을 수단으로 하여 자산 축적을 목표로 한다. 이때는 돈을 안정적으로 잘 버는 '나'라는 인적자본이 중요하므로 인적자본의 가치를 높이기 위해 자신에게 적극적으로 투자해야 한다. 만일 인적자본이 손상되면 근로소득을 잃을 수 있으므로 인적자본이 손상될 것에 대비해 생명보험이나 상해보험에 가입한다. 또 이 기간은 저축을 통해 자산을 효과적으로 증식시켜야 하므로 자산운용이 중요해진다. 주식의 비중을 얼마나 가져갈지에 관계된 자산 배분이다. 축적할 때는 주식과 같은 투자자산이 가장 좋지만 사람들은 이상하게도 안전 자산을 가지려고 주식을 너무 과소하게 보유한다. 이를 일컬어 주식시장참여퍼즐stock market participation puzzle이라 부른다. 축적기의 자산 축적의 모양은 〈그림 7-1〉에서 보듯이 비선형적이며 지수적exponential이다. 이는 자산 축적의 복리 효과를 반영한 것으로 시간이 길어질수록 자산이 빠른 속도로 증가하는 것을 보여 준다.

  인출은 축적과는 수단과 목적이 정반대다. 인출은 축적된 자산을 수단으로 은퇴 시기에 필요한 소득을 만들어 내야 한다. 축적기에는 소득이 수단이고 목적이 자산 축적이라면 인출기에는 축적된 자산이 수단이고 은퇴소득 창출이 목표가 된다. 인출은 축적보다 더 까다롭다. 축적기에는 근로소득이 있기에 적립식으로 적정한 투자자산을 보유하면 된다. 무위험자산과 위험자산의 배분 비중, 즉 투자자산을 얼마나 보유할지가 중요하다. 하지만 인출은 돈을 꺼내써야 하고 수명 불확실성으로 언제까지 은퇴소득을 만들어야 하는지도 계산하기 쉽지 않다. 그 외 물가의 불확실성 등 여러 가지 난

그림 7-1. 생애자산관리의 자산 축적과 자산 인출

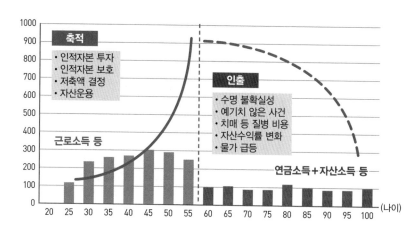

관이 많다. 따라서 이 시기는 무위험소득과 위험소득의 '소득' 배분
이 중요하며 이를 위해서는 종신연금, 계좌인출연금과 같은 상품들
을 잘 배분하는 것이 중요하다.

인출기의 자산은 〈그림 7-1〉에서 보이는 것처럼 축적에서 보는
지수 움직임이 아니다. 오히려 인출 초기에는 자산이 빨리 감소하
지 않다가 인출 중반기를 넘어가면 자산이 급하게 줄어드는 모양
이다. 인출 초기에는 아직 자산이 많을 때여서 생활비를 인출한다
고 하더라도 축적된 자산에서 나오는 배당이나 이자 등의 소득으
로 많이 충당한다. 하지만 계속 인출해서 쓰다 보면 자산이 줄게 되
고 그러면 배당이나 이자가 줄어들 수밖에 없다. 인출액이 배당이

표 7-1. 축적과 인출의 차이

구분	축적	인출
현금흐름	주기적 소득 유입	자산에서 주기적 유출
특성	인적자산을 금융자산으로 전환 ➡ 근로소득을 활용하여 목돈 마련	금융자산에서 금융소득 창출 ➡ 축적한 자산에서 주기적 현금흐름 창출
리스크	인적자산 손상, 낮은 수익률	장수 리스크, 자산 고갈
투자 실패 영향	새로 유입되는 자금으로 투자 회복의 기회 있음	투자에 실패해도 자금 유출이 계속되기 때문에 투자 회복이 어려움
금융 상품	생명보험, 상해보험, 투자	연금, 계좌 인출, 하이브리드
수익률 순서	후반 수익률이 중요	초반 수익률이 중요
자산배분	무위험 자산과 위험 자산	무위험 소득과 위험 소득
퍼즐	주식 과소 보유	낮은 연금화 비율

나 이자를 훨씬 초과하게 되면 자산은 빠른 속도로 줄어들게 된다. 축적기에는 자산이 복리 효과로 크게 증가할 때인 50대를 전후하여 자산운용을 잘 해야 하며 인출기는 자산이 극대화된 인출 초기에 관리를 잘 해야 한다. 결국 60세를 정년으로 본다면 그 전후한 50대와 60대에 자산관리가 중요하다.

동적자산배분

생애에 걸쳐 자산 축적과 자산 인출을 설정할 때 자산의 배분을 어떻게 가져가야 할까? 이는 나이에 따라 주식과 채권의 비중을 조정하는 문제이다. 예를 들어 젊을 때 주식과 채권의 배분 비율이 60:40이었다면 나이가 들면 40:60으로 위험자산의 비중이 낮아지고 안전자산의 비중이 높아지는 것이다. 젊을 때와 나이가 든 후는 자산배분이 동일하지 않아야 하며 나이가 들수록 위험자산의 비중이 낮아져야 한다. 시간이 흐를수록 주식 비중이 낮아지고 채권 비중이 높아져야 하는 것이다. 이처럼 시간에 따라 자산배분의 비중이 달라지므로 이를 동적자산배분이라 한다. 생애자산배분은 동적자산배분이 본질이다.

왜 젊을 때는 주식과 같은 위험자산의 비중을 높이고 나이 들어서는 안전자산의 비중을 높여야 할까? 젊을 때는 위험을 수용해도 되고 나이 들면 위험을 가급적 피해야 하는 이유가 무엇인가? 젊을 때는 근로소득이 있고 노년에는 돈을 벌지 못하기 때문이다. 젊을 때는 주식 자산에서 손실을 보아도 자신의 근로소득으로 계속 투자할 수 있지만 노년에는 안정적인 월급이 없으므로 고수익 자산에 투자했다가 손실을 보면 치명타를 입는다.

동적자산배분을 상품으로 구현한 것이 TDF**Target Date Fund**이다. 개인이 자산배분 비중을 조절하지 않더라도 시간에 따라 자동으로 자산배분을 바꾸어 주는 상품이다. 여기서 목표시점은 은퇴시점을

그림 7-2. TDF(타깃데이트펀드)의 동적자산배분

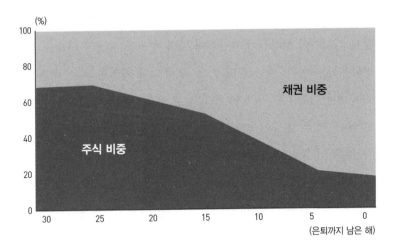

말하며 펀드의 운용전략은 은퇴시점까지 점진적으로 주식의 비중을 줄여 가는 것이다(그림 7-2).

금융기관의 자산배분은 주식, 채권, 부동산, 대체자산의 비중이 시간의 흐름에 관계없이 대략 일정한 데 반해 인간이 개입되어 있는 생애자산관리는 젊을 때와 노년일 때의 근로소득이 다르므로 동적자산배분을 해야 한다. 그렇다면 주식과 채권의 비중을 나이에 따라 얼마나 다르게 해야 할까? 30대, 40대, 50대, 60대의 주식 비중은 얼마여야 하는가? 이를 계산하기 위해서는 인적자본 개념이 도입되어야 한다. 인적자본을 정의하고 그 정의를 통해 인적자본의 크기를 계산하고, 인적자본과 금융자산을 같이 포함시켜 최적 자산배분을 해야 하는 것이다.

인적자본과 주택자산

생애자산관리에서 '나'라는 자산이 중요한 역할을 한다. '(주)나'라고 볼 수 있다. (주)나는 소규모고 비상장이며 미래의 연봉이나 임금 상승을 위해 자원을 투자하는 중이다. 나는 최고경영책임자이자 최고재무책임자, 그리고 이사회 의장으로서 주주 가치를 극대화하고 회사가 직면한 리스크를 최소화한다는 목표로 회사를 운영한다.

(주)나는 모기업인 (주)부모의 자회사로 설립되어 20년간 (주)부모의 재무상태표상 자산이나 부채로 기록된다. 재무적 관점으로 볼 때 (주)나는 수익성이 높은 투자가 아닐 가능성이 높다. 투자에 대해 의미 있는 배당을 꿈꿀 수도 없다. (주)부모는 (주)나가 분사하는 날을 손꼽아 기다린다. 생애주기가 진행되면서 (주)나는 합병의 기회를 맞이하게 되는데 이 합병은 '결혼'이라 불린다. 결혼을 통해 두 회사의 자산이 모두 성공적으로 통합되고 운영상의 문화적인 차이도 잘 극복했다면 (주)나는 새로운 회사 '(주)가계'로 태어난다. (주)나는 인적자본이 지닌 생산성이 가장 큰 자산인데 이는 젊을 때 더 가치가 크고 시간이 지날수록 감소한다.[2]

생애자산배분을 할 때는 금융자산만이 아니라 인적자본도 포함시켜야 한다. (주)나도 하나의 자산이기 때문이다. 예를 들어 소득이 많고 안정적인 사람은 주식의 비중을 높여도 된다. 반면에 소득이 낮고 불안정적인 사람은 주식의 비중을 낮추어야 한다. 공무원은 근로소득이 안정적이므로 마치 국채를 갖고 있는 것과 같다. 때문에 주식 비중을 높여도 된다. 반면 프리랜서는 소득 변동이 워낙 크기 때문에 안전자산을 갖고 있는 것이 좋은 포트폴리오다. 이처럼 인적자본이 공무원이나 교사처럼 국채에 가까운 사람도 있고 수입이 일정하지 않은 주식 같은 사람도 있으므로 나의 인적자본 특성에 따라 자산배분이 달라져야 하는 것이 생애자산관리의 특징이다.

가계가 보유하는 두 번째로 큰 자산은 주택자산이다. 주택을 구매하게 될 경우 몸을 의탁할 장소가 생기고 가격이 오르면 자산 가격이 증가한다. 즉 투자재와 소비재 두 가지 성질을 가진다. 장기적으로 물가가 오르면 주택 가격도 오르며 주택담보대출을 통해 자금을 확보할 수도 있다. 또한 거주하는 집이라 가격이 급락하더라도 바로 팔지 않는다. 투자재로서 장기투자에 유리한 면이 있다.[3] 그러나 주택은 낱개로 구매할 수 없기 때문에 분산 투자가 불가능하고 유동성 확보가 어렵다. 담보 대출이 있는 상황에서 주택 가치가 떨어지면 주택이 압류되는 상황을 맞이하게 될 수도 있다. 주택 구매는 통상 대출을 통해 이루어진다. 이러한 대출 상품에는 여러 옵션이 존재하며 리스크와 혜택이 다르기 때문에 선택이 중요하다. 장기 고정금리 또는 변동금리 대출을 받을 것인지 만기를 얼마로 설정할 것인지 등을 본인의 예산 상황에 맞춰 결정해야 한다. 예산이 이자 변동을 감당할 수 있을 정도로 여유롭다면 변동금리로 대출을 받는 것이 더 유리하고 현금 상황이 빡빡한 편이라면 고정금리로 대출하는 것이 더 안전하다.

주택자산 구매는 모기지mortgage라는 장기대출을 통해 이루어지고 노년에는 역모기지reverse mortgage를 통해 주택자산에서 현금흐름을 만들 수 있다. 모기지로 주택을 사고 대출을 다 갚은 뒤 다시 주택을 담보로 대출을 받는 역모기지 방식으로 주택연금을 받는 것이다. 주택자산은 자산배분의 대상이라기보다는 주거 목적으로 우선적으로 구입하는 자산에 가깝다. 이는 젊은 시기에 주식의 보유 비중을 낮추는 역할을 한다. 평균-분산 최적화 기법에 기반하여 자산배분을 하는 것에 비해 젊을 때는 주택자산을 과다하게 주식은 과소 보유하게 만든다.

당신은 주식인가 채권인가?

생애주기 초창기에서 가장 중요한 것은 바로 인적자본 관리다. 여기서 인적자본은 유전적으로나 후천적 교육으로 습득한 능력이나 기술을 의미한다. 이를 통해 소득을 얻기 때문에 인적자본은 미래 소득이나 수입을 전부 합한 값으로 계산할 수 있다. 미래 수입에 대한 전망이 좋을수록 인적자본의 가치가 높아진다. 젊을 때는 순자산은 적지만 향후 소득을 창출해 낼 시간이 많이 남아 있으므로 실제로 많은 자산을 지닌 셈이다. 이는 실제 현금흐름을 만들어 내기까지 오랜 시간이 소요되는 광산이나 유전을 보유한 기업과 동일한 상황이다.

재무적으로 올바른 판단을 하기 위해서는 인적자본의 가치도 전체 자산의 합에 포함시켜야 된다. 가계에서 올바른 판단을 할 때 인적자본이 핵심이 되어야 한다는 개념은 1992년 노벨 경제학상을 받은 게리 베커에 의해 널리 알려졌다. 그는 미국의 인구조사국 자료를 활용하여 교육에 투자할 경우 상당한 성과를 거둘 수 있다는 점을 입증해 냈다. 베커 교수는 교육에 돈을 쓰는 것이 소비나 지출과 대조되는 최상의 투자라는 주장을 펼쳤다. '나'라는 인적자본 개발에 많은 시간과 노력을 들일수록 부채는 쌓일 수 있지만 인적자본의 가치는 수십억 원으로 높아진다. 만일 개발에 많은 시간과 노력을 들이지 않을 경우 인적자본 수익률은 상당히 낮을 수밖에 없다. 베네수엘라는 원유 매장량은 세계 1위지만 많은 사람들이 그 나라를 탈출하여 이웃 나라로 가고 있다. 유전이 개발해야 가치가 있듯이 당신의 인적자본도 개발해야 한다.

생애자산관리는 바로 이러한 인적자본을 금융자산으로 효과적으로 이전하는 과정이라 할 수 있다. 인적자본에서 소득이 나오면 (월급을 받으면) 지출하고 나머지를 저축하며, 저축은 금융자산(혹은 주택자산)으로 쌓인다. 지출관리를 효과적으로 하고, 여기에서

그림 7-3. 총자산에서 인적자본과 금융자산의 비중 변화

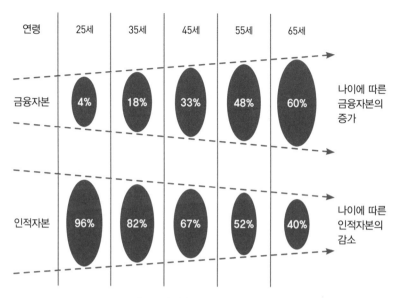

자료: 모셰 밀레브스키(2013), 《당신은 주식인가 채권인가?》, p.60

저축된 돈을 효과적으로 운용하면, 인적자본에서 금융자산으로 이
전되는 과정을 통해 금융자산을 많이 축적할 수 있다. 같은 월급을
받더라도 금융자산의 축적 속도가 다른 이유는 저축 규모와 운용
수익률 차이 때문이다. 인적자본과 금융자산을 합한 총자산은 시간
이 지남에 따라 증가하지만 그 배분은 변한다. 젊을 때는 인적자본
의 비중이 높고 나이 들어서는 금융자산의 비중이 높아진다. 그리
고 은퇴하게 되면 축적된 금융자산에서 금융소득을 만들어 호랑이

$$\text{인적자본} = \frac{I_1}{(1+r)^1} + \frac{I_2}{(1+r)^2} + \frac{I_3}{(1+r)^3} + \cdots + \frac{I_n}{(1+r)^n}$$

소득

이자율

일하는 기간

보다 오랜 삶을 누리게 된다. 그렇게 보면 생애자산관리의 중심축은 인적자본이라 볼 수 있다. 인적자본이 튼튼하지 못하면 금융자산의 축적도 더디며 결론적으로 노후준비도 부실해진다.

인적자본과 관련하여 세 가지 이슈가 제기된다. 인적자본을 구체적으로 어떻게 계산할 것이며, 인적자본은 어떤 특징을 지니는지, 인적자본과 가장 효율적으로 결합될 수 있는 금융자산은 무엇인지 여부이다. 첫째, 인적자본은 미래 소득흐름을 할인하여 위 식과 같이 계산할 수 있다. 이 식은 자산의 가치를 구하는 기본적인 식이다. 실제로 여러분의 미래 근로소득이나 사업소득을 분자에 넣고 이자율로 할인하면 인적자본이 계산된다. 여기에 따르면 인적자본은 I가 클수록, n이 클수록, r이 낮을수록 높아진다. I는 소득이며, n은 일하는 기간이다. 결국 소득이 높고, 일하는 기간이 길고(늦게 은퇴하고), 이자율이 낮으면 인적자본의 가치가 높아진다. 나에 대한 교육투자 등을 통해 I를 높이고 n을 크게 할 수 있지만 r은 시장에서 결정되는 값이어서 나의 통제 밖이다. 젊을 때는 n이 커서 인적자본이 많지만 나이 들어서는 n이 작아지니 인적자본이 급감

한다. 한편 이자율이 낮아지면 사람의 가치가 높아지는데, 2000년 대에 저금리가 되면서 확정소득을 받고 직장이 안정된 공무원이나 교사의 인기가 높아진 것은 금리가 낮아져서이기도 했다.

이 간단한 가치 산정 방식은 실제로 사람의 가치를 산정할 때 사용된다. 미국에서 2002년 9.11 사고 이후 5500명이 넘는 희생자와 부상자에 대한 보상 기금을 계산했는데 그 기금의 배분은 결국 인적자본을 측정하는 것과 유사한 방식으로 진행되었다. 소득 수준이 0달러인 사람은 평균 보상금이 78만 8000달러인데 반해 소득이 10만 1000달러~19만 9999달러인 사람들은 평균 230만 달러를 보상 받았다.[4]

둘째, 인적자본은 주식과 채권 중 어떤 자산과 유사할까? 사람을 주식이나 채권 같은 금융자산과 동일시하는 데 강한 거부감을 느낄 수 있지만 생애 자산관리의 출발점이자 뼈대는 '나'를 객관화시켜 자산의 관점에서 보는 것이다. 인적자본은 비교적 소득의 흐름이 일정하므로 채권과 유사하다. 대기업에 다니는 A씨가 있다. 건강에 큰 문제가 없다면 퇴직 때까지 채권의 이자처럼 근로소득을 받을 것이다. 채권의 이자는 고정되어 있는 반면에 근로소득은 물가에 따라 오르기 때문에, 엄밀히 말하면 A씨는 이자가 물가에 연동되어 지급되는 채권과 같다. A씨의 규칙적인 생애 현금흐름만 볼라치면 금융전문가들은 A씨를 사람이 아닌 채권이라 생각할 것이다. 실제로 학자들은 사람을 채권으로 본다.[5]

마지막으로 인적자본과 효율적으로 결합되는 금융자산은 무엇인가? 어떤 금융자산을 가져야 효율적 자산배분이 될까? A씨의 첫째 과제는 현금흐름을 창출하는 자신을 보호하는 것이다. 행여 자신이 크게 다치거나 사망하면 가족의 현금흐름이 끊기기 때문이다. 그래서 젊을 때는 생명보험이나 상해보험에 가입한다. 별일 없다면 꼬박꼬박 낸 보험료는 잃은 셈이지만 월급이 꾸준하게 들어와 현금흐름이 유지되며, 혹 크게 다치면 월급은 들어오지 않지만 보험금이라는 현금흐름이 월급이 없어진 것을 보완해 준다. 하지만 퇴직 후에는 생명보험에 가입할 필요가 없다. 그때는 소득을 벌지 못하니 인적자본을 보호할 이유가 줄어들기 때문이다. 오히려 자신이 돈을 못 벌면서 오래 사는 경우에 의외의 지출이 발생하니, 이에 대비하여 종신연금을 준비해야 한다. '퇴직 전 생명보험·퇴직 후 종신연금'으로 인적자본의 현금흐름을 보호하는 것이다.

한편 A씨는 자신의 인적자본에서 나오는 현금흐름을 보험과 연금을 통해 보호해야 할 뿐만 아니라 근로소득이 없는 노후에 대비하기 위해 자산을 축적해야 한다. '가장 좋은 친구는 나와 다른 친구'라는 말이 있듯이 나에게 가장 좋은 자산은 '내가 보유한 자산과 다른 자산'이다. 채권 덩어리인 젊은 나이의 A씨는 주식을 보유하는 것이 정답이다. 하지만 A씨는 나이가 들면 인적자본의 양이 줄어들기에 채권의 비중을 늘리고 주식의 비중을 줄여 가야 한다. 이것이 앞에서 살펴본 동적자산배분이다.

생애자산관리의 중심에는 인적자본이 있다. 인적자본을 중심으로 자산배분을 결정해야 한다. 동적자산배분도 인적자본의 변화에서 비롯된 것이다. 생애자산관리를 할 때 다음 물음을 꼭 머리에 떠올려 보자. '나는 주식인가, 채권인가?'

두 가지 퍼즐 이야기

생애자산관리에서 생애라는 긴 기간은 가계 수지가 적자로 전환되는 시점을 기준으로 축적과 인출로 크게 나뉜다. 축적은 수익률 위험을 통제하면서 자산 축적을 극대화하기 위해 노력하고 인출은 장수 리스크를 감안하여 은퇴 소득을 극대화해야 한다. 문제는 이 과정에서 자산배분이나 상품배분이 합리적으로 이루어지지 않는 것이다. 축적과 인출 과정에는 주식시장참여퍼즐과 연금퍼즐 **annuitization puzzle**이 있다. 퍼즐이라 이름 붙인 것은 축적과 인출 과정에서 이해되지 않는 비합리적인 행동을 하기 때문이다.

축적 과정에서 나타나는 주식시장참여퍼즐은 젊을 때 주식의 비중이 지나치게 낮은 현상을 말한다.[6] 젊을 때는 채권 속성을 가진 인적자본이 많기에 주식을 보유하는 것이 잘 분산된 포트폴리오다. 이들에게는 투자할 기간이 많이 남아 있으므로 장기적으로 주식수익률의 변동성이 줄어든다. 따라서 인적자본이 풍부하고 투자

기간이 장기인 젊을 때는 주식을 많이 보유해도 된다. 그럼에도 현실에서는 주식시장 참여율이 낮다. 우리나라는 이 퍼즐이 극명하게 나타나서 퇴직연금에서 주식의 비중이 10% 수준에 불과하다.[7] 너무 과소하게 편입되어 있다. 이러한 자산배분으로 자산을 증식시키기는 어렵다. 미국은 이에 대해 집요한 연구와 실행을 통해 퇴직연금 401(k)의 주식 비중을 50% 수준으로 높였다. 여전히 낮다고 생각할 수 있지만 이것은 젊은 층과 노년층 주식 비중을 모두 평균한 것이다. 동적자산배분에 따라 연령이 높아질수록 주식의 비중이 낮아지는 것을 감안하면 평균 50%의 주식비중은 적절하게 생애자산 관리를 한다고 볼 수 있다.

인출할 때는 연금화를 통해 노후의 안정적인 소득을 확보해야 하는데 이렇게 행동하지 않고 일시금으로 인출하는 경향이 많다. 이를 연금퍼즐이라 한다. 실제로 합리적인 개인이라면 수명이 불확실한 노후에는 종신연금이 가장 좋은 수단이다. 수명 불확실성을 종신연금을 지급하는 국가나 금융기관이 떠안기 때문이다. 그럼에도 세계적으로 종신연금 수요는 낮으며 특히 우리나라는 극명하게 낮게 나타난다. IRP의 연금화 현황을 보면 계좌수 기준으로는 7.1%만이 연금화를 했다. 92.9%가 일시금으로 인출했다는 뜻이다.[8]

주식시장참여퍼즐과 연금화퍼즐은 일찍부터 서구 사회에서 제기되었고 이후 미국이나 호주는 축적기에 연금 계좌의 주식 비중

표 7-2. Young Guy와 Old Guy의 주식 보유

	Young Guy	Old Guy
인적자본	많음 ➡ 채권자산 풍부	적음 ➡ 채권자산 적음
투자 기간	장기 ➡ 주식수익률 변동성 낮아짐	단기 ➡ 주식수익률 변동성 커짐
주식 보유 비중	확대	축소

이 높아졌다. 하지만 여전히 연금화는 아직 충분히 활성화되지 않았다. 연금화가 얼마나 인간의 본성에 반대되는 것인지 사례를 보자. 영국은 연금 의무화 정책으로 2015년 4월 이전에는 연금자산의 75% 이상을 종신연금으로 수령하도록 의무화하고 25%까지만 비과세로 일시금 인출을 허용했다. 그런데 2015년 4월부터 은퇴자들이 소득세를 납부하면 원하는 금액을 자유롭게 인출할 수 있도록 정책을 바꾸었다. 획기적인 사건이었다. 그 이후부터 2017년 3월까지 인출 개시된 개인연금 3만 건을 조사해 보니 54%는 일시금, 32%는 계좌인출연금, 나머지 14%만이 연금보험에 가입한 것으로 드러났다. 2020년 현재는 종신연금 비중이 10%, 일시금 인출 비중이 60%에 이른다. 사람들은 내버려두면 일시금으로 목돈을 인출하고자 하는 본성이 있는 것이다.[9]

이러한 문제를 인식한 네덜란드는 인출 때 모두 종신연금에 가입하도록 강제화하고 있다. 네덜란드는 축적과 인출의 두 가지

퍼즐을 정책적 강제로 극복하고 있다. 축적기에는 CDC Collective Defined Contribution를 통해 퇴직급여를 집단으로 운용하여 주식의 과소 비중 퍼즐을 해소하고, 인출 때는 종신연금을 강제화함으로써 연금화퍼즐을 해소한다.[10] 그만큼 이 두 퍼즐은 인간의 본성과 관련된 것이고 두 퍼즐을 해소하려면 시스템 2를 작동하게끔 해야 한다. 미국이나 호주는 행동경제학적 방법을 도입하여 두 퍼즐을 극복한다.

우리나라는 주식시장 과소 참여와 불충분한 연금화 문제가 극명하다. 주식의 보유 비중이 극단적으로 낮고 연금으로 인출하는 비중이 극단적으로 낮다. 생애자산관리가 효과적으로 이루어지지 않는다는 뜻이다. 생애자산관리에서 꼭 해결되어야 할 과제다. 축적할 때는 주식의 비중이 더 높아져야 하고 인출할 때는 연금의 비중이 더 높아져야 한다. 행동경제학의 개념을 빌리자면 생애자산관리는 시스템 1을 억누르고 시스템 2를 발동시켜야 하는데 우리는 여전히 시스템 1을 발동시켜 생애자산관리를 하고 있는 것이다.

인출 시기에 직면하는 세 가지 리스크

생애자산관리는 인출이 훨씬 까다롭다. 축적 때는 주식의 비중을 얼마나 가져갈지의 고민 이외에는 별다른 것이 없다. 직장에서 열심히 일해서 소득의 일정 부분을 꾸준하게 투자하면 된다. 그리고 투자시장의 급락으로 자신의 자산가치가 떨어져도 근로소득으로 생활비를 충당할 수 있으며 저축하는 돈으로 급락한 투자시장에서 싼 주식을 매수하게 된다. 어려운 상황이 닥쳐도 그 여파가 크지 않은 것이다. 하지만 인출은 차원이 다르다. 자산을 팔아서 생활비로 써야 한다. 몇 번 수익률이 급락하면 인출하는 돈까지 더해져서 잔고가 급속하게 줄어든다. 이러한 어려움 이외에 은퇴소득을 만드는 데는 '구매력 리스크, 장수 리스크, 수익률 순서 리스크'라는 세 가지 리스크가 있다.

먼저 **구매력 리스크**를 보자. 노후에는 예금이 안전하다고 한다. 그럴까? 베네수엘라는 2018년에 공식적으로 물가가 13만 퍼센트 올랐다. 10억 원의 현금이나 예금을 들고 있었으면 돈의 구매력은 77만 원에 불과하다. 1억 원이면 7만 7000원이다. 이전에는 1억 원 돈으로 1억 원 물건을 샀다면 인플레이션 이후에는 1억 원 돈으로 7만 7000원 정도의 구매력만 갖게 된 셈이다. 예금은 물가에 취약하다. 젊을 때는 물가가 오르면 임금도 오르지만 나이 들어서는 근로소득이 없기에 물가가 오르면 같이 따라 오를 소득이 없다. 국민연금은 물가만큼 오르지만 생활비에서 차지하는 비중이 낮다. 이렇다 보니 **물가상승에 취약한 노년기에 물가상승에 취약한 예금을 보유하는 모순적인 상황에 처한다.** 구매력 역시 복리로, 시간이 길어질수록 큰 폭으로 하락한다. 3% 물가상승률이면 30년 후에 구매력이 41%에 불과하다. 노년에는 물가상승을 헤지할 수 있는 자산을 가져야 하는 이유다. 인플레이션은 이처럼 현금을 가진 사람의 부를 갉아 먹는다. 그래서 노후에 다가오는 침묵의 살인자는 고혈압과 물가라고 하지 않는가.

두 번째로 **장수 리스크**에 직면한다. 몇 년치 은퇴소득을 만들어야 하는지가 문제다. 생명표 기준으로 60세 남성은 75세 이전에 사망할 확률이 22%이며, 또 91세까지 생존할 확률도 21%다. 60세 친구 5명 중 1명은 75세 이전에 죽고 5명 중 1명은 91세까지 사는 셈이다. 은퇴소득을 91세까지 계획했는데 75세 이전에 사망할 확률과 75세까지 계획했는데 91세까지 생존할 확률이 같다면 어느 수명 장단에 맞추어야 할지 난감하다. 평균 수명에 맞춘다고 해도 문제는 해결되지 않는다. 이를 해결해 주는 것이 일찍 죽은 사람이 오래 산 사람을 보조해 주는 종신연금이다.

장수 리스크로 최근에 떠오른 또 하나는 자산관리능력의 상실이다. 나이가 들수록 인지증(치매)의 비율이 높아지므로 장수는 자산관리능력의 상실 위험이 있다. 그래서 고령 후기에는 자산관리가 자동으로 되게 하는 것이 좋다. 종신연금이나 배당금 등으로 소득이 월급처럼 들어오게 해야 한다. 은퇴자산 관리에서 고령 전기는 스스로 계좌에서 자산관리를 하면서 필요한 금액을 인출하는 방법을 쓴다면, 고령 후기에는 자동으로 인출되도록 해야 한다. 소위 '선 계좌·후 연금'이다.

마지막으로 **수익률 순서에 따른 리스크**다. 투자를 통해 은퇴소득을 만들 경우 퇴직 직후에 주식 수익률이 좋았는지 아니면 퇴직 후반에 좋았는지에 따라 은퇴소득의 크기와 지속 기간이 달라진다. 간단한 예를 들어 보자. 투자수익률이 3년 동안 (+27%, +7%, -13%)인 경우와 (-13%, +7%, +27%)인 경우가 있다. 연 투자수익률은 5.7%로 같지만 수익률 순서가 다르다. 1억 원을 지금 투자하고 3년 뒤에 찾는다고 하면 수익률의 순서가 어떻든 간에 3년 뒤에 돈은 1억 1800만 원으로 동일하다.

하지만 1억 원 돈을 갖고 매년 2000만 원을 인출하는 경우는 결과가 다르다. 위의 예처럼 초기 수익률이 +27%로 높고 뒤에 수익률이 낮은 경우 3년 뒤에 6220만 원이 남는다. 한편 초기 수익률이 -13%로 낮고 뒤에 수익률이 높은 경우에는 4560만 원만 남는다. 초기에 수익률이 좋은 것이 유리하다. 이유는 간단하다. 인출을 하면 자산은 계속 줄어드니 자산이 가장 많은 인출 초기에 수익률이 높은 것이 이득이다.

따라서 은퇴 초기 주식 시장이 좋으면 노후를 풍요롭게 보낼 수 있다. 하지만 은퇴 초기에 2008년 글로벌 금융위기 혹은 1929년 대공황과 같은 사태를 겪는다면 노후의 삶이 팍팍해진다. 실제로 영국에서 은퇴기간 30년으로 설정하여 은퇴 초기 수익률이 은퇴 소득 지속 가능성에 미치는 영향을 살펴보았다. 은퇴 후 첫 번째 10년의 실질수익률과 지속가능한 인출률과의 상관관계는 0.83이었으며 지속가능한 인출율 변화의 69%를 은퇴 후 첫 번째 10년 수익률이 설명한다. 명목수익률의 경우에도 은퇴 후 첫 번째 10년의 수익률이 30년 전체의 수익률보다 인출의 안정성에 더 큰 영향을 주었다.[11] 은퇴초기 수익률이 영향을 준다고 해서 주식시장을 전망해서 은퇴할 수도 없고 모두 현금을 꽁꽁 쥐고 있을 수도 없다. 딜레마다.

그렇다면 은퇴자는 수익률 순서 리스크에 어떻게 대처해야 할까? 상품배분을 잘해야 한다. 은퇴 자산을 구성할 때 리츠나 연금처럼 소득이 꾸준히 나오는 소득자산의 비중을 높이는 것이 좋다. 리츠는 꾸준하게 높은 배당을 주기 때문에 자산을 팔지 않고 생활비를 인출할 수 있다. 종신연금은 시장 상황에 관계없이 평생 정액의 연금을 지급한다. 변액연금은 투자와 연금의 성격이 더해진 것이라 잘 활용하면 수익률 순서 리스크에 대처하는 좋은 수단이 된다. 변액연금은 투자 리스크가 있지만 다양한 최저 보증 기능이 있어 주식시장이 급락해도 안전판을 제공한다. 미국은 2000년대 이후 금리가 낮아지고 주식시장 변동성이 커지면서 '최소수익보장 지수형 연금'과 '구조화 연금' 등이 은퇴자들을 위해 출시된 바 있다. 인출 때는 적합한 상품선택이 중요하다.

근로소득이 제로일 때 해야 할 상품배분

자산을 축적할 때는 주식, 채권, 부동산 등의 자산배분이 중요하다. 이는 전통적인 자산운용 방식인 평균-분산 최적화 모형으로 가능하다. 하지만 인출 때는 다르다. 노벨 경제학상을 수상한 머튼 교수는 노후에 안정적인 현금흐름이 절대적으로 중요하므로 은퇴 후에는 자산관리의 목표를 자산asset에서 소득income로 바꾸어야 한다고 했다. 관점이 달라지면 상품의 리스크도 달라진다. 자산 관점으로 보면 장기물가연동채권은 위험자산이다. 금리나 물가가 변하면 가격이 크게 움직이기 때문이다. 하지만 소득 관점에서 물가연동채권은 물가에 연동된 이자금액과 원금을 제공하므로 더 없이 안정적인 소득흐름을 갖는다. 소득 관점에서 물가연동국채는 무위험 소득인 셈이다.[12] 반면에 1년 예금은 자산 가격은 변하지 않아서 안전자산에 속하지만 매년 이자율이 변하기 때문에 이자 소득이 금리변동에 연동한다. 자산 관점에서는 예금이 안전자산이지만 소득 관점에서는 물가연동채권이 더 안전하다. 이처럼 인출 때는 관점을 안정적인 소득흐름이라는 소득 관점으로 바꾸어야 하며, 이렇게 되면 자산배분보다는 안정적인 소득을 창출하는 상품배분이 중요해진다. 소득에 관련된 상품은 크게 세 가지군으로 나눌 수 있다.

우선 종신연금이다. 죽을 때까지 일정한 연금액을 지급하는 상품으로 불확실한 수명의 문제를 푸는 데 최적화된 상품이다. 국민연금이나 민간의 종신연금이 이에 해당한다. 이 둘이 다른 점은 전자는 연금 지급액을 물가만큼 올려 주지만 후자는 대부분 정액의 연금액을 지급한다. 따라서 전자는 연금의 실질가치가 유지되지만 후자는 실질가치가 줄어든다. 종신연금에는 즉시연금과 이연연금이 있다. 즉시연금은 납입하면 그 즉시 연금액을 지급하는 반면 이연연금은 납입한 후 일정 기간이 지난 후(거치 후) 연금액을 지급한다. 이 중 이연되는 기간이 길어서 80세 정도 이후나 받는 것을 장수연금이라 한다. 예를 들어 60세에 1억 원 연금에 가입하면 20년 동안은 보험회사가 연금자산을 운용한 후 20년 뒤에 연금을 지급하는 식이다. 장수연금은 늦게 수령하는 만큼 연금액도 많다. 그래서 평균수명 이후의 은퇴소득을 대비하는 데 적절하다.

종신연금의 단점은 쌍방이 아닌 일방통행이란 점이다. 연금이 일단 개시되면 되돌릴 수 없으며, 중도에 연금을 취소하고 목돈을 인출할 수 없다. 비가역성과 비유동성이라는 특징이 있다. 종신토록 소득을 보장해 주지만 은퇴자금을 자유롭게 활용하는 데 제약이 있고 수익성도 낮다.

둘째, 증권 계좌 등에서 인출하는 것으로 시스템 인출, 소득 인출, 계좌 인출이라 부른다. 계좌에서 나오는 배당, 이자와 함께 자산을 매각한 돈으로 은퇴소득을 마련한다. 계좌 인출의 장점은 수익성과 자유성이다. 펀드나 증권 계좌는 고수익의 잠재성이 있으며 필요에 따라 자산을 매각해서 은퇴소득을 마련하는 데도 자유롭다.

반면에 자산가치가 급락할 수 있고 수명 불확실성에 대한 어떤 보장도 없다. 그러다 보니 자산의 수명과 자신의 수명을 일치시키기 쉽지 않다. 자신의 수명이 남았는데 자산이 소진되면 노후파산이며 자신의 수명은 끝났는데 자산이 많이 남았으면 살았을 때 충분히 지출하지 못한 셈이 된다. 노후파산이나 자린고비의 길을 걸을 가능성이 있다.

이러한 불확실성을 감안해서 월분배형 펀드, 물가연동국채, 리츠, 배당주 펀드, 인컴자산 등으로 꾸준한 현금흐름을 주는 자산을 많이 편입해야 한다. 또한 자신에게 맞는 최적의 인출 방식을 만들어야 한다. 지금 시중에는 확정금액형, 확정기간형, 연금 수령한도 방식 등의 인출 방식이 있지만 너무 단순하여서 자산 수익률 불확실성이나 수명 불확실성의 문제를 해결하지 못한다. 확정금액형은 인출금액을 확정하다 보니 계좌 잔고가 언제 소진될지 모르며, 확정기간형은 계좌 잔고의 소진 시점은 정했지만 인출 금액의 변동이 크다. 계좌 잔고의 변화에 따라 인출금액을 조정하는 인출 방식 등 시장변화에 탄력적으로 대응할 수 있는 보다 고도화된 인출시스템이 필요하다. 계좌가 주는 자유와 수익에는 불확실이라는 대가가 따른다. 불확실성을 잘 관리해야 좋은 은퇴소득을 만들 수 있다.

셋째, 종신연금과 투자를 적절하게 섞은 최저인출금보장상품이다. 시장 상황이 나쁠 경우에도 최저인출금액을 보장하는 상품이다. 종신연금은 수익성이 낮고 투자는 자산가치가 급락할 위험이

그림 7-4. 인출상품군의 세 가지 축

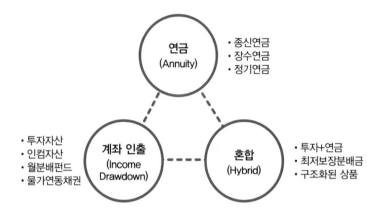

있어, 이들의 단점을 적절하게 보완한 상품군이다. 금융공학적으로 구조화해서 만드는 경우가 많다. 예를 들어 30년 동안 연금액을 지급하는데 최소지급률이 납입원금의 1%이며 주식 가격의 변화에 따라 연금 지급액을 늘려주는 상품이다.

종신연금이 전기차이고 투자상품이 가솔린차라면 최저인출금보장상품은 하이브리드차라고 보면 된다. 가솔린과 전기를 모두 장착하고 달리면서 특정 조건에서 가솔린과 전기를 바꾸어 사용하는 것이다. 주식시장이 나쁘면 연금이라는 엔진을 사용하고 좋으면 투자라는 엔진을 사용하는 셈이다.

인출할 때의 상품들은 위의 세 가지군으로 묶인다. 축적 때는 주식, 채권, 부동산을 적절히 섞는 등 자산배분이 효율적이어야 하는 반면에 인출을 통해 은퇴소득을 만들 때는 세 가지 인출상품군을 잘 섞어서 배분해야 한다. 축적과 인출은 완전히 다른 차원이므로 축적이 마무리된 사람들은 인출을 상품배분product allocation의 관점으로 보아야 한다.

8장

성실한 직장인의 뒤에는 연금이 버티고 있다

노후에는 연금만 한 게 없다.

— 필자의 어머니

올해 93세이신 필자의 어머니는 아버지가 남겨 두신 사학
연금으로 생활하고 계신다. 2년 전에는 연금액이 많아졌다고
해서 물가가 오른 만큼 반영된다고 설명드렸다. 어머니는 때
가 되면 무슨 일이 있든 어김없이 들어오는 연금만큼 좋은 것
이 없다고 하신다. 이처럼 생애설계의 기반은 연금에 있다.
우리나라 70대 초반 고용률이 40%에 가까울 정도로 높다.
그야말로 생계형이다. 이분들이 한참 돈을 벌 나이에 대한민
국은 공적, 사적 연금제도가 충실히 갖추어지지 않았다. 때문
에 노후를 대비하기 힘들었다.

반면 독일에서는 벤츠와 BMW를 타는 사람은 은퇴한 사람
들이라는 말을 할 정도로 연금을 통해 노후가 준비되어 있다.
우리도 연금은 모두 도입되었다. 하지만 아직 정착 과정이라
개인들이 자신의 연금을 잘 활용해야 하는 과제가 남았다. 국
민연금처럼 가만히 있어도 운용과 인출이 자동으로 되는 것
이 아니기 때문이다. 생애설계의 필수과목이 연금이다. 그러
니 확실하게 공부해서 체화시켜야 한다.

삶의 주춧돌이자 안전망

부고訃告 문자를 받아 보면 작고하신 분의 나이가 대부분 90대여서 80대 초반이면 조금 빨리 돌아가셨다는 생각을 한다. 그런데 최근 106세인 분의 부고 소식을 받았다. 아마 5년 정도 지나면 100세를 넘긴 분들의 부고를 더 자주 받게 되며 20년이 지나면 천수를 누렸다고 생각되는 나이가 100세를 훌쩍 넘을 것이다. 이런 세상을 잘 누리며 살 수 있는 삶의 지혜는 무엇일까?

기네스북에 등재된 가장 오래 산 사람, 잔 루이즈 칼망은 1875년에 프랑스에서 태어나 122년 164일을 살다 1997년 사망했다. 순종이 태어나던 다음 해에 태어나서 우리나라 외환위기가 일어나던 때까지 산 것이다. 122년이란 세월은 참으로 길고 길다. 그래서 잔 칼망은 "신이 나를 잊은 모양이다."라는 말도 했다. 이런 그녀의 오랜 삶을 지탱해 준 요인이 하나 있었으니 그게 바로 잔 칼망이 사적인 계약을 통해 고안해 낸 연금이었다.

칼망은 90세에 47세인 이웃집 변호사와 사적으로 주택연금 계약을 맺었다. 칼망이 사망하면 변호사에게 집을 주는 대신 변호사는 칼망에게 죽을 때까지 매월 일정한 생활비를 준다는 내용이다. 철저했던 칼망은 계약조건에 변호사가 먼저 죽으면 가족들이 대신 연금을 지급해 준다는 조항까지 넣었다. 당시의 변호사 입장이라면 이 계약을 하지 않을 이유가 없다. 칼망의 나이로 보건대 계약 다음

날 사망한다고 해도 이상할 것이 없었기 때문이다. 그런데 계약 후 30년이 지나도 칼망은 120세로 건재했고 오히려 변호사가 77세로 먼저 사망했다. 변호사는 그 당시로는 충분히 살았다. 칼망이 예상 외로 너무 오래 살았을 따름이다. 결국 변호사 가족이 2년 동안 생활비를 준 뒤에야 칼망의 집을 받을 수 있었다.

칼망의 예는 종신연금의 본질을 말해 준다. 오래 사는 리스크를 연금이 없애 준다. 이처럼 연금은 노후 삶의 주춧돌이다. 국민연금과 같은 종신연금은 공사장에 친 안전 그물망과 같다. 내가 혹시 오래 살더라도 혹은 금융사기를 당해 은퇴소득이 급감하더라도 나의 노후 '생존'을 보장해 주기 때문이다. 일본에서 노후파산을 해서 어렵게 사는 노인들은 공적연금이 미비한 사람들이다. 많지 않아 보이는 공적연금도 노후에는 생활을 영위하는 데 큰 힘이 된다. 지금은 10만 원이 보잘것없어 보이지만 30년 후에 공적연금 10만 원은 물가만큼 증가하여 24만 원이 넘는다(물가가 매년 3% 상승했다고 할 경우).

종신연금을 안전망이 아니라 수익 극대화로 보는 사람이 있다. 강의를 하며 국민연금 수령 시기를 연기하면 1년을 미룰 때마다 7.2%씩 연금액수가 많아지니 최대 5년을 미룰 경우 36%를 더 받을 수 있다는 얘기를 한다. 그러면 항상 따라 오는 질문이 있다. "몇 살까지 살면 본전을 뽑나요?" 그러고 나서 사람들의 의사결정은 "5년 있다 더 받는 것도 좋지만 일찍 죽으면 손해잖아요. 일단 먼저 받고 볼래요."로 귀결되는 경우가 많다. 이것은 수명을 예상하여 수익을 극대화하려는 행동이다. 개인의 수명은 예측이 불가능하다는 점에서 이는 도박을 하는 것이나 마찬가지다. **연금은 수명을 예측하여 판단하는 것이 아니라 예상치 않게 오래 살 경우에 대비하는 것이다.** 이런 오해는 연금을 바라보는 프레임의 차이에서 비롯된다.

종신연금을 보는 프레임은 투자 프레임과 소비 프레임이 있다. **투자 프레임**은 연금을 수익성 관점에서 본다. 연금의 총투자수익은 자신의 수명에 달려 있다. 연금을 가입하고 오래 살면 투자수익이 높아지지만 가입한 후 곧바로 사망하면 투자수익은 고사하고 원금마저 잃게 된다. 일찍 사망한 사람들이 늦게 사망하는 사람들에게 보조금을 주는 꼴이다. 그러니 연금을 투자 프레임으로 보는 사람은 대부분은 빨리 사망할까 봐 연금 가입을 주저한다. 의사결정의 근거가 예측할 수 없는 자신의 수명이다.

반면에 **소비 프레임**은 연금을 드는 것이 생애지출을 극대화할 수 있다는 관점으로 본다. 일반적으로 종신연금을 구입하면 다양한 만기의 채권을 구입하여 현금흐름을 만들어 지출을 충당하는 경우보다 더 많은 소비를 할 수 있다. 종신연금은 죽을 때까지 지급하므로 지금받는 연금을 수명 불확실성에 대비해서 저축할 필요 없이 모두 소비해도 되기 때문이다. 채권으로 지출흐름을 만들 경우 사망 시점과 돈이 소진되는 시점을 맞추기가 어렵다 보니, 사망 전에 돈을 모두 소진하게 될까 보수적으로 지출을 줄인다. 때문에 대부분 사망할 때 돈이 남는다. 남아 있는 돈만큼 생전에 소비를 못한 셈이다. 이것이 소비 프레임으로 보는 사람이 종신연금을 더 많이 선택하는 이유다.

프레임이 연금 선택에 영향을 주는지 실험을 해보았다.[1] 소비 프레임에서는 "이 연금을 구입하면 월 70만 원을 소비할 수 있다."라고 하고 투자 프레임에서는 "이 연금을 구입하면 월 70만 원의 수익을 얻을 수 있다."라고 했다. 결과는 투자 프레임을 제시받은 사람들이 연금을 덜 구입했다. 70만 원을 소비하는 경우 일찍 죽더라도 자신의 생전 소비에 문제가 없는 반면, 70만 원의 수익을 얻을 수 있다는 그룹은 일찍 죽으면 원금 대비 수익에 문제가 있다고 생각하기 때문이다.

연금을 어떤 프레임으로 보는 것이 맞을까? 경제학자는 연금을 '위험 감소 전략'으로 본다. 공적연금은 장수 리스크와 구매력 리스크를 없애 주기 때문이다. 이는 투자수익 극대화가 아닌 확정적인 지출을 중히 여기는 소비 프레임이다. 연금은 구매력 리스크와 장수 리스크를 줄여 생전에 지출을 극대화하는 상품인데도 불구하고 부지불식간에 자신의 수명을 두고 행해지는 도박으로 오인되고 있는 것이다. 연금을 보는 프레임을 소비 프레임으로 바꾸어야 한다. 연금은 수익이 아니라 안전망이다.

연금이 이렇게 안전망의 역할을 함에도 현실에서는 종신연금 가입률이 낮다. 이를 일컬어 연금퍼즐이라 부른다. 노후에는 발을 헛

디딜 때가 있다. 그때 그물망처럼 나를 보호해 주는 것이 연금이라는 사실을 명심해야 한다.

연금이 당신을 자유롭게 한다

기초가 탄탄할수록 삶의 자유도가 높아진다. 톰 크루즈가 주연한 〈잭 리처〉는 미국 육군 헌병 예비역 소령인 잭 리처가 미국을 떠돌아다니다가 마주친 어려운 사건들을 해결하는 이야기다. 특수부대 출신답게 수사의 권한이 없음에도 종횡무진 어려운 문제를 풀어나간다. 사건을 마무리 짓고 나면 다시 표표히 길을 떠난다. 잭 리처는 보수도 안 받는 일을 하면서 어떻게 살아갈까? 영화에 잭 리처가 연금을 인출하는 장면이 나온다. 잭은 연금이 있기 때문에 자신이 원하는 일을 하면서 자유로이 돌아다닌다. 공적연금이 탄탄한 사람들은 노후에 자신이 하고 싶었던 일을 하는 사람이 많다. 자유로운 삶을 즐기기 위해 공적연금을 수령할 수 있는 퇴직의 날을 기다리기도 한다.

연금이 넉넉하면 본인이 하고 싶은 일에 승부를 걸어 볼 수도 있다. 소득이 없으면 일을 시작했다가도 가시적인 성과가 없다고 중간에 그만 둘 수밖에 없다. 이는 99%까지 왔는데 포기하는 것일 수도 있다. 1도만 더 높이면 물이 끓는데 소득 뒷받침이 없어 못 기다리는 것이다. 하지만 연금이 탄탄하면 자신의 일로 승부를 볼 때까지 기다릴 수 있다. 그래서 노후에 자신의 전문성을 확립한 사람들은 연금이 탄탄한 경우가 많다. 1만 시간의 법칙처럼 전문가가 되려면 매일 5시간씩 5일을 일한다치면 7.7년 정도가 걸린다. 탄탄한 소득의 뒷받침이 없으면 지속하기 쉽지 않은 일이다.

연금이라는 기초가 마련되면 자산관리의 자유도도 높일 수 있다. 노후의 연금은 젊을 때의 월급보다 낫다. 월급은 아프면 못 받고 성과가 안 좋으면 승진을 못해 월급이 오르지 않지만 연금은 비가 오나 눈이 오나 물가상승만큼 매년 올려서 지급한다. 자산관리 중에 단기적으로 손실이 나도 연금소득으로 생활비를 충당 가능하다. 반면 연금소득이 없으면 손해가 난 자산을 매각해야 하며 싼값에 자산을 처분하게 될 수 있다. 조금만 기다리면 제값을 받는데 그 기다림이 어려운 것이다. 하지만 탄탄한 연금이 뒷받침된다면 자산을 좀 더 수익성 높게 운용해 볼 수 있다.

이전에 근무하던 여의도 장기신용은행 옆에 기아차 빌딩을 짓는 것을 지켜봤다. 처음에는 다들 공사하지 않고 놀고 있는 것이 아닌가 의심할 정도로 땅 파고 철골 기둥만 박고 있었다. 이것에만 반년 이상 걸리는 것 같았다. 그런데 기초가 다져지고 철골들이 이 위에 세워지기 시작하더니 눈 깜짝할 사이에 빌딩 하나가 완성되었다. 탄탄한 기초란 이렇게 중요한 것이다. 탄탄한 연금이 있어야 노후의 삶이 단단하게 서 있을 수 있으며 또한 노후의 삶과 노후의 자산관리에 자유도를 높여 준다.

이를 감안하면 노후의 자산구조는 '연금+X'가 좋다. '연금'이 생존을 위한 준비, 'X'가 삶의 잠재성을 위한 준비다. 'X'는 근로소득과 투자소득을 중심으로 하고 여기에 각자의 것을 가미해도 된다. 연금은 본연의 안정적인 기능 이외에 연금의 안정성을 활용해 'X'도 가질 수 있는 부수적인 장점이 있다. 레스토랑은 스테이크에 동반되는 값비싼 와인을 팔아서 돈을 번다고 한다. 노후에는 연금이라는 스테이크를 잘 굽고 여기에 고급 와인을 팔아야 한다. 연금보다 자신의 잠재성 개발이 주는 소득이 더 클지 모른다.

잔 칼망은 변호사에게 미안했는지 "누구나 잘못된 계약을 할 때가 있다."라는 말을 남겼다고 한다. 계약 하나가 삶을 완전히 바꾸었다. 진정한 노후 준비는 장기적인 관점으로 탄탄한 연금을 마련하고 그 위에 삶의 구조와 자산의 구조를 지혜롭게 짜는 데 있다.

연금! 알아야 불린다

신학자 아우구스티누스는 "시간이란 아무도 물어보지 않으면 알지만, 묻는 사람에게 설명하려면 모르게 되고 만다."라고 했다. 연금도 마찬가지다. 누가 물어보지 않으면 다 알 것 같은데 막상 설명하려면 뭔지 모르는 상황에 직면하게 된다. '주택연금은 연금인가?'

'퇴직연금 수령금액을 정하는 원리는 무엇인가?' '퇴직연금을 연금화하라는 것은 무슨 뜻인가?' '과세이연의 혜택은 무엇인가?' 실로 많은 이슈들이 있으므로 몇 가지 핵심 개념을 알아야 이에 대처할 수 있다.

연금pension과 연금annuity

부동산 펜션pension 투자에 관심이 많던 2000년대에 우리나라 사모님들이 미국의 연금연구소pension research institute에 연락해 펜션pension을 문의하는 바람에 연구소 직원들이 어리둥절했다는 이야기가 떠돌았다. 물론 확인되지 않은 이야기다. 하지만 연금pension이란 용어는 펜션뿐만 아니라 공적연금, 사적연금, 국민연금, 퇴직연금, 개인연금, 종신연금, 장수연금, 변액연금, 연금인출, 연금화 등 다양하게 쓰이고 있다. 혹은 퇴직연금을 가입했는데 퇴직 후에 연금으로 받는다는 말도 듣게 되니 사람을 헷갈리게 만든다. 퇴직연금을 가입했는데 왜 또 연금으로 받는다는 말인가? 이러한 오해는 우리가 pension을 연금으로, annuity도 연금으로 번역하기 때문이다.

연금pension은 주로 제도plan 혹은 항아리pot의 의미를 지닌다. 항아리라는 것은 돈을 담는 그릇이라는 의미다. 그래서 이들 연금을 탈 것vehicle이라 부르는 이유다. 퇴직연금retirement pension, 국민연금national pension, 개인연금personal pension 등은 pension이라는 말을 쓰고 있다.

연금annuity은 일정하게 지급하는 돈을 말한다. 단어에서 의미하듯이 매년annual 지급하는 돈에서 유래됐다. 일반적으로 월 지급이 대부분이지만 일본의 후생연금처럼 두 달 주기로 지급하기도 한다. 국민연금 가입 후 받는 연금, 종신연금에 가입하고 매월 받는 연금, 월분배형 상품에 가입하여 매월 받는 지급금, 월지급형 커버드콜 상품에 가입하여 매월 받는 지급금은 annuity라 한다. 꼭 종신연금일 필요는 없다.

국민연금은 pension과 annuity가 결합되어 있다. 가입 동안에는 항아리 역할을 하지만 연금을 수령할 때는 annuity로 받기 때문이다. 국민연금은 60세까지 가입한다고 가정할 경우 65세에 예상되는 수령금액annuity을 알 수 있다. 반면에 퇴직연금이나 개인연금은 은퇴 후 목돈으로 보험사에 종신연금을 가입하여 annuity를 구매하든지 혹은 자신이 월분배형 상품 등을 활용해 일정한 인출 전략을 짜서 자가연금self annuity을 만들 수 있다. 축적된 연금을 종신연금이나 자가연금(셀프연금)을 통해 연금화annuitization 함으로써 연금의 축적과 인출 과정이 완결된다. 한편 보험사에서 취급하는 연금보험은 일정 기간 납입 후에 연금으로 지급하므로 pension과 annuity가 결합된 형태다. 퇴직연금은 pension과 annuity가 분리되어 각각의 의사결정을 가져야 하는 반면에 국민연금과 연금보험은 pension과 annuity가 원스톱으로 결합되어 있다.

연금의 체계

연금을 보장하는 주체에 따라 분류해 본다. 국가가 보장하는 기초연금, 국민연금, 직역연금이 있고, 기업이 보장하는 퇴직연금, 각자가 보장하는 개인연금(연금저축과 연금보험), 주택이 보장하는 주택연금이 있다. 일반적으로 국가보장, 기업보장, 개인보장의 3층으로 연금을 구성하며 여기에 주택을 통한 주택연금이 더해지면 4층 연금체계가 된다. 이제 우리나라도 노후보장 연금제도가 잘 갖추어졌다. 이들 연금만 충실하게 관리해도 노후는 보장된다.

국가보장

기초연금은 2014년에 도입된 제도다. 자신의 기여와 관계없이 65세 이후 소득이 하위 70%에 해당하는 사람에게 부부 기준으로 2024년 현재 월 53.5만 원을 지급한다. 하위 70%에 해당하는 사람은 소득인정액이 2024년 현재 부부 기준 340만 원, 단독가구 기준 213만 원 이하인 가구다. 소득인정액이란 현재 벌어들이는 소득뿐만 아니라 재산을 모두 소득으로 환산했을 경우다.

국민연금 수령자(엄밀하게 노령연금 수령자)는 기초연금이 감액된다. 2024년 현재, 기초연금 기준금액 33만 4810원의 150%인 55만 2200원을 초과할 시 국민연금과 연계되어 감액된다. 감액액은 최대 기초연금 수령액의 최대 50%인 16만 7400원까지다. 여기에 해당되어 기초연금이 감액되는 사람은 38만 명에 이르고 기초

표 8-1. 우리나라의 연금체계

F5	주택 연금	- 부부 중 한 명 55세 이상 가입 가능 - 공시가격 12억 원 이하 주택 - 다주택자는 합산 12억 원 이하	주택보장
F4	연금보험	- 세제 비적격 - 보험 차익(이자 소득) 비과세 - 거치식 1억 원, 적립식 월 150만 원 한도	개인보장
F3	연금저축	- 세제 적격 - 연금저축(보험, 펀드), 적립 IRP 합산 900만 원 세액공제. 1800만 원 비과세	
F2	퇴직연금	- 2005년 도입 - 기업 8.33% 지급 - DB, DC, 퇴직 IRP	기업보장
F1	공적연금 (국민연금)	- 18세 이상 60세 미만 의무 가입 - 임의가입 가능 - 가입자, 사용자 각각 4.5% 납부	국가보장
B1	기초연금	- 65세 이상 가능 - 소득인정액이 부부 합산 340만 원, 단독 213만 원 이하 가구 - 부부 월 최대 535,680원	

연금 수급자의 6% 정도에 해당된다.[2]

공적연금은 국민연금과 직역연금이 있으며 직역연금은 공무원
연금, 사학연금, 군인연금을 말한다. 국민연금은 18세 이상 60세 미
만이 가입 대상이며 근로자를 1명 이상 고용하는 사업장은 의무

가입 대상이다. 최소 10년 이상 납입해야 연금 수령 나이가 되었을 때 연금으로 받을 수 있으며 그렇지 않을 경우 일시금으로 받게 된다. 국민연금을 두고 용돈연금이라는 자조적인 소리를 하지만 20년 이상 가입한 사람들의 경우 2024년 1월 기준 평균 노령연금 수령액이 월 108만 원에 이른다. 맞벌이를 한다면 한 가구는 216만 원 되는 셈이다. 국민연금은 꾸준히 오래 가입하는 것이 중요하다. 국민연금은 직장의 경우 4.5%를 개인이 납부하고 4.5%는 회사에서 납부하여 소득의 9%를 낸다. 반면에 공무원연금은 개인이 9%, 정부가 9%를 납입해서 18%를 내며 국민연금의 2배를 낸다.

국민연금은 개인이 납부한 금액에 대하여 연말정산 시 소득공제를 받는다. 다만 소득공제된 금액에 대해서는 연금을 받을 때 소득세를 납부해야 한다. 국민연금을 납입할 때 소득이 공제될 경우 누진과세를 피할 수 있다. 더불어 연금을 받을 때는 과세율이 낮고 또소득이 적어 누진 과세될 가능성이 낮기 때문에 소득공제의 혜택이 크다.

기업보장

기업이 보장하는 퇴직급여제도는 퇴직금제도와 퇴직연금제도가 있다. 퇴직금제도는 1953년에 도입되었으며 퇴직연금제도는 (1) 회사가 갑자기 문을 닫아도 근로자의 연금 수급권을 보호하고 (2) 퇴직급여의 통산이 가능하게 하여 연속성을 보장하고(직장을

옮겨도 IRP Individual Retirement Pension 계좌에 이전하여 통산 운용)

(3) 퇴직 후에도 연금으로 받을 수 있도록 하기 위해 2005년 12월

에 도입되었다. 퇴직연금제도에는 확정급여형(DB), 확정기여형

(DC), 중소기업퇴직연금기금제도, 개인형 퇴직연금(IRP)이 있다.

IRP는 기업형과 개인형이 있으며 개인형은 근로자가 퇴직 중에 자

율적으로 가입하는 세액공제 IRP와 직장을 옮길 때 이전하여 운용

하는 퇴직 IRP로 나눌 수 있다. 세액공제 IRP와 퇴직 IRP는 편의상

부르는 명칭이며 공식 제도 명칭은 아니다. 다만 어떤 IRP든 IRP

는 상품 이름에서 보듯이 본질이 퇴직준비에 있다. 퇴직금과 퇴직

연금은 소득의 1/12을 매년 납입하며 소득 대비 비율은 8.33%로

법적으로는 후불임금의 성격을 갖는다. **국민연금 9%에 퇴직연금**

8.33%를 더하면 17.3%로 공무원연금 18%와 비슷하다. 근로자가

국민연금과 퇴직연금을 잘 운용하면 공무원연금처럼 노후를 준비

할 수 있는 여건은 갖춘 것이다. 퇴직연금 관리가 중요한 이유다.

퇴직연금 DB와 DC에서 혼동하는 것 몇 가지만 짚어 보자. DB

는 Defined Benefit, 즉 내가 퇴직할 때 받을 퇴직급여가, 퇴직

할 때 월 평균임금에 근속연수를 곱한 만큼이다. DC는 Defined

Contribution이라 하는데 월 납입금이 연급여의 1/12로 정해졌으

며 퇴직할 때 퇴직급여는 운용수익에 따라 달라진다. DB에서의 퇴

직급여는 적립금 운용수익이 아닌 각 개인의 평균임금상승률에 달

려 있다. 금융감독원에서 발표하는 DB형 적립금 수익률은 노동자

가 받을 퇴직급여액과 관계없다. 열심히 일해서 승진하고 성과급 많이 받으면 퇴직급여도 많아진다. 반면에 DC에서의 퇴직급여는 얼마나 운용을 잘했느냐에 달려 있다. 회사에서의 성과와 퇴직급여의 성장이 완전히 연계되지 않고 적절하게 독립되어 있는 셈이다. 회사의 임금상승률이 높고 안정적일 경우 DB가 좋으며 그 반대일 경우 DC가 낫다.

DB형은 중도인출이 안 되지만 DC형 및 중소기업퇴직연금기금 가입자는 법에서 정한 중도인출 사유에 해당하면 퇴직연금을 중도인출 할 수 있다. 다만 인출 때 퇴직소득세는 낸다(중도해지 사유에 따라 퇴직소득세는 모두 납입하든지 혹은 70%만 납입한다). DB형 가입자는 DC형으로 전환한 후 중도인출하면 된다.

퇴직연금의 연속성을 보장하기 위해 직장을 이직할 때는 DB와 DC에서 IRP로 옮기게 되며 옮길 때는 퇴직소득세를 납부하지 않고 55세 이후에 연금으로 인출할 때 저율로 과세한다. 55세 이후 퇴직자는 의무적으로 IRP에 유지할 필요는 없다. 퇴직소득세를 내고 일시금으로 찾을 수 있다. 다만 과세이연과 저율 과세의 혜택은 누릴 수 없다. 그리고 〈그림 8-1〉에서처럼 IRP로 옮긴 후의 운용수익은 연금소득으로 꼬리표가 붙어 퇴직소득과 다르게 과세한다. IRP는 일종의 퇴직연금 저수지의 기능을 한다. 저수지를 잘 다스려야 가뭄에 견디듯이 IRP 관리를 생애에 걸쳐 잘해야 한다.

그림 8-1. 퇴직연금의 연속성 흐름

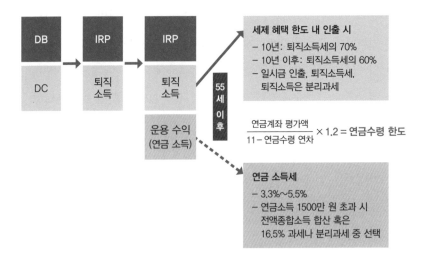

개인보장

국민연금이나 퇴직연금처럼 의무는 아니지만 세제 혜택을 주어 가입을 권유하는 개인연금이 있다. 이는 각자의 선택이기 때문에 개인보장에 해당된다. 개인연금은 용어가 복잡해서 분류체계를 명확하게 알고 있어야 한다. 연금저축보험은 무엇이며 연금보험은 또무엇인지 헷갈린다. 우리가 연금계좌라 하면 'IRP + 연금저축'을 말하는데 IRP는 퇴직연금과 관련된 것인 반면에 연금저축은 개인이자유롭게 준비하는 것이다. IRP는 뿌리가 퇴직연금이며 따라서 안전성을 우선한다. 위험자산 한도가 70%이며, 원리금보장상품이 있고, 원칙적으로 중도인출이 되지 않는다. 근로자, 개인사업자 그리고 직역연금가입자가 그 대상이며 특별한 사유에 해당하지 않는한 55세 이전 중도인출 시, 전액을 인출해야 하고 퇴직소득세나 기타소득세를 납부한다.

반면에 연금저축은 뿌리가 개인의 순수노후보장상품으로 개인의 자율에 맡겨진다. 따라서 위험자산 한도가 없고, 원리금보장상품이 없으며, 가입자격에 제한이 없고, 일부 중도인출이 가능하다. 중도 인출 때 세액공제 받은 금액은 16.5% 기타소득세를 내야 하며 법에서 정한 사유에 해당하면 연금소득세를 낸다. 연금저축은 연금저축펀드와 연금저축보험으로 나뉜다.

연금저축은 세액공제와 비과세 혜택이 있으며 취급하는 기관에따라 은행은 연금저축신탁, 증권은 연금저축펀드, 보험사는 연금저축보험이라 한다. 연금저축신탁은 현재 판매되지 않는다. 연금저축펀드는 이전에 하나의 펀드만 가입할 수 있었으나 이제는 여러 펀드를 가입할 수 있다.

연금저축의 세액공제는 납입액의 13.2% 혹은 16.5%를 납부해야 할 세금에서 제외해 준다. 세금을 안 내는 사람은 공제될 세금이없으므로 혜택이 없지만 연금을 받을 때도 세금을 내지 않는다. 연금저축은 연 600만 원까지 세액공제되며 IRP를 포함하면 연 900만원까지 세액공제된다. 연금저축의 세제 혜택에 대해 세액공제만 있다고 생각하는 사람들이 대부분이다. 하지만 연금저축은 세액공제뿐만 아니라 IRP를 포함하여 연 1800만 원까지 비과세 혜택이 있

표 8-2. 개인연금 체계

대분류	중분류	소분류	취급처	세금 혜택	특징
개인 연금	연금 저축 (세제 적격)	(구) 개인 연금저축	- 1994. 6.~2000. 12. - 신규 판매 중단	- 분기 300만 원까지 최대 72만 원 소득 공제 - 비과세	- 가입 기간 10년 - 55세 이후 수령 가능
		연금저축 신탁	- 은행 - 신규 판매 중단	- 900만 원 세액공제, 1800만 원까지 비과세(연금저축, IRP, DC 근로자 추가 납입분) - 연금소득세	- 가입 기간 5년 - 55세 이후 수령 가능
		연금저축 펀드, 계좌	- 증권 - 연금저축펀드 (2001~2012) - 연금저축계좌 (2013~)		
		연금저축보험	생보사, 손보사		
	연금 보험 (세제 비적격)	일반 연금보험	생보사	- 일시납 1억 원, 월납 150만 원 가능(월납은 200%까지 추가 납입 가능) - 세액, 소득공제 없음 - 보험차익 비과세	- 납입 기간 5년 - 계약 기간 10년
		변액 연금보험			

다. 900만 원까지는 세액공제를 해주고 이를 초과하는 금액은 비과세 혜택이 있는 것이다.

어떤 사람이 1년에 1800만 원을 납입했다면 900만 원까지는 세액공제가 되고 나머지 900만 원은 비과세를 해준다. 비과세 혜택은 적립기간 중의 운용수익에 대해 비과세이고 따라서 인출할 때도 비과세이며, 인출순서도 최우선이다. 여유가 있는 사람들은 비과세 혜택을 활용하면 좋다. 자유가 제한된다고? 5년 이상 납입하고 55세 이후 인출할 수 있으니 50세인 사람은 5년만 찾지 않으면 비과세 혜택을 오롯이 받게 된다. 소득이 없는 사람들은 세액공제는 못 받더라도 비과세를 활용할 수 있으므로 유의하면 좋겠다.

생명보험사가 취급하는 세제비적격 연금보험은 일반연금보험과 변액연금보험이 있으며 일정한 납입한도 내에서 비과세 혜택을 준다. 운용수익에 대해 비과세이며 인출 때도 비과세이다. 일시납은 1억 원까지 월납은 월 150만 원까지 비과세 혜택을 준다. 월납입액은 2배까지 추가납입할 수 있지만 비과세 혜택을 받을 수 있는 총 한도는 연 1800만 원이다. 다만 납입기간이 5년 이상, 계약유지기간이 10년 이상 되어야 비과세 혜택을 받을 수 있다.

주택보장

주택연금은 일종의 역모기지 상품이다. 모기지는 주택담보대출을 일컫는다. 목돈을 빌리고 원금과 이자를 분할 상환하는 방식이다. 예를 들어 3억 원을 4%로 빌리고 20년에 걸쳐 원리금을 매월 181만 원씩 상환하는 것이다. 역모기지는 이를 거꾸로 하는 것이다. 대출을 매월 조금씩 받고 나중에 목돈으로 상환한다. 3억 원 주택을 70세에 주택연금에 가입하면 매월 90만 원을 죽을 때까지 받고 사망하면 주택을 처분한 돈으로 한꺼번에 갚게 된다. 그래서 주택연금은 소득이 아니라 현금흐름을 창출한다.

다만 역모기지는 죽을 때를 모르기 때문에 대출 기간을 확정할 수가 없다. 20년이 될지 40년이 될지 모른다. 그 불확실성에 대해 역모기지 제공자(주택금융공사)는 가입자에게서 보증료(보험료)를 받는다. 그러니 주택연금에서 받는 연금은 '대출금＋이자＋보험료'인 셈이다. 가입자는 보증료와 이자를 현금으로 당장 지불하지 않고 부채로 계상해 두었다가 죽을 때 모두 갚는다. 이들 부채는 시간이 지날수록 이자에 이자가 붙는 역복리 효과에 따라 복리로 늘어나므로 주택연금에 너무 일찍 가입할 때 감안해야 하는 부분이다.

주택연금의 중요한 특징 둘을 꼽으라면 '현금흐름을 창출'하고 '자산의 배분을 바꾸어 주는' 경제적 효과다. 6억 원 주택을 70세에 종신정액지급형 주택연금에 가입하면 매월 180만 원(2023년 10월 기준)을 죽을 때까지 받는다. 주택 가격이 급락해도 연금액은 평생 변화가 없으니 고정된 현금흐름이 창출된다. 이는 매월 180만 원의 이자를 주는 채권을 갖고 있는 것이나 마찬가지다. 주택을 팔고 이 돈으로 채권을 사지 않더라도 주택연금은 주택 소유권을 가지면서 실질적으로 자산을 교환하는 효과를 준다. 주택을 국채로 바꾸는 셈이다.

주택을 채권으로 바꾸는 자산교환은 자산을 재배분할 수 있는 효과를 준다. 부동산이나 주택의 비중이 너무 높은 사람이 주택연금에 가입하면 부동산의 비중을 줄이고 채권의 비중을 늘려주는 셈이 되기 때문이다. 주택연금 가입 기준이 공시가격 9억 원 이하 주택에서 12억 원으로 상향되었다. 이렇게 되면 다주택자도 합산한 공시가격이 12억 원 이하이면 그중 거주하는 한 채를 가입할 수 있다. 한 채는 살면서 주택연금을 받고 다른 한 채는 임대를 주면, 현금흐름이 개선될 뿐만 아니라 부동산 가격 변동에도 덜 노출된다. 현금흐름과 자산배분 둘을 바꾸는 일석이조 효과가 발생한다.

그뿐 아니다. 질병 치료나 심신 요양으로 병원이나 요양(시설)소에 입원하는 경우 혹은 자녀의 봉양으로 본인의 주택을 떠나는 경우, 부부 모두 1년 이상 담보주택에 거주하지 않아도 주택연금을 계속 이용할 수 있다. 주택연금을 받다가 요양원이나 자녀의 집으로 주민등록을 옮기고 기존 주택에서 월 임대료를 받아 지출금액으로 충당하는 방법도 있다. 이럴 경우 주택연금과 월 임대료 둘을 받는 것이다.

우리나라는 국가가 주택금융공사를 통해 주택연금을 취급하고 있다. 2023년 현재 주택연금 가입 가구는 11만 가구고 이들은 월 평균 116만 원을 받는다. 가입 주택의 평균가격이 3억 7000만 원인 것을 감안하면 괜찮은 현금흐름이다.[3] 주택연금 가입률은 아직 낮다. 60세 이상에서 주택을 소유한 가구의 2.4% 정도가 가입했을 따름이다. 그러다 보니 주택연금 지급액은 가구 전체로 보면 월 1276억 원, 연 1조 5300억 원 정도다. 주택을 보유하고 있다가 죽을 때 자녀에게 상속하면 그 기간 동안 소비가 단절되는 데 반해, 주택연금은 당대의 지출을 늘려 소비 단절을 완화한다.

우리나라는 연금제도가 늦게 정비되다 보니 노후 소득이 선진국에 비해 부족하다. 노후에 먹을 반찬이 별로 없다는 얘기다. 설상가상 장수로 인해 먹어야 하는 끼니는 늘어나고 있다. 그래서 다들 허리띠를 졸라맨다. 그나마 있는 굴비 반찬이 바로 주택이다. 자린고비처럼 주택을 보고만 있을 것이 아니라 주택연금을 통해 현금흐름을 마련하는 수단으로 쓰는 것이 좋다. 사회적으로는 잠겨 있는 고령자의 자산을 활용하는 방안도 된다.

연금이 주는 여섯 가지 세제 혜택

연금의 혜택을 생각하면 일반적으로 세액공제를 떠올리지만 우리가 인지하지 못하는 세제 혜택들도 있다. 소득공제, 세액공제, 비과세, 과세이연, 저율과세, 분리과세 등이다.

첫째, 소득공제는 국민연금이나 퇴직연금처럼 납입액을 소득에서 빼주는 것을 말한다. 과세율이 높은 사람일수록 유리하다. 국민연금은 본인 납입분인 4.5%에 해당하는 금액이 소득공제되며 2002년부터 시행되었고 그 이전에는 과세를 했다. 물론 영원히 세금을 내지 않는 것은 아니다. 세금은 피하지 못한다. 연금을 찾을 때 퇴직소득세나 연금소득세를 납부한다. 다만 세율이 낮으며 또한 연금을 받을 나이쯤 되면 다른 소득이 없으므로 누진과세될 가능성도 별로 없다. 한편 공적연금은 합산과세 되는 데 반해 퇴직소득은 분리과세를 해준다. 소득공제는 인지하지 못하는 강력한 혜택이다.

둘째, 세액공제는 연금저축과 IRP에서 세액공제 한도 900만원 내에서 납부한 금액의 13.2%나 16.5%를 기 납입한 세금에서 돌려주는 것을 말한다. 나중에 인출할 때 저율의 연금소득세로 납부하게 된다.

셋째, 비과세는 운용수익에 대해 과세하지 않는 것을 말한다. 과세가 연기되는 것이 아니라 아예 과세하지 않는다. 연금저축과 IRP의 900만 원 초과분부터 1800만 원까지의 납입액에 대해 비과세를 해주며 연금보험도 비과세 한다.

넷째, 과세이연은 금융소득에 대해 지금 세금을 내지 않고 찾을 때 과세하므로 그 기간 동안 수익이 높아지는 효과가 있다. 예를 들어 1억 원을 이자율 3%의 정기예금에 가입했다면 한 해 이자가 300만 원이다. 그러면 돈을 인출하든 말든 이자소득이 발생한 시점에서 15.4%를 원천징수한다. 46만 2천 원이 국고로 귀속된다. 예금주는 돈을 만져 볼 틈도 없다. 그러면 1억 253만 원이 되는데 여기에 대한 다음 해 3% 이자는 307만 원이고 여기서 47만 3000원을 원천징수한다. 그럼 2년 후 1억 513만 원이 된다. 만일 원천징수를 하지 않으면 2년 후 1억 609만 원(1억 원×(1+0.03)²)이 되고 이때 돈을 찾으면서 15.4% 세금을 내면 1억 521만 원으로 5만 원의 수익이 더 발생한다. 이 5만 원이 2년 과세이연한 것의 세금 혜택이다. 과세이연이 20년, 30년이면 그 혜택이 훨씬 커진다. 그래서 50년 이상 운용해야 하는 연금에서 원천징수하지 않고 찾을 때까지 과세를 유예해 주는 것은 숨어 있는 보물과 같은 세제 혜택이다.

다섯째, 국민연금소득, 퇴직소득, 연금소득은 찾을 때도 세율을 낮게 해준다. 국민연금은 2002년 이후 납입금액은 소득공제되었으므로 수령 때 과세한다. 그리하여 2002년 이후의 납입액에 대해서만 과세대상이 되고 여기에서 연금소득공제, 인적공제를 하고 난 뒤의 과세표준액이 1400만 원 이하면 소득세율 6%를 부과한다. 퇴직소득은 종합소득 합산과세되지 않고 저율이며 게다가 연금으로 수령하면 퇴직소득세의 60~70%만 납부하면 된다. 연금소득도 찾을 때는 3.3~5.5%의 낮은 세율로 과세한다.

여섯째, 분리과세 혜택이 있다. 퇴직소득은 소득액이 많아도 분리과세를 해주어 누진되지 않는다. 연금소득도 1500만 원을 초과하면 종합소득 합산과세 되지만 16.5%의 세금을 내면 분리과세를 선택할 수 있다. 자신의 소득 상황에 유리한 선택을 하면 된다.

묶고, 투자하고, 연금화해라

연금을 관리할 때는 딱 세 가지만 유의하면 된다. 생애자산관리 시

축적 때는 주식과소보유퍼즐, 인출 때는 연금화퍼즐이다. 여기에 오디세우스의 결박 하나를 더 보태어 중도인출 금지를 추가하면 된다. 즉 중도인출 금지, 투자, 연금화이다.

첫째, 연금은 중간에 찾지 않도록 해야 하며 필요하다면 강제로 라도 묶어 두어야 한다. 필자는 1994년에 개인연금이 도입될 때 매월 10만 원씩 불입했는데 중도에 해지하지 않고 지금까지 이어온 결과, 9100만 원에 이르렀다. 30년 동안 원금이 3600만 원이니 나머지는 이자와 복리 효과에 따른 금액이다. 우리나라는 1997년 외환위기와 2008년 글로벌 금융위기를 겪었다. 아쉽게도 이 시기를 겪은 사람들은 연금을 많이 해약했고 연금자산이 축적되지 않았다.

오디세우스는 사이렌의 유혹에 넘어가지 않기 위해 스스로 돛대에 몸을 묶었다. 연금을 가입하는 젊은 나이부터 퇴직할 때까지는 수많은 유혹이 있을 것이다. 자녀 교육비와 결혼 비용, 주택구입 자금뿐만 아니라 좋은 차도 사고 싶다. 금융기관에 가서 해지만 하면 그 목돈이 손쉽게 들어온다. 이러한 유혹에 넘어가지 않도록 몸을 꽁꽁 묶어라. 연금자산은 누구도 건드리지 못하는 최후의 보루라고 생각해야 한다.

둘째, 연금자산관리의 디폴트, 즉 초깃값이 '투자'라고 생각해야 한다. 연금은 투자자산으로 운용하며 특별한 사유가 있을 때 투자자산 이외에 예금 등으로 운용함이 바람직하다. 그런데 우리는 연금자산관리의 초깃값을 예금이라 보고 있으며 특별한 경우 투자자

표 8-3. 연금에 투자가 적합한 이유

투자 성공 요인	연금의 특징
장기투자	최소 30년 이상 초장기 운용
변동성 축소	매월 적립, 연금의 자산분산 규정
장기투자의 인내	인출제한 규정
복리 효과	과세이연을 통한 복리 효과

산을 갖는다. 거꾸로 되어 있다. 이를 고쳐야 한다. 연금자산은 투자해야 한다. 연금과 투자는 찰떡궁합이다. 연금에는 투자가 적합한 이유를 정리하면 〈표 8-3〉과 같다. 연금은 투자자산을 편입하면 수익은 높이면서 위험은 줄어들게끔 제도가 만들어져 있다.

셋째, 연금pension에서 연금annuity을 만들어야 한다. 목돈이 된 연금을 잘 관리해야 하는 것이다. 퇴직을 할 때쯤이면 자녀가 유학을 가거나 결혼하거나 혹은 사업을 하겠다고 하는 등 목돈을 쓰게 만들 유혹이 가장 많다. 목돈을 가지고 있으면 유동성은 높지만 이를 써버릴 위험이 크다. 주식시장이 좋을 때와 주식시장이 나쁠 때 인출금액을 조정하는 솔루션도 필요하다. 무엇보다 축적된 목돈에서 안정적인 은퇴소득을 만들기 위해서는 다양한 인컴상품을 잘 배분할 필요가 있다.

연금투자하다 손해 보면 어떻게?

2022년에는 채권 가격, 주식 가격 모두 하락하면서 퇴직연금 DC (확정기여형)를 가지고 있는 사람들의 하소연을 많이 들었다. 퇴직이 가까이 왔는데 10% 이상 손실을 보면 좌불안석이 될 것이 틀림없다. 젊은 사람들도 예외는 아니다. 퇴직연금에 투자 자산 비중을 높이는 것이 좋다고 하더니 이게 무슨 날벼락인가 하는 생각을 하게 된다. 모임에 가면 남녀노소를 가리지 않고 이런 불만을 토로하고 앞으로 어떻게 할지 물어보는 사람도 많다.

몇 가지 사례로 위안과 함께 헤쳐 나갈 방안을 모색해 보겠다. 미국은 퇴직연금 401(k) 수익률이 높다. 그런데 미국 근로자도 마음 편히 이런 수익률을 얻은 것은 아니다. 401(k)에 가입한 사람들의 2000~2019년의 20년간 수익률을 보면 '0%' 아래였던 적이 5번 있다. 20년 기간 중 약 25%의 기간은 마이너스를 기록했다는 뜻이다. 가장 최악은 2008년 글로벌 금융위기 때로 무려 -25% 수익률을 보였다. 그 다음 최악은 나스닥 버블이 꺼진 2000년대 초반으로 2000, 2001, 2002년 3년 연속 마이너스 수익률을 보인다. 3년 동안 22% 가까이 떨어졌다. 하지만 20년간 15% 이상 수익률을 기록한 것도 5번이었다. 전체 기간으로 보면 2000년부터 10년간 수익률은 1.8%에 불과한 반면 2010년부터 10년간 수익률은 8.4%나 된다. 이를 통틀어 20년 연복리수익률은 5%가 된다. 이처럼 연금 투자의

그림 8-2. 미국 퇴직연금 401(k)의 수익률(2000~2019)

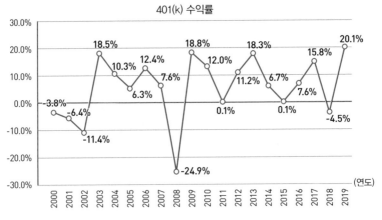

자료: 미국 노동부(DOL) 홈페이지

수익률은 들쭉날쭉하지만 시간이 지나면 높은 수익률을 준다.

금융충격을 받을 때 퇴직연금 가입기간별로 연금자산이 회복되는 데 걸리는 시간을 알아보자. 가입기간이 짧은 사람의 경우 이미 적립된 금액은 적은 반면에 하락한 자산 가격에 새로운 돈이 들어가게 되니 그만큼 회복력이 빠르다. 예를 들어 1000만 원이 적립되어 있는데 새로운 납입금이 200만 원이라고 하면 무려 20%의 자금을 저점에서 매수해서 매수 단가를 낮출 수 있기 때문이다. 반면에 가입 기간이 오래되어 2억 원이 적립되어 있다고 하면 여기에 200만 원을 납입해도 평균 매수 단가를 낮추지 못하기에 회복 속도가 더뎌진다.

실제로 가입자들 중 중간값에 해당하는 숫자를 보면, 가입기간이 1~4년 되는 집단은 바로 회복되며 5~9년 되는 집단은 6개월 걸린다. 20~29년 가입기간의 근로자들은 1년 10개월 걸린다. 대략 6개월~1년 10개월 정도면 회복하는 것이다.[4] 수익률이 크게 떨어졌을 때도 자산을 꾸준히 매입하면 퇴직연금의 수익률이 빨리 회복된다. 젊은 층이 DC형 퇴직연금에 가입하여 자산 가격이 급락하면 실망하기보다 오히려 좋은 기회로 보라는 이유가 여기에 있다.

연금투자를 할 때는 두 가지 사실을 믿고 가야 한다. 미국의 퇴직연금처럼 **수익률이 마이너스와 플러스를 들쭉날쭉하지만 장기적으로 좋은 수익률을 보인다는 것과 금융 충격을 받으면 연금자산이 회복하는 데는 6개월에서 1년 10개월은 걸린다는 것이다.** 퇴직연금 DC에 가입한지 얼마 안 되는 젊은층은 연금에서 마이너스 수익률을 보일 때는 계속되는 납입금으로 저가 매수하고 있으므로 장기적으로 걱정할 필요 없다. 오히려 좋은 기회가 된다. 연금은 장기적립상품이기에 그 논리를 바로 이해하고 대응해야 한다. 실체를 알면 두려움도 줄어든다.

대한민국의 디폴트옵션이 노년을 구할 수 있는가?

2022년 11월경에 필자는 처음으로 연금에서 예금을 조금 편입했다. 예금 금리가 5%대로 높았기 때문이다. 예금이 그렇게 사람 마음을 편하게 해준다는 것을 처음 알았다. 미국 주식시장이 간밤에 폭락하든 말든 유가가 급등하든 말든 신경 쓸 일이 없었다. 사람들이 주가가 급락해도 표정들이 밝은 것을 보고 의아했는데 우리나라처럼 금융자산의 88%를 예금으로 갖고 싶어 하는 경우 그럴 만했다.[5] 하지만 이런 편안한 생각으로 예금을 계속 보유하고 있으면 시간이 지날수록 자산의 가치가 더딘 속도로 증가한다. 종국에는 구매력조차 유지하지 못할 수도 있다.

손실이라는 관점으로 보면 예금을 선호하고 이득이라는 관점에서 보면 투자를 선택할 가능성이 높다. 관점은 프레임이다. 어떤 프레임을 갖느냐가 연금의 선택에서 중요하다. 프레임이란 무엇인가? 컴퓨터에 한 개의 질문을 형식을 달리 한다고 해서 컴퓨터는 다른 답을 하지 않는다. 하지만 사람은 어떤 형식으로 질문을 했느냐에 따라 다른 답을 한다. 예를 들어 랍비에게 "기도 시간에 담배를 피우면 되나요?"라고 물으면 안 된다고 답하지만 질문의 형식을 바꾸어서 "담배를 피우는 중에 기도를 하면 안 되나요?"라고 물으면 된다고 답을 한다. 질문의 형식에 따라 답이 달라진다. 마찬가지로 어떤 상황이 제시되는 양식이나 프레임에 따라 사람의 행동은 달라질 수 있다.

프레임에 관련된 유명한 논문이 있다.[6] 장기기증에 동의하는 비율(의사를 물어본 것이지 실제 동의는 아니다.)을 국가별로 비교했더니 오스트리아, 프랑스, 헝가리, 포르투갈은 99.9%를 넘는데 반해 독일은 12%, 덴마크는 4.25%에 불과했다. 고전적인 경제학 관점에서 이 결과는 각 개인들의 장기기증 선호에 따른 것이다. 이에 따르면 독일과 덴마크 사람들은 장기기증을 싫어하는 반면에 오스트리아, 헝가리 사람들은 장기기증을 선호한다고 해석된다. 아마 어떤 사람들은 프랑스, 포르투갈 사람들은 감성적이고 다혈질인 반면에 독일과 덴마크 사람들은 냉철한 이성을 가진 민족이라 그럴 거라 말하기도 할 것이다. 혹은 전자는 이타적이고 후자는 이기적이라 말할지도 모른다. 하지만 재미있게도 그 차이는 디폴트(초깃값)에서 비롯되었다. 장기기증 동의 비율이 높은 나라는 장기기증 방식이 옵트아웃opt-out인 반면에 낮은 나라는 옵트인opt-in이었다. 옵트아웃은 내가 선택하지 않으면 장기기증을 하는 방식이고 옵트인은 내가 장기기증의 여부를 선택하는 것이다. 옵트아웃은 이미 장기기증이라는 것이 디폴트로 선택되어 있어 아무 행동도 하지 않으면 장기기증을 하게 되고 만일 본인이 장기기증을 원하지 않으면 의사표시를 하면 된다. 이 초깃값으로 장기기증 동의에 대한 엄청난 차이가 비롯된 것이다.

디폴트는 다방면에서 활용된다. 컴퓨터의 화면보호기는 본인이 선택할 수도 있지만 아무것도 하지 않으면 컴퓨터 회사에서 초깃값으로 설정한 것을 따르게 된다. 이 화면보호 방식이 싫으면 컴퓨터 구매자가 바꾸면 된다. OTT 같은 서비스도 1개월 무료 구독 후

취소 의사를 밝히지 않으면 구독을 연장하는 것으로 설계하는 경우가 많다. 기업뿐만 아니라 디폴트는 사회적으로 바람직한 결과를 가져오는 정책으로 활용 중이다.

미국의 퇴직연금 401(k)는 우리처럼 의무가입이 아니며 본인이 선택할 수 있다. 디폴트옵션이 도입되기 전에는 직장에 들어간 뒤 본인이 아무 행동도 하지 않으면 가입 의사가 없는 것으로 보았다. 이처럼 퇴직연금 가입을 개인의 선택에 맡기니 퇴직연금 가입률이 낮았다. 이것으로 골머리를 앓았다. 이에 401(k)는 관점을 뒤집었다. 디폴트옵션을 도입하여 근로자가 퇴직연금에 대해 아무 의사표시를 하지 않으면 기업에서 정한 연금 플랜에 자동으로 가입하게 했다. 이러한 자동가입, 즉 디폴트옵션은 미국의 401(k)의 가입률을 높이는 데 극도로 효과적인 방법으로 판명되었다. 자동가입이 없을 경우 고용 3개월 후 가입률이 20%, 3년 후 가입률이 65%였으나 디폴트옵션을 도입하고 난 후는 이 값이 각각 90%와 98%로 디폴트옵션은 가입 시기를 앞당기고 가입률을 극적으로 높이는 효과를 보였다.[7] 장기기증에서처럼 '퇴직연금 가입'을 초깃값으로 설정해 놓고 별다른 의사표시가 없으면 초깃값이 실행되게 한 것이다. 본인이 가입하기 싫을 때 의사표시를 하면 된다.

퇴직연금 가입에 관한 디폴트옵션만이 아니라 연금자산 선택에 관한 디폴트옵션도 있다. 연금은 생애에 걸쳐 위험자산의 비중을 낮추는 동적자산배분이 이루어져야 한다. 하지만 개인들에게는 이를 선택하는 것도 적정한 펀드를 고르는 것도 어려운 일이다. 어떤 경제교육을 한다고 하더라도 올바른 포트폴리오 선택을 이끌어 내기 어렵다. 이에 401(k)는 아무것도 선택하지 않으면 자동으로 퇴직연금에 가입되고 퇴직연금의 포트폴리오도 자동으로 선택되게 했다. 선택되는 포트폴리오는 적격디폴트상품으로 포트폴리오나 수수료율이 가입자에게 적합한 것이어야 한다. 현재 적격 디폴트옵션 상품으로는 TDF가 가장 많이 선택된다. 적격디폴트상품을 초깃값으로 해놓고 별다른 의사표시가 없으면 적격디폴트상품이 선택된다. 이처럼 디폴트옵션을 도입하고 보니 아무것도 하지 않아도 이성이 선택할 수 있는 최선의 결과를 얻을 수 있게 되었다. 아무것도 하지 않는데 똑똑한 선택의 길로 인도하는 셈이다.

사람들이 디폴트를 선택하는 다른 이유도 있다. 우선 디폴트란 것이 더 좋은 옵션일 것이라는 암묵적 믿음 때문이다. 그래서 명칭도 '적격'이라는 단어를 넣은 것이다. 혹은 많은 사람들이 하니까 좋을 것이라는 믿음도 작용한다. 둘째는 고민하고 계산하는 주의注意 자원을 아끼기 위한 측면이 있다. 마지막으로 그대로 두면 좋았을 텐데 굳이 선택을 해서 후회하진 않을까 하는 두려움도 존재한다. 동전 맞추기 갬블링을 한다고 치자. 당신이 선택하지 않으면 앞면인데 굳이 뒷면을 택했다. 그런데 이것이 돈을 잃는 선택이었다면 후회는 더 커진다. '그냥 있을걸…' 하는 심리다. 사람은 자신이 어쩔 수 없을 때 당한 손실보다 자신의 선택으로 손실을 보았을 때

후회를 더 많이 한다.

401(k)의 디폴트옵션은 강제하지 않으면서 자유주의적 개입을 통해 의도하는 결과를 얻는 방법이다. 미국에서 디폴트옵션이 도입될 때 일부 주에서는 사전 동의 없는 자동 가입은 불법이라고 보았다. 그런데 2006년에 연금보호법이 제정되면서 자동가입을 인정하게 되었다.

우리나라도 디폴트옵션을 도입하여 '사전지정운용제도'라 명명하여 시행하고 있다. 다만 미국과 달리 아무것도 하지 않는 것이 아니라 디폴트상품 여럿 중 하나를 위험선호에 따라 '선택'해야 하기에 변형된 한국적 디폴트옵션이다. 크게는 초저위험(원리금보장상품), 저위험, 중위험, 고위험 상품들 중 하나를 우선 선택해야 하는 것이다. 하지만 이는 디폴트옵션의 본질과 차이가 있다.

디폴트옵션은 '내가 무엇을 선택하지 않아도 최적의 연금상품을 내게 준다.'라는 데 기반한다. 그런데 내가 선택을 해야 한다면 디폴트옵션의 전제를 위반하는 것이다. 설상가상으로 선택해야 하는 상품들 중에는 생애자산관리에 부적합한 원리금보장상품(초저위험)도 있다. 여기에도 함정이 있다. 초저위험은 초저수익 상품이기도 한데 초저위험만 적어 놓으니 사람들이 이를 많이 선택하는 것이다. 그러다 보니 2023년 말 기준으로 사전지정운용제도 가입자의 90%가 낮은 금리의 원리금보장상품을 선택했다. 우리나라에서는 디폴트옵션이 노후를 살리지 못하는 셈이다.

물론 사전지정운용제도 상품은 전문가들이 적격성 심사를 통해 검증을 했기에 다른 상품들보다 신뢰성이 있으며 각 금융기관의 대표 상품이기도 하다. 이런 면에서는 진일보를 했다. 하지만 원리금상품을 선택하는 비중이 90%에 이를 정도로 압도적으로 높다면 적격성 심사의 실익도 크지 않다. 원리금보장상품은 상품 간에 차별성이 거의 없기 때문이다.

연금은 투자상품을 편입해야 하고 장기간 유지해야 한다. 손실이 나더라도 흔들리지 않고 원칙을 지켜 가야 한다. 이 모두 우리의 본성에 맞지 않다. 우리의 본성은 변동성을 싫어하고 미래의 편익을 과하게 과소평가하여 현재의 편익을 더 선호한다. 연금의 의사결정에 시스템 1이 발동되기 쉬운 이유다. 하지만 이를 억누르고 시스템 2가 발동되게 해야 한다. 스스로 시스템 2를 발동하든지, 그럴 수 없으면 오디세우스가 돛대에 자신을 묶고 사이렌의 노래 소리를 들은 것처럼 단기적인 본능을 묶어서 강제해야 한다. 강제하기 싫다면 디폴트제도를 활용하라. 디폴트는 가장 저항이 적은 경로(선택하지 않고 가만히 있는 것)이지만 결과는 시스템 2가 선택한 것과 마찬가지의 합리적 결과를 가져온다. 다만 우리나라의 디폴트제도는 본연의 효과를 발휘하지 못하도록 변형되었다. 그러니 그저 옵트인으로 (내가 선택해서) 대표상품으로 활용하면 좋다.

9장

당신이
가장 먼저
부닥칠
문제들

컵과 입술 사이에는 많은 틈이 있다.

— 팔라다스

컵으로 물을 마실 때, 컵과 입술 사이에 아주 미세한 간격이라도 있으면 물은 줄줄 새버린다. 돈을 버는 원리를 안다고 '원리'가 그대로 '실행'에 옮겨지지 않는다. 이론과 실행 사이의 틈을 없애야 한다. "악마는 디테일에 있다."라는 말처럼 별스럽지 않아 보이는 곳에 핵심이 있다.

아무리 투자를 잘하더라도 저축이 없으면 소용없다. 장기저축 플랜이 있어야 한다. 주택은 투자재이지만 내가 거주하는 곳이기도 하므로 오롯이 투자 관점으로만 접근할 수는 없다. 주택연금으로 노후에 현금흐름을 만들 수도 있다. 부채를 적절히 활용해야 한다. 그리고 투자를 했다가 실패했을 때 혹은 파산했을 때 이를 어떤 관점으로 보아야 할지, 어떻게 대처해야 할지도 중요하다.

무엇보다 투자수익을 내기 위해서는 장기전략적 자산배분과 리밸런싱이 중요하다. 자산배분에 포함될 주식, 채권, 부동산, 대체자산 등의 특성에 대한 철저한 이해가 필요하다. 그리고 무엇보다 자산배분의 프로세스(과정)가 올발라야한다.

종잣돈을 만들어서 투자한다?

지금은 세상을 떠났지만 존경하는 운용자 중 한 사람이 데이비드 스웬슨이다. 1985년부터 2021년까지 36년간 예일대의 학교기금의 운용을 책임졌다. 1999년부터 20년간 연 투자수익률이 12%에 달했으니 기금으로서는 놀랄 만한 수익률이다. 2010년부터 10년간 운용수익을 보면 대학 평균 성과에 비해 초과 수익은 95억 달러, 벤치마크 대비 초과 수익은 103억 달러였고 대학들 중 상위 2%의 성과였다. 스웬슨이라는 사람 한 명이 13조 원이라는 돈을 10년 동안 추가로 벌어 준 것이다. 한 사람이 예일대의 재정을 풍부하게 해서 학교를 튼튼하게 만든 셈이다. 스웬슨의 업적을 높이 사 예일대의 인문학 건물을 스웬슨 타워라고 이름 지었을 정도다.

월가에서 일하던 스웬슨을 1985년에 예일대 기금으로 데려온 사람이 유명한 경제학자 제임스 토빈이다. 토빈세, 토빈q 등 새로운 아이디어들을 내놓았으며 노벨 경제학상을 받은 석학이다. 토빈은 학문뿐만 아니라 사람을 고르는 안목도 뛰어났나 보다. 스웬슨은 자신의 책《포트폴리오 성공운용》에 자산배분에 관한 탁월한 관점을 담고 있다.

필자가 그의 책을 번역한 관계로 한국에 와서 강연을 할 기회가 있었다. 스웬슨은 운용에 전념하며 외부 강연은 예일대에서 특강을 하는 것 이외에는 하지 않는다. 하지만 초청에 응해 한국까지 와주었다. 키가 190cm를 넘는 노르웨이 혈통으로 한눈에 '이 사람이면 돈을 맡겨도 되겠다.'라는 생각이 들 정도로 단단하게 보였다. 허튼 웃음도 없고 허튼 말도 없이 차분하게 말을 이어 나갔다. 그러던 중 누군가 그에게 예일대에서 이룬 업적에 대해 칭찬을 했다. 이에 스 웬슨은 학교 기금이 운영되기 위해 중요한 것은 운용수익도 중요 하지만 꾸준하게 들어오는 기부금이 가장 중요하다는 말을 했다. 아무리 운용을 잘한다 해도 기부금의 유입이 없으면 기금은 곧 바 닥이 난다고 했다.

개인이 자산을 축적할 때도 마찬가지다. **자산을 축적할 때 핵심 은 저축이다.** 투자수익률이 높다고 하더라도 장기적으로 지속적인 저축이 없으면 의미가 없다. 설상가상으로 중간에 틈틈이 인출까지 한다면 자산 축적은 거의 불가능하다고 보아야 한다. 자산관리에서 가장 중요한 점은 바로 지금, 그리고 가능한 한 빨리 장기적인 저축 프로그램을 갖고 저축하는 것이다. 중간에 주식 가격이 변동하더라 도 중단하지 말고 시간의 힘을 믿고 꾸준히 저축해야 한다. 자본시 장은 사람의 통제를 넘어서지만 저축은 사람의 의지만 있다면 가 능하다. 장기적인 저축프로그램으로 꾸준하게 저축을 하는 것이 자 산 축적의 첫걸음이다. 이 단계가 충실하지 않으면 그 이후도 없다.

청년들과 자산관리에 관해 대화를 나눌 때 "종잣돈은 안전하게 예금으로 마련하나요?"라는 질문을 받은 적이 있다. 월급쟁이가 자 산관리를 하는데 왜 종잣돈이라는 말을 쓰는지 의아했지만, 우리는 부동산 위주의 투자 문화다 보니 종잣돈을 마련해서 집을 사고 이를 통해 자산을 불려 가는 목표하에 나온 말인 듯했다. 종잣돈은 집을 사거나 사업을 시작할 때 필요한 돈이지 자산을 축적하는 과정에는 필요 없다. 더욱이 초기에 종잣돈 마련한다고 예금으로 차곡차곡 쌓고 목돈이 되면 주식이나 투자를 한다는 것은 말이 되지 않는다. 예금으로 먼저 종잣돈을 마련하고 그 이후에 목돈을 투자로 연결하는 것이 아니다. 저축은 투자로 바로 연결해야 한다.

집이냐 주식이냐

집부터 마련해야 되는지, 수익률이 높은 주식에 투자하고 집은 임차해서 살아야 하는지 궁금해하는 청년들이 있다. 이론적으로 수익률이 높은 주식에 투자하는 것이 맞다. 주식의 투자수익률이 더 높은데도 젊은 사람들의 주식 보유 비중이 낮은 이유가 주택을 구입하기 때문이다. 그래서 2000년대 초 출간되었던《부자 아빠 가난한 아빠》에는 주택보다 주식의 수익률이 높으니 주식을 사야 한다는 말이 있었다. 일본처럼 주택 가격이 거의 정체되어 있는 환경에서는 맞는 말이다. 하지만 통상적인 국가에서는 아닌 경우가 많다.

부동산은 인플레이션을 방어할 수 있는 믿을 만한 대안이 되는 자산이다. 사람은 어디에서든지 살아야 하고 인구가 줄어도 도시에는 계속 새로운 사람이 들어온다. 안정적인 수요 기반이 있는 셈이다. 전설적인 주식 펀드매니저였던 피터 린치는 "주식을 사기 전에 주택을 사라."라고 하면서 주택 투자의 장점에 대해 몇 가지 흥미로운 견해를 밝혔다.

우선 주택은 투자재인 동시에 소비재이다. 가족이 거주하는 공간으로서의 서비스를 얻을 수 있다. 주택은 '거주'라는 서비스를 이용하려면 임대료를 지불해야 한다. 내 집에 거주하니 임대료를 안 낼 따름이다. 집을 보유할 때의 수익률은 집에 거주하는 서비스와 주택 가격 상승률 이 둘을 합한 것이다. 둘째, 주택은 장기적으로 물가상승률만큼 가격이 오른다. 이렇게 보면 총수익률은 주택거주에서 오는 서비스와 물가상승률을 합한 만큼의 장기수익률을 얻는 셈이다. 셋째, 주택은 주택을 담보로 오랫동안 돈을 빌릴 수 있다. 그것도 낮은 금리로. 누구도 개인에게 이렇게 좋은 조건으로 돈을 빌려주지 않는다. 20년 이상 원리금만 제때 상환하면 빨리 돈을 갚으라는 말은 하지 않는다. 그러다 보니 안정적으로 레버리지를 활용할 수 있고 주택 투자수익률은 더 높아진다. 넷째, 주식은 남의 말을 따라서 금방 사지만 주택은 짧으면 수개월에서 길면 수년에 걸쳐 고민하고 결정한다. 이러니 투자 실패의 가능성이 낮다. 마지막으로, 주택은 가격이 급락한다고 해서 살고 있는 집을 팔지 않는다. 주택은 자동적으로 장기투자가 된다. 하지만 주식은 가격이 급락하면 무서우니 팔아 버린다. 우리나라에서 주택에 투자해서 실패했다는 사람은 많지 않지만 주식 투자해서 실패했다는 사람은 널려 있는 이유다.

주택의 장점은 하나 더 있다. 〈나는 SOLO〉라는 프로그램을 보면 다들 자기소개할 때 어디에 집을 갖고 있다는 말을 한다. 마포나 강남에 집을 갖고 있다고 하면 감탄의 소리로 화답한다. 약간 속물적이지만 굳이 이렇게 말하는 것은 좋은 이성을 선택하는 데 부동산이 도움이 되기 때문이다. 참가자들 가운데 나는 주식을 얼마 갖고 있다는 사람은 못 봤지만 어디에 집을 갖고 있다는 말을 한 참가자는 숱하게 봤다. 주택을 갖고 있으면 현금흐름이 좋은 배우자를 선택할 가능성이 높아진다는 뜻이다. 주택이 주는 숨겨진 장점이다.

다만 우리나라는 선진국들의 가계에 비해 주택을 여러 채 갖고 있는 사람이 많다. 총가구수 대비 주택 호수의 비율을 나타내는 주택 보급률이 102.2%(2021년)인데 반해 주택 소유비율은 56.2%(2022년)에 불과하다.[1] 우리는 기업형 임대업자보다 개인 임대업자가 주를 이루어 주택 가격 변화에 취약한 구조다. 과다한 주택 보유비중을 경계해야 한다.

좋은 부채, 나쁜 부채

돈을 빌려서 투자를 해도 되는가? 과다한 부채debt는 나쁘다고 하는데 과다하다는 기준이 무엇인가? 부채의 특성은 무엇인가? 셰익스피어의 희극 〈베니스의 상인〉에서 안토니오는 이자를 받지 않고 돈을 빌려 주는 착한 역할을 하다 보니 샤일록에게 살점을 도려내서 줘야 할 위기에 처했다. 이로 인해 샤일록은 악덕 고리대금업자의 대명사가 되었다. 그런데 안토니오의 행동이 반드시 올바른 결과를 가져오는 것은 아니다. 안토니오가 돈을 공짜로 빌려주니 베니스의 금리를 떨어뜨려 샤일록 같은 대부업자를 어렵게 만들고, 그런 대부업자들이 사라지면 돈을 급하게 써야 할 사람들이 돈을 빌릴 곳이 없어진다. 부채는 양면성을 갖고 있다.

그리스 과학자 아르키메데스는 "나에게 충분히 긴 지렛대와 지렛목만 있으면 세상을 들어 올릴 것이다."라는 말을 했다. 지렛대 lever에서 나온 말이 레버리지leverage다. 레버리지는 부채/자본을 말한다. 이것이 높다는 것은 자기 자본에 비해 부채 비중이 높다는 뜻이다. 레버리지는 우리가 도저히 움직일 능력이 없을 때 움직일 수 있도록 해준다. 학자금이 없어 의대 진학을 못하는 사람은 학자금을 차입해 의사가 될 수 있다. 돈을 모아서 집을 사려면 오십이 다 되어서야 가능하지만 주택담보대출을 이용하면 30대에 집을 살 수 있다. 레버리지는 삶의 가능성을 확장시켜 준다. 하지만 부채관리를 잘못하면 재산을 모두 잃거나 안토니오처럼 신체포기각서를 써야 할 수도 있다.

부채를 통한 레버리지는 통상의 경우 유리하게 작용한다. 레버리지 비율이 높을수록 시장수익률 이상 벌 확률도 그만큼 높아진다. 그런데 레버리지 비율이 높으면 투자수익률이 나쁠 때 원금을 손실 볼 확률이 높아지지만 원금을 손실 볼 확률은 레버리지에 비례해서 많이 높아지지 않는다. 무슨 말이냐고? 〈표 9-1〉을 보자. 대출이자율이 5%일 경우 레버리지 비율이 높아진다고 해서 원금 손실을 볼 확률이 크게 높아지지 않는 것을 볼 수 있다. 수익과 손실 확률의 비대칭성이 일어난다. 수익은 레버리지만큼 증가하고 손실은 그것보다 적게 부담한다. 자산 가격이 적정하게 변동할 때는 좋은 레버리지가 된다. 그러면 레버리지는 많을수록 좋다는 뜻인가? 자산 가격이 크게 변동할 때는 이야기가 달라진다.

자산 가격 하락 중에서 원금의 25% 이상을 손실 보는 경우만 뽑아서, 즉 크게 손실이 났을 경우만 중점으로 보자. 〈표 9-1〉 아래 표인 원금의 25% 이상 손실을 볼 확률을 보자. 대출이자율 5%이고 레버리지 비율이 25%일 때 원금의 25% 이상 손실을 볼 확률이 12.9%이다. 레버리지 비율이 100%일 때는 20.2%로 크게 높아진다. 레버리지 비율이 높으면 원금을 25% 이상 크게 잃을 확률이 높아진다. 레버리지 비율이 높을수록 극단적인 손실을 볼 가능성이 커진다. 나쁜 레버리지다. 과다한 차입을 하지 말라는 이유가 여기

표 9-1. 좋은 레버리지와 나쁜 레버리지

좋은 레버리지: 시장 대비 2배의 성과를 낼 확률 (시장기대수익률 15%, 변동성 30%)

레버리지 비율	대출 이자율		
	3%	5%	7%
0%	30.9%	30.9%	30.9%
25%	31.6%	32.0%	32.5%
50%	32.0%	32.8%	33.6%
100%	32.6%	33.8%	35.1%
250%	33.4%	35.2%	36.9%

나쁜 레버리지: 원금의 25% 이상 손실을 볼 확률 (시장기대수익률 15%, 변동성 30%)

레버리지 비율	대출 이자율		
	3%	5%	7%
0%	9.1%	9.1%	9.1%
25%	12.6%	12.9%	13.1%
50%	15.3%	15.9%	16.4%
100%	19.3%	20.2%	21.2%
250%	25.2%	26.8%	28.4%

자료: 모셰 밀레브스키(2013),《당신은 주식인가 채권인가?》, p.131, 134

에 있다. 이처럼 레버리지는 손실의 극단적인 상황에 대비해야 하며 그러기 위해서는 손실에 대한 대비가 있어야 한다. 예를 들어 소득이 많고 그 흐름이 안정적인 사람은 대규모 손실 충격에 대한 완충 장치가 있으므로 레버리지에 유리하다는 뜻이다. 유명 연예인들이 부동산을 살 때 레버리지가 높은 이유다. 극단적인 손실이 오면 자신의 소득으로 극복하면 되기 때문이다.

레버리지는 삶에도 적용된다. 아이를 낳는 것은 많은 책임을 떠안기지만 우리의 상상을 뛰어넘는 세계를 열어 준다. 도전이라는 부담과 함께 새로운 결과를 얻을 수 있다. 살아가며 책임을 떠안지 않으려 과하게 피하다 보면 레버리지 수준이 낮은 삶에 머무를 수 있다. 미히르 데사이는 《금융의 모험》에서 이렇게 말한다. "사람들은 책임과 의무를 잘 떠안으려 하지 않는다. 그러느라 자신의 가능성을 제한한다. 후회에 대한 연구를 살펴보면 사람들이 가장 많이 후회하는 일은 책임을 떠안지 않고 회피했던 행동이다. 교육의 기회를 포기했다든지, 사랑으로 이어질 수 있는 인간관계를 놓쳤다든가, 아이들에게 무관심했던 행동들이 주를 이룬다."[2] 삶에서도 우리는 적정한 레버리지가 필요하다. 너무 과다한 부담을 떠안는 것도 바람직하지 않지만 마찬가지로 책임과 의무를 과소하게 떠안으면 삶의 가능성이 축소된다.

레버리지에서 유의해야 할 것은 암묵적 레버리지다. 명시적 레버리지는 좋건 나쁘건 포트폴리오의 성과를 겉으로 드러난 만큼 플러스 혹은 마이너스로 확대한다. 암묵적 레버리지는 겉으로 드러난 것보다 더 큰 위험을 가지고 있는 경우다. 파생상품은 암묵적 레버리지가 있는 대표적인 경우다. 선물이나 옵션 포지션을 갖는 자체가 레버리지다. 리츠(REITs)도 내가 직접 차입하지는 않지만 암묵적으로 차입한 것과 같은 경제적 효과를 준다. 독일 채권을 기초자산으로 한 DLS도 암묵적 레버리지의 대표 격이다. 만기시점 금리가 -0.2% 이상이면 원금손실도 없고 이자도 받는데 여기서 -0.1%포인트 금리가 하락하여 -0.3%가 되면 원금손실은 20%가 되고 -0.4%면 40%, -0.7% 이하면 원금손실이 100%로, 모두 잃는다. 엄청난 레버리지가 내재된 상품이다.

암묵적 레버리지 이상으로 조심해야 할 것이 보증이다. 부채와 보증은 구분해야 한다. 부채는 책임과 더불어 자신의 삶의 가능성을 확장해 준다. 반면에 보증은 삶의 가능성을 차입한 사람이 가져가고 그 사람이 돈을 갚지 않을 경우 위험은 모두 자신이 부담해야 한다. 사업을 하는 친구의 보증을 섰다고 하자. 만약 그 친구가 사업에 성공하면 친구는 부자가 될 것이고 당신에게는 아무런 과실도 없다. 반면 친구가 파산을 하여 빚을 갚지 못하면 당신이 책임져야 한다. 이처럼 부채는 가능성과 손실이 모두 있지만 보증은 가능성은 없고 손실만 있다. 필자의 할머니는 "잘 먹어서 망한 사람 못 봤지만 빚보증 서다 망한 사람은 많이 봤다."라고 하셨다. 가능성의 관점으로 보면 부채와 보증은 완전히 다르다. 둘은 혼동하지 말아야 하며 보증이야말로 정말 어리석은 행동이다.

파산을 보는 관점

2015년에 영화 〈성실한 나라의 엘리스〉가 개봉했다. 주인공 순남은 주산을 잘해 고등학교 때 자격증을 많이 땄다. 하지만 컴퓨터가 등장하면서 자격증들은 아무 소용이 없어지고 컴퓨터를 사용하지 않는 작은 공장에 취직하게 된다. 거기에서 청각 장애가 있는 규정을 만나 결혼을 한다. 가난을 대물림하지 않으려고 신혼여행도 가지 않고 돈을 모은다. 하지만 보청기가 잘못 작동해 규정은 손가락이 기계에 절단된다. 와중에도 순남은 집을 사려고 대출을 받고 그 빚을 갚으려 쉬지 않고 일을 한다. 성실한 나라의 엘리스다. 그럼에도 사정은 전혀 나아지지 않는다.

영화나 드라마에 단골손님처럼 빚 때문에 정신적 고통에 시달리는 사람들이 등장한다. 사업에 실패하면서 돈을 못 갚게 되었고 빚쟁이들이 찾아와 자녀까지 괴롭힌다. 가장은 가출을 하거나 극단적 선택을 하기도 하고 자녀는 완전히 다른 삶의 길을 걷는다. 빚을 못 갚으면 윤리적으로 나쁜 사람이라는 낙인이 평생 따라 다닌다. 어떤 채무자는 자기 아버지의 빚을 자기가 죽을 때까지 일을 해서라도 갚겠다고 한다. 아버지는 사업을 하려다 실패한 것이고 게다가 아버지와 자신은 독립적인 주체인데도 불구하고 자신이 평생 빚을 갚겠다고 한다. 빚을 윤리적 문제까지 끌고 간 것이다. 빚은 윤리의 문제인가? 리스크를 감수한 것에 따른 바람직하지 못한 결과인가?

18세기까지만 해도 서구 사회에서는 빚을 윤리적인 문제로 보았다. 하지만 미국은 1800년에 파산법이 도입되면서 빚에 대한 관점을 바꾸었다. 그 이전에는 빚을 면제해 줄 수 있는 권리는 채권자에게만 있었다. 돈을 빌려 준 사람이 안 갚아도 된다고 해야 빚이 사라졌다. 하지만 파산법에는 채무자 스스로 파산할 수 있는 길을 열어 놓았다. 오늘날에는 파산을 당연하게 생각하지만 1800년 이전에는 법은 뻔뻔하고 무책임한 채무자로부터 채권자를 보호하는 역할이었다.

하지만 사업을 했다가 실패한 것이 뻔뻔하고 무책임한 행동이라고만 볼 수 있을까? 돈을 빌린 사람이 정말 열심히 일했음에도 사업을 일으키지 못했다면, 당사자의 마음은 오죽하겠는가? 이런 상황에서 돈을 못 갚으면 채무자는 갑자기 악덕한 사람으로 간주되고 어느 정도 위험을 감수한 채권자는 자신의 투자행위에 아무런 잘못이 없어진다. 그러나 파산법이 도입되면서 실패를 바라보는 관점이 변했다. 그리고 질서 있는 파산을 유도하여 채권자와 채무자의 상생을 도모하는 방향으로 간다.

개인의 경우도 마찬가지다. 부채를 통해 삶의 레버리지를 키우다 보면 예기치 않은 일로 혹은 우리의 능력이 부족하여 재무구조를 감당할 수 없는 경우가 온다. 기업의 회생처럼 개인도 이를 원용할 필요가 있다. 미히르 데사이의《금융의 모험》에 소개된 몇 가지 방안을 인용해 본다.[3] 첫째, 실패한 뒤에 성급히 행동하는 것은 현명하지 못하다. 흙탕물을 맑게 하려 휘저으면 더 탁해질 뿐이다. 기다려야 한다. 감정적으로 대응하지 말고 실천 가능한 해결책을 찾아야 한다. 기업의 경우 파산이 선언되면 채무자에게 채권자가 청구권을 제기하지 않게 하면서 채권자가 성급하게 행동하지 못하게한다. 둘째, 기업의 경우 회계사, 변호사, 은행가 등 전문가들을 모두 모아서 해결책을 찾는 것처럼 전문가들에게 도움을 요청해서계획을 수립하는 것이 필요하다. 셋째, 실패를 자책할 일로 보지 말고 다시 태어날 기회로 본다. 윤리적인 문제가 아니라 위험을 감수했는데 바람직하지 못한 결과가 나타났을 따름이다.

여러분들이 삶을 확장하기 위해 레버리지를 사용했다가 크게 실패했을 경우에 위의 방식을 따라야 한다. 얼마간 숨 쉴 틈(채무 이행 자동 정지)을 만들고 가족이나 전문가의 도움을 받으며, 자책보다는 미래를 보면서 자신의 회생계획을 세워야 한다. 물론 채무불이행의 문제는 그렇게 간단하지 않다. 내가 어디까지 노력을 해서채무 상환을 이행해야 하는지는 정답이 없다. 내가 채무 상환을 적게 하면 상대방에게 또 어떤 피해가 올지도 모른다. 반면 채무를 모두 갚으려면 나의 삶이 무너질 수 있다. 그 최적점은 어디인가? 단순한 문제는 아니다. 다만 우리가 말할 수 있는 바는 위험을 감수한데 따른 바람직하지 못한 결과가 나타났다는 관점도 필요하다는점이다. 그 책임을 과하게 느낄 경우 〈성실한 나라의 엘리스〉처럼괴기한 결과가 나올 수도 있다.

최고 수익률을 위한 자산배분의 핵심

투자수익을 내기 위해 가장 중요한 것이 무엇일까? 투자수익을 내는 방법은 크게 자산배분, 마켓 타이밍, 종목 선정이 있다. 자산배분은 주식, 채권, 부동산 등의 전통자산군과 헤지펀드, 부동산, 실물자산 등의 대체자산군alternative asset class을 잘 분산하는 것을 말한다. 마켓 타이밍은 주식이나 채권시장의 가격 변화를 예측해서 비쌀 때 팔고 쌀 때 사는 것이다. 시장 가격을 전망해서 돈을 버는 셈이다. 마지막으로 종목 선정은 자산배분이나 시장 변화와는 관계없이 오로지 주식 종목의 가치에 집중하여 수익을 추구한다.[4]

주지하다시피 마켓 타이밍으로 수익을 얻기는 어렵다. 우연히 맞을 수는 있지만 지속적으로 시장의 가격 움직임을 예측할 수 있을까? 종목 선정의 경우 무작위로 고른 종목의 수익률이나 전문가가 고른 것이나 수익률이 차이가 없다고 한다. 물론 그 정도까지는 아니겠지만 그만큼 주식 종목을 통해 돈을 벌기는 어렵다는 뜻이다. 따라서 주식, 채권, 부동산 등의 자산군 비율을 정하는 자산배분이 사람이 노력하여 수익을 높이는 최선의 방법이다.

투자수익을 창출하는 데 가장 효과적인 수단은 전략적 자산배분이다. 여기서 '전략적'이라는 말은 나의 위험성향과 투자 목적에 맞게 최적으로 배분되고 그 배분을 장기적으로 유지하는 것을 말한다. 전쟁이나 경기에서도 전략은 큰 그림을 뜻하고 전술은 큰 그림

내에서의 환경변화에 대한 대응을 말한다. 전장에서는 전략을 세웠더라도 상대의 대응과 바람의 변화 등으로 예기치 않은 일이 발생한다. 여기에 대응하는 것이 일종의 전술이다. 자산배분도 전략과 전술로 나뉘며 전략은 보다 장기적인 자산배분의 틀을 의미한다. 전략적 자산배분은 자주 바뀌지 않는다.

스웬슨은 전략적 자산배분에서 세 가지를 핵심으로 생각했다. **첫째는 주식 중심의 배분, 둘째는 분산 그리고 셋째가 리밸런싱이다.** 주식을 자산배분의 중심으로 하되 분산과 리밸런싱이 필요하다는 것이다. 덧붙여서 전통자산군만이 아니라 대체자산군을 적극적으로 활용하고, 기대수익이 높고 다른 자산군과 상관관계가 낮은 새로운 자산군을 발굴하는 데 역량을 집중했다. 스웬슨은 실제로 1980년대에 절대수익, 부동산과 같은 대체자산군을 새로운 자산군으로 선정하여 잘 분산된 포트폴리오를 구성했다. 무엇보다 분산 이론을 철저하게 실천했다. 주식 중심으로 자산을 배분하되 주식 자산군 내에서 분산을 했다. 절대수익은 주식의 범주에 속하지만 주식시장의 움직임을 따르지 않고 시장 중립적인 움직임을 보이며, 이벤트 드리븐event driven 전략도 주식 종목을 통해 실행하지만 일반적인 주식시장 움직임과는 다르다. 그 외 해외주식군을 넣음으로써 주식군 내에서 분산을 적극적으로 추구하였다. 주식의 비중이 높지만 주식군 내에서 절대수익, 이벤트 드리븐, 해외 주식 등으로 분산함으로써 주식의 변동성을 낮추었다.

리밸런싱은 전략적 자산배분이 애초의 비중을 벗어났을 때 자산 간에 비중을 재조정하는 것을 말한다. 가격이 올라 비중이 많아진 자산을 팔아 원래의 비중으로 하고 가격이 떨어져 비중이 줄어든 자산을 사서 원래의 비중으로 맞춘다. 만일 장기간 리밸런싱을 하지 않으면 포트폴리오는 수익이 높은 자산의 비중이 계속 높아지고 수익이 높은 자산에 치중하게 되면서 포트폴리오 전체가 위험해질 수 있다.

이런 면에서 리밸런싱과 마켓 타이밍은 구분해야 한다. 마켓 타이밍은 시장 가격을 예상하여 조절하는 것인데 반해 리밸런싱은 예측하지 않는다. 예를 들어 주식의 가격이 하락하고 채권 가격이 상승할 때 마켓 타이밍은 향후 주식 가격이 오를 거라 생각하고 주식을 구매하는 것을 말한다. 하지만 리밸런싱은 시장 가격을 전망하지 않고 그냥 원래의 주식과 채권의 비중으로 만드는 과정에서 매매가 일어나는 것이다. 마켓 타이밍처럼 보이지만 완전히 다르다. 리밸런싱은 언제 한 번씩 해야 할까? 주, 월, 분기 등을 기준으로 하든지, 허용 가능한 자산배분 비율의 범위range를 정해 놓고 이를 벗어날 때 리밸런싱을 하는 방법이 있다.

시장이 초과변동성이 있는 한 연속적으로 리밸런싱을 하는 것이 좋다. 이는 초과수익을 제공해 준다. 1997년 10월 27일과 28일의 미국 주식시장은 이런 상황을 보여 준다. 10월 27일 주식시장은 6.9% 하락하고 채권시장은 상승했다. 다음 날 상황이 바로 역전

되어 주식시장은 5.9% 상승하고 채권은 매도세였다. 만일 10월의 이 이틀 동안 주식과 채권의 비율을 6:4가 되게 리밸런싱을 했다면 0.1%의 추가수익을 얻었을 것이다. 이는 기본적으로 위험관리 행위에 대한 보상이다.[5] 리밸런싱은 투자자들에게 예상치 못한 유쾌한 보너스를 주기도 한다. 하지만 리밸런싱을 하는 근본적인 이유는 장기적으로 전략적 자산배분 비율을 유지하기 위한 것이다. 리밸런싱은 마켓 타이밍이 아닌 전략적 자산배분을 지키기 위해 있다.

전통자산: 주식과 채권의 특성

전략적 자산배분에 포함되는 자산은 크게 전통자산군과 대체자산군으로 나눌 수 있으며 전통자산군은 주식, 채권이 대표적이며 대체자산군은 절대수익, 실물자산, 사모주식(PE) 등이 있다. 전통자산군은 시장의 힘에 의해 수익이 나는 자산이다. 경제와 사회의 성장에서 과실을 얻는 것이다. 따라서 시장의 수익률을 뛰어넘는 성과를 내려 노력할 필요 없다. 성장하는 사회에서는 시장수익률 정도만 따라가도 장기적으로 훌륭한 수익을 준다. 전통자산군은 넓고 깊은 시장이다. 넓다는 것은 주식이나 채권의 종류가 아주 많고(주식 종목과 채권 종목을 생각해 보라.) 깊다는 것은 많은 사람들이 시장에 참여하고 있어 거래가 활발하게 일어난다고 보면 된다. 자산배분의 베이스가 되는 주식과 채권에 대해 알아보자.

주식

주식은 기업을 소유하는 것을 의미한다. 주식 소유자에게 기업의 이익이 귀속된다. 주식은 포트폴리오에서 중심적인 역할을 한다. 축구에서 골을 넣는 것은 공격수이듯이 포트폴리오에서 수익을 이끄는 기관차 역할을 하는 것이 주식이다.

역사적으로 주식은 다른 자산과 비교하여 가장 높은 수익을 주었다. 펜실베니아대학 와튼 경영대학원의 제러미 시겔 교수는 미국 주식수익률에서 204년 동안의 데이터를 통해 실질복리주식수익률이 연 6.8%(산술평균은 8.4%)임을 보여 줬고 매년 물가상승률 2.5%를 감안하면 연 9.3%의 명목수익률을 기록한 셈이다.[6]

세계적으로도 주식은 가장 높은 수익률을 보인다. 선진국 16개국의 1900~2000년까지의 주식수익률을 보면 실질연복리수익률(산술평균)은 6.7%(8.7%)로 채권 1.6%(2.1%)보다 5.1%포인트(6.6%포인트)가 높다.[7] 다른 어떤 자산군도 장기적으로 이런 높은 수익을 주지 않는다. 골을 넣으려면 공격을 해야 하듯이 자산을 증식시키고 싶으면 주식군이 포트폴리오의 중심이 되어야 한다.

주식의 장기적 성과는 배당, 인플레이션, 배당성장률, 가치평가의 네 가지 요소로 구성된다. 제러미 시겔은 배당의 중요성을 강조했다. S&P500 종목 중에서 시가총액이 큰 100개를 사서 배당수익률이 높은 10개의 종목에 매년 투자하는 S&P10전략을 쓰면 연평균수익률 15.71%의 높은 성과를 보여 S&P500 수익률보다 연 4.5%포인트가 높았다. 매년 다우지수에서 배당수익률이 높은 10개의 주식에 투자하는 다우 10 전략은 같은 기간 동안 14.08%로 벤치마크 대비 연 3%포인트 초과수익을 기록했다. 이들 배당투자는 변동성도 낮아 지난 50년(1957~2007년) 동안 수익은 더 주고 변동성은 낮추었다.[8]

주식수익률이 높은 것은 그만큼 위험도 크기 때문이다. 주식 지분은 잔여청구권이다. 회사의 자산을 채권자 등에게 먼저 배분하고 남은 부분을 주식 소유자에게 지급한다. 주식의 위험프리미엄은 채권 투자보다 더 높은 수준의 위험을 감수함으로써 얻게 되는 추가적인 수익을 의미한다. 주식의 위험프리미엄(단기국채 수익률을 초과하는 부분)에 대해 로저 이봇슨은 5.7%, 제러미 시겔은 3.0%라 보고 있다. 보디 등은 1927~2021년의 95년 데이터를 보면 주식 위험프리미엄이 연 8.87%에 달한다고 한다.[9] 표본의 기간에 따라 다소 차이가 있지만, 공통적으로 주식수익률의 위험프리미엄은 주식이 채권보다 더 많은 추가 수익을 주었다는 것을 보여 준다.

주식은 물가상승을 장기적으로 보호하는 역할을 하지만 단기 보호 장치로는 약점이 있다. 미국에서는 1973년과 1974년에 인플레이션으로 구매력이 37%나 하락하였는데 주식 가격도 22%가 떨어졌다. 단기적으로 주식은 물가를 보호하지 못한다. 하지만 장기적으로는 헤지를 한다. 인플레이션이 발생한다는 것은 제품 가격이 오른다는 뜻이고, 제품 가격이 오르면 제품을 만드는 기업의 매출이 늘어나고, 기업의 성과가 좋아져 주식 가격이 오르면서 시가총액이 늘어나는 것이다.

주식의 가치를 창조해 온 것은 재산권, 시장경제, 숙련된 기업경영 등이었다. 1929년의 대공황, 2008년의 글로벌 금융위기가 있었지만 이를 극복하고 장기적으로 성장해 왔다. 만약 자본주의가 쇠퇴한다면 주식시장도 어떻게 될지 알기 어렵다. 우리가 해외 주식 보유를 결정할 때는 체제와 제도적 요인도 중요하게 고려하는 이유다. 데이비드 스웬슨은 "미국 국내 주식은 장기 투자자가 투자해도 좋은 자산이다."라고 말한다. 다만 주식이 항상 이러한 일반적인 특성을 나타낼 것으로 기대하여 자신의 포트폴리오에 너무 많은 부분을 차지하게 만드는 것은 조심해야 한다. 주식의 리스크프리미엄 수익률에는 그만큼의 위험이 내재되어 있다는 뜻이다.

채권

채권은 돈을 빌리고 빌려주는 매개 증권이다. 채권은 차입자의 차용증서다. 채권 발행자는 특정일에 특정된 이자를 지급하기를 약속한다. 이를 표면이자coupon payment라고 한다. 채권 만기가 되면 발행자는 발행액면에 해당하는 돈을 돌려준다. 예금과 다른 것은 채권은 만기 전이라도 유통 시장에서 거래할 수 있다는 점이다. 예금도 해지 수수료를 물고 중도 상환이 되지만 채권은 매매를 통해 사든지 팔든지 할 수 있다. 그래서 예금 가격은 변하지 않지만 채권 가격은 변한다. 다만 만기까지 가져가면 정해진 이자와 원금을 받게 된다. 채권 가격은 왜 변할까? A가 금리가 2%일 때 만기가 10년 남은 채권을 샀다고 하자. 만기까지 보유하면 20%의 이자를 받는다. 그런데 금리가 1%로 떨어졌을 때 채권을 산다면 어떻게 될까? 1% 금리에 10년이면 10%의 이자를 받는다. 그런데 A가 가진 채권은 20%의 이자를 받는다. 따라서 A는 가격을 올려서 팔 수 있다. 수익률이 10%로 낮아질 때까지 가격을 높여 받을 수 있다. 채권은 금리가 하락하면 돈을 번다는 이유가 여기에 있다. 물론 금리가 오르면 반대의 이유로 손해를 보게 된다.

그러면 대체 가격이 얼마나 변하는가? 채권 가격과 금리의 반비례 관계는 투자에서 채권을 역할을 이해하는 데 중요하다. 이를 위해서는 듀레이션을 알고 있어야 한다. 채권 금리 변화에 듀레이션을 곱하면 채권 가격 변화가 된다. 듀레이션이 3이고 채권 금리가 3%에서 4%로 오르면 채권은 '1%포인트×3'이 되어 3% 가격이 떨어진다. 따라서 채권은 듀레이션이 중요하다. 듀레이션 3의 채권을 10억 원 가진 사람이나 듀레이션 1.5의 채권을 20억 원 가진 사람이나 금리 변동에 대한 자산가치가 동일하다. 따라서 듀레이션을 긴 채권을 택하면 채권을 덜 보유해도 되고(위의 경우 10억 원을 덜 보유해도 된다.) 나머지 10억 원으로 다른 자산에 투자하면 된다. 채권 투자를 할 때는 항상 듀레이션을 물어보아야 한다. 채권펀드도 그 펀드의 평균 듀레이션을 물어보아야 한다.

채권은 국가나 공공기관이 발행한 국공채, 은행이 발행한 은행채, 증권회사나 기타 금융회사가 발행한 채권, 그리고 일반 회사가 발행한 회사채가 있다. 국채와 통안채는 국가가 발행하므로 최우량 신용등급이다. 채무불이행 위험이 없다. 반면에 은행채나 회사채의 최우량 신용등급은 AAA이다. BBB까지 투자등급에 속하며 BB~D까지는 투기등급 채권 혹은 고수익 채권high yield bond이라고 한다. 미국에서는 1977년 전까지는 투기등급채권 발행이 없었으며, 1977년 이후 투기등급 혹은 정크본드junk bond 채권을 발행하기 시작했다. 채권에서 금리 변화에 따른 가격 변화 리스크 이외에 중요한 리스크는 신용등급이 나빠져서 채권 가격이 하락하는 경우다. 그래서 채권운용하는 데스크는 금리의 변화를 예측하는 거시경제 부문과 신용등급 변화를 모니터링하는 크레딧(신용) 분석팀이 있다.

채권은 주식과 케미가 잘 맞다. 주식 가격과 채권 가격은 반대로 움직이는 경향이 있기 때문이다. 주식펀드매니저는 낙관주의자가 많고 채권펀드매니저는 회의주의자가 많다. 경기가 좋아져야 주가가 오르는 반면 경기가 나빠져 금리가 떨어져야 채권 가격이 오르기 때문이다. 주식시장이 좋을 때는 통상 경기가 좋은 때라 금리가 오르므로 포트폴리오에서 주식 가격이 오르고 채권 가격은 하락한다. 반대로 주식시장이 좋지 않아 주식 가격이 하락할 때는 금리도 하락해서 채권 가격이 오른다. 특히 주식 가격이 급락할 때 채권 가격이 오르면서 포트폴리오 가치가 급격하게 떨어지는 것을 막아준다. 미국에서 LTCM 사태가 일어났을 때 1998년 7월 17일부터 10월 8일까지 미국 주가는 22%나 하락했는데 장기 국채는 8%라는 좋은 수익률을 보였다. 이처럼 시장이 극심한 혼란기에 빠졌을 때 채권을 소유했다면 분산 효과가 큰 것을 볼 수 있다.

　장기채권은 예상치 못한 인플레이션에 취약하다. 금리는 실질금리에 예상물가상승률을 합한 것이기에 물가가 오르면 명목금리도 오른다. 10년 만기 국채를 3%에 샀는데 예상치 못한 물가상승으로 금리가 1%포인트가 올라 4%가 되었다. 그러면 듀레이션이 7년 정도 되는 10년 만기 국채는 가격이 7% 하락한다. 채권 가격이 7%나 하락한다니! 듀레이션이 길수록, 즉 채권만기가 길수록 예상치 못한 인플레이션에 약하다. 그래서 물가가 오르면 그만큼 원금의 가치를 증가시켜 주는 물가연동국채도 있다. 물가연동국채는 예상치 못한 물가 변동을 보호하는 데 가장 확실한 금융상품이라 할 수 있다. 예상치 못한 디플레이션은 반대로 채권 가격을 상승시킨다. 그래서 주식과 채권은 훌륭한 분산 효과를 낼 수 있는 자산군이다. 국채는 금리가 낮아 수익성이 낮고 인플레이션에 취약하다는 것이 단점이지만, 주식과 좋은 분산 효과를 낼 수 있고, 순수한 채권이라 경기가 충격을 받을 때 가격이 오르는 장점이 있다. 이것이 채권의 정체성이다.

대체자산: 절대수익, 실물자산, 사모주식의 특성

전통자산군 이외의 자산군을 대체자산군이라 한다. 여기에는 절대수익(헤지펀드), 실물자산, 사모주식Private Equity이 있다. 대체자산군과 전통자산군을 같이 보유하면 잘 분산된 포트폴리오다. 전통자산군과 대체자산군은 가격이 서로 독립적으로 움직이는 경향을 띠기 때문이다. 특히 대체자산군은 최근 십수 년간 기관투자자들이 저금리에서 적극적으로 활용하던 자산군이다. 유의할 것은 대체자산군의 정체성은 저금리기에 수익률을 조금 더 주는 자산이 아니라 전통자산군과 같이 보유하면 자산배분의 효율성을 높이는 자산군이라는 것이다. 저금리든 고금리든 전통자산군과 함께 보유하면 잘 분산된 포트폴리오를 만들 수 있다. 하지만 이들 자산군은 기관투자자나 적격 투자자들이 활용하며 일반 개인들이 적극적으로 활용하기는 쉽지 않다. 일반 개인들은 공모 헤지펀드, 부동산펀드, 실물자산 ETF 등으로 접근할 수 있다.

절대수익

절대수익은 말 그대로 주식시장의 성과에 관계없는 수익을 추구하는 전략을 말한다. 절대수익은 헤지펀드의 한 전략으로 헤지펀드전략에는 그 외에 공매도, 채권 차익거래, 전환사채 차익거래, 글로벌 매크로, 멀티 전략, 재간접 헤지펀드 등이 있다. 절대수익을 시장 중립 전략이라고도 하는데 주식의 속성을 갖고 주식의 수익률을 추구하지만 소위 주식시장의 일반적인 흐름, 간단히 말하면 주가 지수와는 독립적인 수익률 움직임을 보인다는 뜻이다. 이처럼 절대수익은 주식이나 채권과 상관관계가 매우 작으므로 절대수익을 포트폴리오에 넣으면 주식과 비슷한 수익을 내면서도 주식과 분산이 된다. 주식이면서 주식의 변동성을 줄여 주는 역할을 한다는 뜻이다.

절대수익은 크게 이벤트 추구형과 가치 추구형이 있다. 이벤트 추구형은 합병이나 기업 회생과 같은 특정한 기업 재무 거래를 실현하는 것과 관련된다. 가치 추구형은 롱숏 전략이 대표적으로 시장에 중립적이면서 알파의 수익을 추구한다. 롱숏은 종목을 사고 시장지수를 매도하거나, 종목을 사고(롱) 동시에 다른 종목을 공매도(숏)하는 것을 말한다. 절대수익 펀드매니저는 시장 성과와 독립적인 수익을 추구하므로 벤치마크 대비 상대적인 수익을 추구하는 일반 주식 펀드매니저와는 다르다.

이벤트 추구형은 기업 합병과 구조조정 과정에 내재한 복잡성에 수익 기회가 있다. 재무구조가 불편해지거나 전반적인 구조 변화를 겪는 기업들이 있을 때 이를 깊이 분석하고 대응하는 것을 싫어하는 투자자들이 그 증권을 매도할 때 기회가 생긴다. 합병차익거래 등이 여기 해당한다. 이들은 골치 아픈 사건이 일어나면 그냥 증권을 팔아 버린다. 절대수익은 그 가격의 불일치를 이용한다.

이벤트 추구형은 부실증권 분야에서 구조조정 기업들의 증권에서도 기회를 찾는다. 파산의 위험이 높아지면 대체로 크게 분석하지 않고 그 증권을 팔아 버린다. 펀드에서는 그런 자산을 갖고 있다는 것 자체가 펀드 전체의 신뢰성을 낮추기 때문이다. 하지만 이벤트 추구형 투자자들은 그 기업이 회생할 타이밍을 찾고 여기에서 수익을 얻는다. 2003년에 카드채 사태가 났을 때 LG 카드 등 카드 채권은 펀드에서 팔아 버렸는데 LG 카드의 회생에 베팅을 해서 돈을 많이 번 증권사도 있었다.

가치 추구형 절대수익 전략은 저평가되거나 고평가된 증권을 찾아내어 헤징을 통해 시장 노출을 줄인다. 가격이 낮아진 증권을 구매하고 비싸게 매겨진 같은 금액의 주식을 공매도 한다면 서로 상쇄되는 롱/숏 포지션으로 말미암아 시장위험(체계적인 위험)이 제거된다. 가치 추구형 매니저는 기업가치를 평가한다는 점에 보통의 주식 펀드매니저와 공통점을 가지지만 숏 포지션은 전혀 다른 특성을 가짐을 명심해야 한다. 롱 포지션은 가격이 증가하여 이익을 보면 포지션이 증가하고 가격이 하락하여 손해를 보면 포지션이 줄어드는 자연스런 모습이다. 그런데 공매도(차입 매도)는 가격이 올라 손해를 보면 포지션 비중이 늘어나고 가격이 떨어져 이익을 얻으면 포지션 비중이 줄어드는 반대 모습을 보인다. 손해를 보는 것이 지속되면 손해가 눈덩이처럼 크질 수 있다는 뜻이다. 그래서 공매도 포지션을 가진 펀드매니저는 공매도 종목을 보다 철저하게 분산해야 한다. 혹은 정말로 확실하다고 생각되는 공매도 종목을 찾아야 한다.

공매도의 또 하나 리스크는 주식을 차입하여 매도했기 때문에 갚아야 한다는 것이다. 그런데 주식 대여자가 그 주식을 회수해서 공매도자가 차입 포지션을 유지할 수 없게 되면 공매도자는 또 다른 대여자를 찾아서 주식을 차입해야 한다. 만일 특정 주식 종목의 대주 시장이 경색되면 공매도자는 비싼 가격을 주고 그 증권을 사야만 하는 숏 스퀴즈short squeeze에 직면한다. 그리고 공매도 대상 기업은 대기업보다는 작은 기업이 많기에 자칫하면 대주시장이 경색되어 숏 스퀴즈를 당할 위험이 크다. 공매도는 단순히 향후 자산 가격이 하락할 것을 예측해서 차입 매도하는 것 이상의 위험 관리가 필요하다. 주식을 매수하는 것 반대라고 생각하면 오산이다.

절대수익은 시장 관련 위험을 가지지 않고 시장 위험에 중립적이어야 한다. 이들이 코스피나 S&P500과 같은 시장성 지수와 관계가 있고 시장수익에서 수익을 얻는다면 진정한 의미의 절대수익이 아니다. 진정한 의미의 절대수익은 시장위험을 없애는 전략을 구사하기 때문에 시장지수수익률과 별개로 움직이며 간단하게는 단기금리 정도의 수익을 얻는다. 전문 매니저는 단기금리를 초과하는 수익을 얻어야 한다. 절대수익은 단기금리 정도를 벤치마크로 하고 이를 초과하는 부분에 대해 성과보수를 지급하는 것이 맞다.

실물자산

앞에서 언급했듯이 자산은 구매력을 유지하는 것이 중요하다. 언뜻 구매력 유지가 쉬워 보이지만 장기간에 걸쳐 물가의 복리 상승보다 높은 자산가치를 유지한다는 건 결코 쉬운 일이 아니다. 구매력의 불확실성을 보호하기 위해 보유하는 자산이 실물자산이다. 실물자산은 인플레이션과 높은 상관관계를 보인다. 아니 인플레이션과 높은 상관관계를 보이는 것을 실물자산이라 부르자. 장기 투자 기관들은 인플레이션을 방어할 자산을 찾아 나서는데 이들에는 TIPS(물가연동채권), 부동산, 천연자원, 상품commodities 등이 있다. 인플레이션 방어 강도는 실물자산의 종류에 따라 다르다. TIPS는 적어도 물가지수로 측정되는 물가를 정확하게 따라 잡는다. 상품에 속하는 에너지는 그 자체가 소비자물가지수의 중요한 구성 요소이다. 따라서 에너지 가격이 오르면 물가가 오른다. 부동산은 TIPS나 상품에 비해 인플레이션과 직접적인 관계가 덜하다. 하지만 부동산시장이 균형 상태에서 움직일 때는 부동산과 인플레이션 사이에 강한 연관성이 있다.

실물자산은 인플레이션으로부터 보호될 뿐만 아니라 높은 수준의 현금흐름을 제공한다. 한마디로 실물자산은 인플레이션을 잘 방어하는 데 더불어 잘 선택하면 고유의 수익도 주는 것이다. '물가상 승률+고유 수익'이라는 실물자산의 수익 특성은 장기적으로 보유 하면 높은 수익을 준다.

TIPS는 물가상승을 채권의 원금에 반영하여 조정함으로써 투자 자들을 물가상승으로부터 완벽하게 보호한다. TIPS의 표면금리가 고정되어 있더라도 채권의 원금이 증가하면 이자금액이 그만큼 증 가하므로 이자와 원금 모두 인플레이션의 변화를 반영한다. 국가신 용도라는 우량한 신용도를 가졌을 뿐만 아니라 원금과 이자가 물 가에 연동되는 조건 때문에 실질수익률은 높지 않다. 물가연동국채 의 금리는 이론적으로 일반 채권금리에 비해 기대물가상승률만큼 금리가 낮다. 10년 만기 국채 금리가 4%고 기대물가상승률이 2% 라면 물가연동국채 금리는 2% 남짓이라는 뜻이다. 투자자들은 국 가신용도와 인플레이션 방어라는 요건 때문에 낮은 기대수익과 높 은 가격을 지불하는 것이다. 일반적으로 TIPS를 국채로 분류한다. 하지만 전통적인 채권의 속성과 반대되는 특성을 가지므로 오히려 그 속성상 실물자산으로 분류하는 것이 맞다.[10] 예상치 못한 물가상 승이 있으면 전통적인 채권은 가격이 하락하나 TIPS는 통상 가격 이 오른다.

디플레이션이 오면 물가연동국채는 어떻게 될까? 6개월마다 원 금을 물가에 따라 조정해 주는데 만기 전까지는 물가가 하락하면 원금도 줄어들고 이자금액도 줄어든다. 만일 물가가 만기 때도 하락하여 원금이 1만 원이 아니라 9500원이 되었다면 이 경우 원금을 1만 원 돌려준다. 만기 때 원금은 최소한 액면은 보장해 준다는 뜻이다. 하지만 이자금액은 올려 주지 않는다. 만기 때 원금 보전 전 금액인 9500원에 이자율을 곱한 이자금액을 지급한다. 물가가 하락해도 원금을 보장해 주는 것은 만기 때이며, 이 경우라도 이자금액까지 1만 원 액면에 이자율을 곱한 만큼 지급하지는 않는다.

부동산 투자는 오피스, 아파트 단지, 산업시설, 소매시설 등을 소유하는 것을 말한다. 고급 부동산을 보유하면 신용도 높은 세입자들과의 장기 임대 계약에서 발생하는 안정적이고 높은 수준의 현금흐름을 얻을 수 있다. 이러한 부동산은 예측 가능한 현금흐름이 이어지기 때문에 자산가치가 안정적이다. 현금흐름이 없는 부동산은 안정적이지 못하며, 임대계약이 끝나서 재임대해야 하는 경우에도 가치가 안정적이지 않다. 재임대 조건이 어떨지, 공실률이 생길지 알 수가 없기 때문이다.

부동산은 채권과 주식의 특성이 결합되어 있다. 축구에 비유하면 주식은 공격수, 채권은 수비수라면 부동산은 미드필더에 해당한다. 부동산 투자는 좋은 입지, 좋은 임대, 고품질 부동산이라는 조건으로 구성된다. 나대지, 개발사업, 호텔 운영 등은 안정적인 현금흐름보다는 어떻게 운용하느냐에 따라 가치가 달라진다. 때문에 주식의 속성을 더 많이 가진다. 이처럼 부동산의 위험과 수익은 채권과 주식의 중간 정도다.

부동산 투자는 직접 물건을 사는 것 이외에 부동산투자회사 리츠(REITs)를 활용하여 간접적으로 투자할 수 있다. 리츠와 같은 상장된 부동산 주식은 낮은 비용으로 양질의 부동산 자산에 투자할 수 있는 기회를 준다. 리츠의 시장 가격과 리츠가 보유하는 부동산의 공정가치는 종종 괴리를 보인다. 시장 가격과 공정가치 사이의 이러한 불일치는 투자자들에게 오히려 리츠에서 수익을 낼 수 있는 기회를 준다. 리츠의 시장 가격이 공정가치 대비 할인가로 거래될 때는 리츠를 선호하고 프리미엄이 붙어 거래될 때는 리츠를 피하면 된다. 그 외에도 부동산펀드와 MBS mortgage backed securities를 통해 간접적으로 부동산에 투자할 수 있다.

부동산은 단기적으로 인플레이션을 따라가지 않지만 장기적으로는 따라간다. 예를 들어 물가가 올라 빌딩을 지을 때 가격이 그 전에 비해 20% 올랐다고 하자. 그러면 사람들은 새로운 빌딩을 짓기보다 기존의 빌딩을 사려 한다. 기존의 빌딩에 대한 수요가 증가하면 가격이 오르고 결국 장기적으로 물가상승률만큼 기존의 빌딩 가격도 오르게 된다. 부동산의 임대구조도 인플레이션과 부동산 가격의 상관관계에 영향을 준다. 장기 고정된 임대를 조건으로 하는 부동산에서는 인플레이션과의 단기 상관관계는 거의 나타나지 않지만 임대 만기에 근접할 때는 인플레이션이 부동산 가격에 영향을 준다. 임대료가 인플레이션을 따라 상승하기 때문이다. 임대 구조가 인플레이션에 이렇게 반응하기 때문에 부동산 자산가치 역시

장기적으로 인플레이션을 따라간다.

물론 물가가 오른다고 반드시 부동산 가격이 오르는 것은 아니다. 수급이 불일치할 경우 부동산 가격은 물가를 따라 움직이기보다는 수급에 움직인다. 미국에서는 1980년대 후반에 과잉 공급된 상업용 부동산 때문에 빌딩들은 엄청나게 할인되어 거래되었다. 2000년대 초반 인터넷 버블 이후 오피스 공간에 대한 수요 감소로 공실률이 높아지고 부동산 가격이 하락하였으며 2022년부터는 코로나19 이후 공실률이 높아지면서 높은 물가상승에도 불구하고 오피스 가격은 크게 하락했다.

천연자원은 지구에 있는 자원으로 이를 통해 인간에게 유용한 물건을 만들 수 있다. 대표적인 것이 공기, 물, 토양, 철, 삼림이다. 크게 두 가지로 나눌 수 있는데 재생 자원과 비재생 자원이다. 전자는 삼림, 바람, 물이며 후자는 화석 연료, 광물 등이 해당된다. **상품** commodities은 자원을 캐내거나 정제해서 생산투입물로 사용할 수 있는 것을 말하는데, 에너지, 금속, 곡물, 목재 등이 해당한다. 석유와 가스와 같은 에너지는 좋은 분산 투자 기회가 된다. 석유나 가스가 아닌 상장된 에너지 기업에 투자하는 방법도 있지만 에너지 가격 변동과 그 기업의 주가가 연동되지 않으므로 주의를 요한다. 에너지 투자는 인플레이션과 강한 상관관계를 갖고 전통적인 증권과는 음의 상관관계를 갖기 때문에 포트폴리오를 분산시키는 기능을 갖는다. 다만 주식이나 채권 가격과 다른 가격 움직임을 보이고 정보도 많지 않으므로 개인이 접근하기는 쉽지 않다. 예를 들어 금은 2006년 이후 지금까지는 600% 올랐지만 1980~2000년 동안은 가격이 -70% 떨어졌다.

사모주식

사모주식은 공개된 주식시장이 아니라 주주나 경영진과 사적인 협상을 통해 상장 혹은 비상장 지분을 인수하는 방식으로 투자하는 자금을 말한다. 여기에는 바이아웃buyout과 벤처투자(VC: 벤처캐피탈)가 있다. 바이아웃은 차입leverage의 리스크가 있고 벤처투자는 운영상의 불확실성이 있다. LBO Leveraged Buyout의 경우 부채를 가져가면서 종국에는 이익을 남기고 투자자금을 회수해야 하는 어려운 과정들을 거쳐야 한다. 상장을 하든 다른 곳에 매각하든 자금을 회수해야 하기 때문이다. 벤처투자는 초기 단계start up 기업의 기술성을 평가하는 것이 중요한 반면에 LBO는 성숙한 사업이 비즈니스 영역이라 양자 간 차이가 있다. 하지만 둘 다 기대 수익률이 높고 유동성은 낮다는 공통점을 가진다. LBO는 성숙한 기업과 레버리지라는 차이점이 주식 투자와 약간 다르고 벤처투자의 경우 초기 단계는 주식시장과 관련이 거의 없지만 후기 단계는 주식시장과 상당히 연관되어 있다. 상장단계에서 상장 가격이 주식시장의 분위기와 상당한 연관성이 있기 때문이다. 바이아웃에 내재한 높은 차입비율과 벤처투자에 내재한 미성숙한 기업의 불확실한 미래 때문에 주식시장보다 더 큰 위험을 갖는다.

사모주식이야말로 비효율적 시장 영역에 속한다. 국채 시장이나 대형주에서 시장수익률을 초과하는 성과를 얻기 어렵다. 효율적인 시장이기 때문이다. 따라서 국채나 대형주 운용자들은 그 성과의 차이가 크지 않다. 반면에 사모주식은 비효율적 시장에 속하므로 LBO도 상위권에 속한 금융회사들이 좋은 성과를 낼 수 있는 기반을 갖는다. 네트워크나 정보, 인적 구성에서 우월하기 때문이다. LBO는 주식시장에서 매매하는 차원이 아니고 좋은 네트워크로 좋은 물건을 찾고 유리한 협상을 이끌어가야 한다. 미국의 사모주식회사는 KKR, 블랙스톤, 워버그핀커스 등이 있는데 이들은 제한된 파트너십 형태로 LBO펀드를 만든다.

벤처투자 역시 평균적으로 좋은 성과를 얻는 것은 아니다. 고수익을 얻는 벤처캐피탈도 있고 손실을 크게 보는 벤처캐피탈도 있다. 비효율적 시장 영역이라 좋은 회사를 선택해야 한다. 하지만 일반 개인들에게까지 우수한 금융상품이 확산될 가능성이 별로 없다. 일반인에게 공개된 벤처투자와 클럽처럼 운영되는 벤처투자는 성과가 다른 이유다. 벤처투자 회사를 보면 비교적 오래 지속되고 규모가 크며 성과가 높은 펀드들을 제외하면 산업 전반의 성과는 그다지 높지 않다. 아마 개인 투자자들은 상위에 속한 벤처투자회사들을 이용하기 쉽지 않기 때문에 벤처의 기대수익을 낮추어야 한다. 엘리트 벤처투자회사에 접근할 수 없다면 그냥 상장주식을 하는 편이 나을 수 있다. 사모주식의 성과를 보면 미국의 경우 2000~2018년 동안 벤처투자는 15.3%, LBO는 19.3%를 기록했다.[11] 같은 기간 S&P500의 수익률은 3.8%였다. 이는 나스닥이 붕괴되는 특이한 기간이었기 때문에 큰 차이가 난 것으로 보인다.

자산배분의 실행

전통자산, 대체자산 등을 활용하여 개인들은 어떻게 자산배분을 할 수 있는가? 자산배분의 원리는 축구와 유사하다. 손흥민이 골을 잘 넣는다고 해서 모두 손흥민 같은 선수로 팀을 구성해서는 게임에 이기지 못한다. 홍명보 감독이 수비와 공격을 아우르는 리베로라 할지라도 홍명보 같은 선수만으로 구성해서는 안 된다. 공격, 미드필드, 수비를 적절히 섞어서 배치하고 각 영역에 최고의 선수를 기용해야 한다. 선수를 적재적소에 배치하듯이 자산배분은 자산군을 적재적소에 배치하는 것이 중요하다.

강조하건대 자산배분에서 최고의 공격수는 주식이다. 골을 잘 넣는 것이 공격수라면 수익을 얻는 것은 주식이다. 수비수는 채권이나 예금에 해당하며 든든해야 할 최종 수비수는 국채 정도라고 보면 되겠다. 미드필더는 부동산 자산에 해당한다. 부동산은 채권의 속성과 주식의 속성을 다 가졌기 때문이다. 자산배분은 내가 축구 감독이 되어서, 내 성향이나 금융시장의 상황에 따라서 자산이라는 선수를 적절하게 배치하는 것이다. 자신의 위험성향에 따라 수비수, 미드필더, 공격수를 4:3:3으로 둘 수도 있고 3:5:2로 둘 수도 있다. 또 경기가 좋아지고 기업 이익이 증가할 것 같으면 주식이라는 공격 자산에 더 많이 배분해서 게임을 해도 된다.

자산배분의 구체적인 과정은 기관 투자자들의 프로세스를 참고할 필요가 있다. 실제로 기관 투자자에게는 자산배분위원회, 리스크 관리자, 준법감시인 등이 있지만 개인들은 자산배분과 성과 평가, 리스크 관리를 모두 스스로 해야 한다. 이 말인즉슨 시스템이 갖추어지지 않은 개인이라면 금융기관의 자산관리자asset manager나 주변에 금융이나 경제에 밝은 지인을 두고 조언을 구하는 것이 좋다. 워런 버핏도 찰리 멍거에게서 평생 조언을 구했고 프로 골퍼들도 캐디의 조언을 듣는다. 자산배분 과정은 다음의 5단계로 나누어 볼 수 있다.

1단계는 나의 위험 성향을 감안해서 목표수익률을 설정하는 것이다. 안전하면서 높은 수익을 얻는 금융상품을 찾아다니는 것은 자산관리가 아니다. 목표수익률은 위험과 동전의 양면이다. 목표수익률을 높이면 그만큼 돈을 잃을 확률도 커진다. 자신의 근로소득 등을 감안하여 목표수익률을 먼저 정해야 한다. 많은 사람들이 이를 생략하고 '적당히 가져가면 되겠지.'라고 생각한다. 5% 혹은 10% 등 수익률 목표를 먼저 설정해야 그 다음의 과정이 전개된다.

개인은 미래에 자신이 목표로 하는 자산을 만들기 위해 목표수익률을 설정하고, 은퇴자금을 인출하는 사람들은 자신이 써야 할 지출금액에 맞추어 목표수익률을 설정하면 된다. 이럴 때 자신의 위험성향을 반드시 감안해야 한다.

2단계는 투자 유니버스universe를 만드는 것이다. 주식 운용을 하는 사람들이 업종 대표 주식들을 모아 두고 가격 변화를 계속 주시한다. 자신의 투자대상 주식군이 투자 유니버스다. 유니버스는 고정된 것이 아니라 끊임없이 변한다. 그리고 유니버스에서 자산이 나가고 들어갈 때는 충분한 이유가 있어야 한다. 자산배분을 할 때는 주식뿐만 아니라 채권, 부동산, 구조화된 상품, 리츠, 원자재, 상품 등을 두루 고려하고, 이들 각 자산군에서 자신의 투자대상을 설정한다. 유니버스에 포함시키려면 사전에 조사를 거쳐 문제가 없고 우량한 자산을 리스트에 올려야 한다.

3단계, 자산군의 기대수익률과 위험을 산출한 최적자산배분안을 도출한다. 여기에는 해외주식, 국내주식, 해외채권, 국내채권, 절대수익, 부동산, 실물자산 등에 대한 비중이 계산된다. 이때는 다양한 계량 기법이 동원되는데 개인들이 이를 실행하기는 사실상 불가능하다. 대략적으로 주식, 채권, 부동산, 절대수익, 실물자산 등의 비중을 결정해도 된다. 이를 모델포트폴리오Model Portfolio라고 한다. 금융기관들이 MP라고 말하면 이는 헌병Military Police이 아니라 모델포트폴리오를 말하는 것이다.

4단계, 모델포트폴리오는 실제 주식이나 채권 혹은 펀드들이 담겨 있지 않다. 그냥 국내주식 몇 퍼센트, 해외주식 몇 퍼센트, 부동산 몇 퍼센트 등으로 분류되어 있을 따름이다. 실제로 해외주식에 S&P500을 50%, S&P500 배당귀족 ETF 20%, 나스닥 20%, 미국 S&P500 바이오 ETF 10% 등으로 배분을 하는 것을 실제포트폴리오**Actual Portfolio**라고 하며 줄여서 AP라고 한다. 여기에는 우리가 투자할 수 있는 유가증권이나 펀드 등이 들어 있다. 실제포트폴리오를 통해 나의 계좌 수익률이 계산된다. 자산배분 비중을 정하는 것도 중요하지만 해당되는 좋은 금융상품을 찾는 것도 수익에 기여를 한다.

마지막 5단계다. 이제 내 자산의 포트폴리오는 만들어 놓았고 포트폴리오는 금융시장의 변화에 따라 가치가 출렁인다. 장기투자라고 내버려 두면 안 되고 세심한 주의가 필요하다. 벼를 심는 것으로 끝나는 것이 아니라 잡초도 잘 뽑아 줘야 하는 이치와 마찬가지다. 소위 전략적 자산배분 이후의 전술적 대처가 필요한 셈이다. 나의 성과에 대한 평가가 필요하다. 어디에서 큰 손실을 보았는지 그리고 큰 손실을 본 자산이나 펀드가 운용상의 문제가 없는지 등을 확인해 보아야 한다. 무엇보다 주기적으로 앞에서 배운 리밸런싱을 실시해야 한다.

이상의 5단계를 온전히 개인이 한다는 것은 쉽지 않은 일이다. 다만 여기에서는 자산배분 과정이 어떤 흐름을 가지는지 얻어 가면 된다. 목표수익률을 설정하고, 투자대상자산집합, 즉 유니버스를 만들고, MP를 만들고, AP를 만들고, 성과를 평가하고 리밸런싱한다. TDF나 디폴트옵션 등을 통해 자산배분을 기관에 맡기는 것도 추천할 만한 일이나 설령 그럴 때라도 자산배분 흐름 정도는 파악하고 있으면 좋다.

자신의 현재 자산배분을 한번 살펴보라. 초저금리 시대를 예금성 자산으로 생존할 수 없다. 그러니 투자자산의 비중을 높여야 하며 장기 저성장기에 접어드는 지금 과다한 부동산 자산의 비중을 낮추어야 한다. 그리고 주식은 종목이 아닌 종합 지수(해외주식)로 접근하는 것이 필요하다.

마지막으로 해외자산 비중이 절반 이상은 되어야 한다. 해외 선수를 기용해야 한다는 뜻이다. 국민연금은 이미 해외자산을 54.4% 편입(2024년 4월 기준)하고 있다. 하지만 아직 개인은 국내자산에 국한되는 경우가 많다. 개인들도 뮤추얼펀드나 ETF 등을 통해 해외자산을 편하게 구입할 수 있으므로 선수 기용의 폭을 넓혀야 한다. 우리나라 주식 시가총액은 2020년 현재 기준으로 보면 세계 시장의 2%에 불과하며 가장 높은 비중을 차지하는 미국이 41%에 이른다.[12] 학자들은 미국의 41% 비중조차 높지 않다고 판단하여 해외자산으로 분산해야 한다고 주장한다. 와중에 2%에 이르는 우리는 적극적으로 해외자산의 비중을 늘려야 한다. 선수 중 98%가 해외에서 뛰고 있고 우리는 이들을 기용하는 데 추가적인 비용도 들지 않는다. 국내 자산만 갖고 있는 것은 극히 비효율적인 자산운용인 셈이다. 여러분이 감독이라면 2% 선수 풀을 활용하겠는가 아니면 98%의 선수 풀을 더불어 활용하겠는가? 해외 선수를 기용하듯 해외자산을 대폭 늘려야 한다.

자산관리는 금융시장을 상대로 꾸준하게 수익을 얻게 해야 한다. 주식 종목을 분산해서 S&P500을 갖는다 하더라도, 장기적으로 투자한다 해도 주식시장에 오는 경제적 충격을 피할 수는 없다. 1929년 대공황이나 우리나라의 1997년 IMF 외환위기가 오면 평균적으로 주식 가격은 떨어진다. 따라서 주식과 다른 자산을 섞어서 갖는 것이 여러 자산군의 자산배분이다. 금융기관들은 주식, 채권, 부동산 등을 활용하여 자산배분을 한다. 개인들도 자신의 자산을 자산배분 관점에서 살펴봐야 한다. 개인 사업자도 큰 회사처럼 비전, 전략 수립 등을 고려하듯이 개인의 자산운용 역시 국민연금이나 보험사 등 기관처럼 사고해야 한다.

자산배분까지 완료하면 개인들의 자산은 주식 종목에 투자한 것에 비해 변동성이 많이 줄어든다. **종목을 분산하고, 장기투자하고, 적립으로 나누어 투자하고, 자산배분을 통해 주식, 채권, 부동산, 대체자산에 분산투자할 때 변동성은 각 단계마다 줄어든다.**

10장

금융상품을
활용하라

당신은 하나의 투자 '알약'으로
해외투자를 '세팅'할 수 있다.
— 모셰 밀레브스키

2009년 10월 8일, 로버트 실러 예일대 교수는 당시 MIT 경제학 교수이자 노벨 경제학상을 수상한 폴 사무엘슨으로부터 한 통의 전화를 받았다. 통화 당시 94세의 노坼 경제학자였던 사무엘슨은 실러가 주장한 "집값과 임금같이 일반인이 맞닥뜨린 금융 위험을 완화하기 위해 보험, 선물옵션시장을 확대해야 한다."라는 내용에 우려를 표명했다. 사무엘슨은 "그 아이디어가 일반인 투자자에게 적용된다면 금융시장은 카지노가 되어 버리고 말 것."이라고 경고했다. 사람들이 파생상품시장을 통해 자신을 보호하기보다 도박에 나설 것이란 뜻이었다.[1]

사람들은 금융상품을 잘못 활용할 때가 많다. 주가지수와 반대의 수익구조를 가진 '인버스 ETF'는 헤지용으로 사용해야 하지만 사람들은 여기에 레버리지까지 해서 주가 하락에 베팅을 한다. 자고로 금융상품은 그 상품의 취지에 맞게 운용해야 한다. 그리고 금융상품을 선택할 때면 장기적인 관점을 가져야 한다. 그래야 다양하고 수익 기회가 풍부한 금융상품을 만날 수 있다.

자산관리상품의 기본, 펀드

자산관리 대상 상품의 기본은 펀드라 할 수 있다. 퇴직연금이나 연금저축은 주식 종목을 편입하지 못하고 펀드나 ETF를 편입해야 한다. 이러한 강제 규정이 없더라도 펀드를 통한 간접투자가 개인에게는 바람직하다. 자산관리를 시작하는 사람은 우선 펀드가 무엇인지 그리고 펀드의 기본적인 체계를 알아야 한다. 펀드는 증권, 부동산, 특별자산 등 투자대상이 광범위하다. 어지간한 자산은 다 커버한다.

펀드를 집합투자기구라 부른다. 여러 투자자산을 모아놓은 것이다. 무작정 모으지 않고 비슷한 것끼리 모아 이름을 붙인다. 여기에는 증권집합투자기구, 단기금융집합투자기구(MMF), 부동산집합투자기구, 증권과 부동산 이외에 투자하는 특별자산집합투자기구가 있다. 그리고 증권, 부동산, 특별자산 등을 모두 편입할 수 있는 혼합자산집합투자기구가 있다.

증권집합투자기구는 증권에 투자하는 기구로 주식, 채권, 펀드 및 이와 관련된 파생상품에 투자하는 펀드다. 주식형펀드는 주식의 편입비율이 60% 이상일 경우이며 채권형펀드는 주식에는 투자하지 않으며 채권의 편입비율이 60% 이상인 경우다. 한편 주식에 50% 이상 투자하면 주식혼합형펀드, 주식에 50% 미만 투자하면 채권혼합형펀드라 부른다. 그리고 재간접형펀드와 파생형펀드가 있다. 주식펀드가 여러 종목의 주식에 분산투자하듯이 재간접형 펀드는 펀드에 투자하는 펀드다. 즉 여러 종류의 펀드에 분산투자 하는 펀드이며 전체 자산의 50% 이상을 다른 펀드에 투자할 수 있다. 파생형펀드는 위험액 기준으로 펀드 자산의 10%를 초과하여 장내·외 파생상품에 투자하는 펀드다.

주식과 채권 등을 섞은 펀드를 우리는 혼합형펀드라고 하는데 미국에서는 균형펀드balanced fund라고 한다. 이 이름에는 리밸런싱 이라는 중요한 기능이 내포되어 있다. 주식과 채권의 비율이 각각 50%인 혼합형펀드가 있다고 하자. 1억 원을 투자했으면 주식에 5000만 원, 채권에 5000만 원 들어 있다. 그런데 주식 가격이 20% 하락하고 채권 가격이 4% 오르면 주식은 4000만 원, 채권은 5200 만 원이 된다. 그러면 가격이 변하고 난 뒤의 주식과 채권 비율은 43%와 57%가 된다. 50:50이라는 처음의 균형이 깨졌다. 혼합형 펀드는 그 비율을 균형으로 가기 위해 채권을 600만 원 팔아 주식 600만 원을 산다. 그러면 주식과 채권이 각각 4600만 원:4600만 원이 되어 처음의 50:50 비율로 되돌아간다. 이 과정에서 비싸진 채권 600만 원을 팔고 가격이 떨어진 주식 600만 원을 매수하게 된다. 50대 50의 균형이 무너졌을 때 이를 다시 균형으로 가져가는 과정에서 가격이 내린 자산을 사고 가격이 오른 자산을 파는 효과 가 있다. 주식의 비중이 50%인 것만이 아니라 60%나 70% 등에서 도 모두 이러한 기능이 작동된다.

부동산집합투자기구는 자산의 50%를 초과하여 부동산(부동산을 기초자산으로 하는 파생상품 및 부동산 관련 증권 포함)에 투자하며, **특별자산집합투자기구**는 펀드자산의 50%를 초과하여 특별자산(증권 및 부동산을 제외한 투자대상: 농/수/축/광산물, 에너지 등)에 투자하는 펀드를 말한다. 특별자산은 금, 원유는 물론 설탕, 콩 등 농산물, 선박, 구리 등 금속 광물을 비롯한 여러 실물 자산을 말한다. 그리고 투자대상 자산에 대한 한도 제한을 받지 아니하고 모든 자산에 투자하는 펀드를 **혼합자산집합투자기구**라 한다. 이는 기존의 주식혼합, 채권혼합펀드와는 달리 증권 및 특별자산 등 여러 자산에 다양하게 투자할 수 있다. 통상 혼합자산펀드라 부르며 헤지펀드나 자산배분펀드가 여기에 해당한다. 자산운용사가 자산배분까지 해주는 것이다. **단기금융집합투자기구**는 MMF Money Market Fund가 있으며 오늘 환매를 신청하면 익일 돈을 찾을 수 있다. 단기채권, CP, 단기 사채 등에 투자하며 현금성 자산이라 보면 된다.

펀드의 가장 큰 이슈는 펀드매니저의 경쟁력이다. 그가 주식시장보다 높은 수익을 낼 수 있는지 문제다. 미국은 1990년대에 피터 린치가 운용하는 마젤란펀드가 장기간 고수익으로 인기를 끌었다. 우리나라도 2000년대에 '○○가 운용하는 펀드' 등 펀드매니저의 역량이 펀드 가입에서 중요했다. 지금도 펀드매니저의 운용능력이 중요하지만 이제 공모펀드에서는 그 중요성이 약화되었다. 인덱스

표 10-1. 집합투자기구(펀드)의 종류와 내용

종류	증권집합투자기구	부동산집합투자기구	특별자산집합투자기구	단기금융집합투자기구	혼합자산집합투자기구
내용	증권과 증권을 기초로 하는 파생상품에 투자	부동산, 부동산 관련 증권, 부동산 기초자산으로 하는 파생상품	증권 및 부동산을 제외한 농/수/축/광산물, 에너지 등	만기가 짧은 채권 및 어음, CD에 투자	증권, 부동산, 특별자산 등을 편입
펀드 종류	주식, 채권, 혼합, 재간접, 파생	임대형, 개발형, 증권형, 파생형, 대출형	항공기, 선박, 기계, 미술품, 유전, 가스, 석탄, 철, 구리, 영화, 드라마	MMF	헤지펀드, 자산배분펀드
운용 규제	- 자산의 50% 이상을 각각 증권, 부동산, 특별자산에 투자 - 주식형·채권형 펀드는 자산의 60% 이상 주식과 채권에 투자			자산의 전부를 단기금융 상품에 투자	투자대상 자산에 대한 한도 제한 없음

펀드나 ETF가 주류가 되어 가며 펀드매니저의 운용능력은 점차 헤지펀드나 사모투자 영역으로 옮겨 가고 있다. 우리나라는 특히 이전 속도가 빨라서 1990년대부터 2000년대 초까지 주식펀드매니저의 역할을 중요하게 보았는데 이제 주식펀드매니저 이름을 떠오르는 사람들이 없을 정도가 되었다. 펀드매니저가 시장을 이기는 경쟁력 있는 수익률을 내지 못했기 때문이다.

펀드를 사면 판매수수료를 내야 하며 펀드 운용에 대해서는 운용보수를 지급해야 한다. 게다가 펀드의 사무관리를 해주는 데 대한 사무수탁수수료도 내야 한다. 이들 비용을 지불하고 펀드는 주식시장 수익률보다 좋아야 하는데 그렇지 못했다. 펀드도 잘 선택해야 경쟁력 있는 수익률을 내고 잘못 선택하면 시장지수를 사는 것보다 수익률이 낮으니, 사람들은 시장의 흐름을 따라가고 수수료가 싼 지수펀드로 옮겨 가게 된 것이다. 지수펀드는 펀드매니저의 운용능력이 개입되지 않는 수동적passive 펀드다. 펀드매니저가 추가적인 운용수익을 내기 어렵게 되니 사람들은 관리비용을 싸게 부과하는 ETF로 옮겨 가고 있다. 하지만 장기적으로 안정적으로 관리해 주는 펀드가 있다면 연금계좌 등에서 보유해 볼 만하다. 펀드는 그 매니저와 운용사를 믿고 장기적으로 가는 것이다. 현실은 따라주지 못하는 것 같으나 이런 방향이 바람직하다.

급성장하는 ETF

ETF Exchange Traded Fund를 상장지수펀드라 한다. ETF는 직역을 하면 '거래소에서 거래되는 펀드'로 여기에는 세 가지의 속성이 들어 있다. 우선 펀드의 속성을 가진다. 펀드는 종목이 분산되어 있고 증권사나 은행의 창구에서 사고팔 수 있다. 매매보다는 가입과 환매라고 한다. 정기예금을 매매한다고 하지 않는 것처럼 펀드도 가입하고 환매하는 것이다. 둘째 속성은 ETF는 거래소에서 주식처럼 거래되므로 주식의 속성을 지닌다는 것이다. 종목코드가 있고 실시간으로 ETF의 거래가격이 형성된다. 펀드인데도 사려면 주식처럼 매매주문을 한다. ETF는 마치 투자지주 회사와 같다. ETF가 20개의 주식 종목을 갖고 있다면 그 ETF는 20개의 자회사를 거느린 지주회사인 셈이다. 집합투자증권의 속성을 가지면서 거래는 증권거래소를 이용하는 것이다. 셋째는 일반 펀드는 운용자들이 추가적인 수익을 내기 위해 주식 종목을 선택하는 등 적극적으로 운용하는데 반해 ETF는 주어진 지수를 따라간다. 그 지수는 시장에 있는 것을 사용해도 되고 새로 만들어도 된다. S&P500에 속한 바이오 기업 지수나 필라델피아 반도체지수를 따라가는 식이다.

다만 ETF는 시장 대표지수를 추종하는 ETF 이외에는 거래량이 많지 않다. 따라서 큰 금액을 단번에 매매하기 쉽지 않다. 반면 일반펀드를 환매하면 펀드매니저가 그만큼의 펀드 자산을 팔아서 환매해 주므로 큰 금액을 환매하는 데 애로사항이 없다. 그래서 대표적인 펀드를 중심적인 위치에 두고 나머지를 ETF로 배분하는 방법을 쓰기도 한다. 예를 들어 TDF를 50% 정도 편입하고 나머지 50%를 테마 ETF로 구성하는 것이다. 이처럼 펀드와 ETF를 적절하게 섞어 자산관리에 활용하면 좋다. ETF는 특히 해외자산에 투자할 때 유용하다. 국내의 펀드매니저가 해외주식까지 경쟁력 있게 운용하기는 쉽지 않다. 이 경우 해외 ETF를 사면 해당 지수의 수익률을

그림 10-1. ETF의 특징

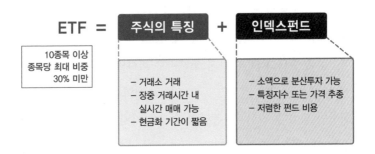

따라가니 펀드매니저의 운용 능력과 관계가 없다.

ETF가 추종하는 지수는 종합지수(주식시장 전체 상장종목의 가격수준을 종합적으로 표시), 산업별 지수(한국표준산업분류 체계에 기초), 섹터지수(글로벌증시산업분류에 기초), 테마지수(사회경제 및 환경적 측면에서 특정 현상이나 트렌드를 반영), 전략형 지수(상장종목의 가격을 대상으로 특정 투자전략을 적용하기 위함) 등이 있다. 우리는 이를 ETF의 기초지수라 부르고 기초지수에 따라 국내와 해외 각각 13개, 12개의 유형으로 나눈다.

기초지수에 있는 자산의 가격들을 펀드에 적용하여 펀드의 가격을 계산한 것을 기준가격Net Asset Value이라 한다. 펀드의 종목과 비중이 기초지수와 다를 경우 기초지수와 기준가격은 다를 수 있고 ETF 운용자들이 기초지수를 잘 따라가는지를 본 것이 추적오차(기초지수와 기준가격의 차이의 표준편차)다. 한편 펀드의 기준가격과 실제 시장에서 거래되는 가격은 다를 수 있다. 기준가격과 시장 가격의 차이를 괴리율이라 한다. 추적오차, 괴리율 등의 단어들이 가끔씩 나오지만 그 차이가 크지 않고 시간이 지나면 해소되므로 일반인들이 ETF를 거래할 때는 추종하는 기초지수가 무엇인지 정도만 알면 된다.

해외 ETF도 살 수 있다. 해외 ETF는 국내상장된 것과 해외상장된 것으로 나뉜다. 전자는 국내상장해외ETF, 후자는 해외상장해외ETF라 부른다. 연금계좌에서는 해외상장된 ETF는 살 수 없으며 국내상장된 해외 ETF만 살 수 있으니 유념해야 한다. 국내 감독당국이 인가한 것에 한해서 연금계좌에 사게 한 것이다. 이는 연금 가입자를 보호하기 위한 금융당국의 규제다. 그리고 미국에 상장된 ETF의 경우 매매차익에 22% 과세, 배당소득에 15%를 과세한다. 반면에 같은 지수를 추종하더라도 국내에 상장된 해외 ETF는 모두 15.4%를 배당소득세로 과세하고 종합소득에 합산 과세한다. 그래서 해외 ETF에서 절세하려면 연금계좌를 활용하면 된다. 연금계좌는 과세이연과 저율과세의 혜택이 있기 때문에 국내상장 해외 ETF는 모두 연금계좌에서 사는 것이 좋다. 과세도 이연될 뿐만 아니라 5.5~3.3%의 저율로 과세된다.

사람의 이름, 회사의 상호 등 이름이 많은 것을 나타내듯이 ETF의 이름에도 규칙이 있다. 이를 파악하면 필요한 정보를 얻기 편리하다. 다음의 'Tiger 미국S&P500 ETF'에서 보는 것처럼 ETF의 이름은 크게 네 가지 정보를 담는다. 첫째, ETF를 만든 운용사가 붙인 ETF 브랜드명이다. Tiger는 미래에셋자산운용, KODEX는 삼성자산운용, Arirang은 한화자산운용 등이다. 그래서 이름을 보면 제조 운용사를 알 수 있다. 둘째는 기초지수를 말한다. 여기에서는 미국의 S&P500이라는 지수를 추종하는 ETF라는 것을 의미한다. 미국 S&P500배당귀족은 S&P500 중 배당귀족에 해당하는 주식을 편입하고 추종한다는 것을 뜻한다. 셋째는 '합성'이 붙는 경우도 있고 없는 경우도 있다. 기초지수에 해당하는 실물자산을 모두 편입하지 않고 선물이나 기타 파생상품을 활용하여 기초지수를 따라가게 한다는 것을 말한다. 이 문구가 붙어 있지 않는 것은 실물자산을 편입한다는 뜻이다. 파생상품이든 실물이든 기초지수를 따라가는 데 큰 차이는 없다. 넷째는 국내상장해외ETF의 경우 환헤지 여부를 표시한 것이다. H가 붙으면 환헤지를 한다는 것이며 아무 문구가 없으면 하지 않는다는 뜻이다.

Tiger	미국S&P500	합성	ETF(H)
ETF 브랜드	기초지수	기초지수 복제방법	환헤지 여부

응용 문제를 하나 풀어보자. 'TIGER 미국나스닥100'을 보면 어떤 정보를 얻을 수 있을까? 이는 미래에셋자산운용에서 제조한, 미국나스닥100 지수를 추종하고, 실물을 보유하여 기초지수를 따라가고, 환헤지는 하지 않는다는 뜻이다.

ETF는 인덱스펀드인데 거래소에서 주식처럼 거래되게 했으므로 본질적으로 인덱스펀드의 장점을 갖는다. 인덱스펀드의 장점에 대해 폴 사무엘슨의 "인덱스펀드 상품의 개발이야말로 바퀴와 알파벳 발명만큼 가치 있는 것이다."라는 코멘트보다 강력한 것은 없을 것이다. 인덱스펀드는 뱅가드의 창업자인 존 보글의 작품이다. 인덱스펀드의 기여에 대한 찬사는 존 보글에게 돌려야 한다. 인덱스펀드에서 진화한 ETF는 자유도, 편의성, 저비용 등의 장점을 갖는다. 다만 ETF는 장점이 단점으로 작용하기도 한다. 충분히 분산된 시장 전체 지수만 있는 것이 아니라 섹터와 테마별로 구분된 ETF가 있어서 분산이 충분히 되지 않을 수 있다. 또 매매가 쉬우므로 장기로 보유하지 않고 단기 매매가 일어날 가능성이 있다. 마켓 타이밍은 성공하지 못하는 전략인데 ETF를 활용하여 마켓 타이밍을 할 가능성이 있는 것이다. ETF의 장점을 긍정적인 방향으로 살리는 것이 중요하다. ETF는 1993년에 처음으로 미국에서 도입되었으며 그 첫 번째가 SPDR이며 'Spider'라는 닉네임으로 불린다. 이 ETF 의기초지수는 S&P500이다.

S&P500지수는 미국의 70년 기업 역사다

"다우, 나스닥, S&P500 세 개의 주식시장지수 가운데 오로지 하나만이 미국 주식의 성과를 측정하는 데 세계적인 표준이 되었다."
제러미 시겔이 《장기투자 바이블》에서 언급한 내용이다. S&P500
지수의 기원은 1926년에 만들어진 시가총액 가중 방식의 지수인데
90개의 대형 종목을 중심으로 구성했다. 그런데 대형 종목 한둘이
지수의 성과를 좌우하는 것이 바람직하지 않았기에 세계 3대 신용
평가 회사 스탠더드 앤드 푸어스는 뉴욕 증권거래소에 상장된 대
형 제조업, 철도, 유틸리티 관련 종목 500개로 구성된 지수를 만들
었다. 1957년 출범 당시 S&P500은 뉴욕증권거래소에서 거래되던
주식 시가총액의 85%를 차지했다.[2]

지금은 미국 내 증권거래소 상장 기업 시가총액의 80% 이
상을 차지하는 약 500곳의 대형 기업이 포함되어 있다. 따라서
S&P500은 대형주 부문의 성과를 측정한다고 보면 되며 운용자
산규모 기준으로 세계에서 가장 많이 추적되는 지수이다. 그 외에
S&PMidCap400은 중형주, S&PSmallCap600은 소형주를 모은 지
수이며, 이들 기업들은 전부 모은 지수로는 S&P Composite1500
이 있다. S&P1000지수는 S&PMidCap400지수와 S&PSmallCap
600지수를 조합한 지수로, 중형주 및 소형주 부문의 성과를 측정한
다. S&P500배당귀족Dividend Aristocrats지수는 25년 동안 매년 배당
을 늘린 기업에 초점을 맞춘다. 장기적으로 S&P500배당귀족지수
는 S&P500에 비해 낮은 변동성으로 더 높은 수익률을 기록했다.[3]

500개의 종목은 고정되지 않고 매번 편입과 편출이 활발하게 일

어난다. 1957년부터 50년간 연평균 20개의 종목이 편출되고 편입되었으며 새로이 편입된 종목은 지수의 시가총액에서 5% 정도를 차지한다. 최근 2024년 6월까지 1년 동안 5번에 걸쳐 구성 종목 변경을 발표했다. 2024년 6월 7일을 예로 들면 6월 24일부터 다음의 세 종목을 새로 편입하고 다른 세 종목을 편출할 것을 공시했다. 편입 종목은 KKR&Co(KKR), CrowdStrike Holdings(CRWD), GoDaddy(GDDY)이고 편출 종목은 RobertHalf(RHI), Comerica (CMA), Illumina(ILMN)이다.[4]

S&P500은 출시 이후 연수익률이 11%에 이를 정도이다. 이 정도로 꾸준히 수익률을 보인 주가지수는 전 세계에서 S&P500지수나 나스닥지수, 다우지수와 같은 미국 주가지수밖에 없고 닛케이, 상해종합, 유로스톡스50 등 다른 국가 주가지수들은 미국 주가지수에 비해 경쟁력이 약하다. 장기보유하면 높은 수익률을 주는 것은 미국 주식 정도다. 엘로이 딤슨의 저서 《낙관론자들의 승리》를 보면 1900~2000년 100년 동안 주식은 전 세계적으로 채권보다 높은 수익률을 주었지만 미국은 훨씬 추세 안정적으로 주식 수익률을 보인다는 점이 차별된다.

S&P500지수가 1957년에 만들어졌으니 하이테크 기술주는 빠져 있어 나스닥도 같이 사야 하는 것 아닌가 생각할 수 있다. 하지만 S&P500지수는 증권거래소에 상장한 대형주를 편입시키기 때문에 기술주의 시가총액이 커지면 이에 포함시킨다. 〈표 10-2〉의

표 10-2. S&P500 시가총액 5순위 변화

시가총액 순위	1957년	2024년 5월
1	AT&T	마이크로소프트
2	스탠다드 오일 오브 뉴저지	애플
3	제너럴 모터스	엔비디아
4	듀퐁	아마존
5	제너럴 일렉트릭	메타 플랫폼 클래스A

자료: 제러미 시겔(2008), 《장기 투자 바이블》,
www.tigeretf.com 참조

1957년 지수 출범 당시의 시가총액 5개 순위와 현재의 시가총액 5개 순위를 비교해 보면 답을 얻을 수 있을 것이다. S&P500지수는 기업의 변화에 따라 끊임없이 바뀐다. S&P500 기업들의 편입과 편출, 수익률을 보면 미국 기업 70년의 흥망성쇠를 볼 수 있다. 초창기에 편입된 기업들은 정말로 깜짝 놀랄 만한 수익률을 안겨 주었다. 새로운 기술주들이 높은 가격으로 편입되어 기대에 비해 낮은 수익률을 낸 기간도 있었다. 반면에 꾸준히 높은 수익률을 안겨 준 기업들은 여전히 같은 브랜드의 제품을 생산하고 있다. 하인즈 케첩, 코카콜라, 리글리 검, 펩시콜라 등이다.[5]

워런 버핏이 주최하는 버크셔 해서웨이 주주총회에서 제일 많이 나오는 질문이 "이번엔 어느 기업을 매수할까요?"다. 버핏은 가장 먼저 본인의 회사인 버크셔 해서웨이 주식을 더 매수하라고 답한다. 둘째는 S&P500지수를 매수하라고 말한다. 개인에게 알맞은 주식 투자법을 알려 달라는 질문에 대해서는 "S&P500에 묻어두고 일터에 돌아가 자기 일을 열심히 하라. 노동 생산성을 높이고 그 임금을 S&P500에 투자하면 어렵지 않게 부자가 될 수 있다."라고 일러 주었다. 생애자산관리의 비결로 필자는 이 말에 덧붙이지도 빼지도 않겠다.

리츠(REITs) 투자법

리츠(REITs)란 부동산투자회사로 다수의 투자자로부터 자금을 모아 부동산, 부동산 관련 증권 등에 투자 및 운영하고 그 수익을 투자자에게 돌려주는 부동산 간접투자기구이다. 회사의 비즈니스 모델이 부동산에 투자하여 배당수익과 처분이익을 투자자들에게 돌려주는 것이다. 다만 펀드가 아니라 주식이어서 거래소에서 주식처럼 매매한다.

리츠의 장점은 규칙적인 소득 흐름, 포트폴리오 분산 효과, 인플레이션 방어, 장기적 자산 가격 상승, 유동성 등을 들 수 있다. 즉 다른 자산과 상관관계가 높지 않아 포트폴리오의 분산 효과를 높여 주며(분산이 잘되면 수익률도 높아진다는 것은 앞에서 보았다.)

인플레이션에 대한 효과적인 대응수단이 되기도 한다. 세제면에서는 1인당 5000만 원까지 9%(지방세 포함 9.9%)로 분리과세가 되며 수익의 90% 이상 반드시 배당을 해주어야 한다. 리츠의 주관부처는 국토교통부이다.

일반인들도 매매할 수 있는 공모리츠는 2023년 8월 31일 기준 23개 종목이 상장되어 있고, 시가총액은 7조 2500억 원에 이른다. 주유소가 편입된 것을 제외하면 리츠에 포함된 자산(부동산 물건)의 개수는 평균 4.4개이며(주유소를 포함할 경우 16.8개) 많은 경우 동일 유형의 부동산을 보유한다. 예를 들어 상업시설, 리테일, 오피스, 물류센터, 주유소 등이다.

리츠에서 유의해야 할 점은 앞서 언급했듯이 암묵적인 레버리지가 있다는 것이다. 리츠는 투자자들로부터 돈을 모으면 그 돈만큼 부동산을 매수하지 않고 매수할 부동산을 담보로 돈을 차입해서 투자한다. 투자자로부터 2000억 원의 투자금을 모으면 4000억 원 부동산을 사는 식이다. 리츠의 자본 대비 차입 비율은 평균 136%에 이를 정도로 높은 편이며 리츠 종목에 따라 큰 차이가 있다. 레버리지로 인해 리츠는 부동산 가격뿐만 아니라 금리에 민감하게 변한다. 부동산 가격은 변동이 단기적으로 크지 않으나 금리는 단기적으로 변화가 크므로 금리의 변동에 따라 리츠 가격이 변하는 모습이 자주 보인다. 그래서 리츠는 만기가 긴 장기채권의 특성을 가진다. 금리가 저점에서 고점으로 갈 때 리츠 가격은 일반적으로 떨어지고 고점에서 저점으로 갈 때 리츠 가격이 상승하는 경향이 있다.

또 리츠에는 펀드처럼 분산 규정이 없어서 리츠 하나에 부동산 물건이 하나만 편입되어도 되므로 종목 집중 리스크가 있다. 퇴직연금계좌는 안전을 우선하므로 레버리지를 하는 상품은 편입이 금지되고 집합투자기구가 아닌 종목의 투자 역시 금지된다. 하지만 리츠는 하나의 부동산 물건을 편입하고 레버리지까지 했음에도 계좌 잔고의 70%까지 살 수 있다. 이는 퇴직연금 자산운용 규제 취지와는 조금 어긋나는 측면이 있다. 연금에 편입할 때 고려해야 할 부분이다.

리츠를 활용하는 방법은 크게 세 가지다. 첫째, 리츠의 배당금을 받아 노후 생활비에 충당하는 것이다. 일본에서는 리츠 개인 투자자의 45%가 60세 이상이며 70대만 17%를 차지한다고 한다. 리츠는 배당일이 리츠마다 다르므로 리츠를 여러 개 잘 섞으면 매월 배당금을 받을 수 있다. 리츠를 묶은 ETF 중 매월 배당을 하는 것도 있다. 배당을 재투자하면서 자산적립을 목표로 해도 된다.

둘째, 전술적으로 리츠 자산 가격 변동을 이용하여 자본차익을 얻는 방법이다. 리츠는 상장되어 있으므로 주식 종목과 형식적으로 동일하다. 그러다 보니 주식시장이 변동할 때 리츠 가격도 덩달아 과다하게 반응하는 경우가 있다. 주식시장이 좋지 않아 리츠 가격이 동반 하락할 때 보유 부동산 가치가 하락할 이유가 없다면 이때 샀다가 나중에 주식시장이 회복될 때 팔아도 된다. 만일 가격이 오르지 않으면 그냥 배당을 받으면 된다. 낮은 가격에 샀기 때문에 배당수익률이 높기 때문이다. 그러다 뒤에 가격이 상승하면 그때 매각하면 된다.

마지막으로 리츠 주식들을 모아둔 ETF를 사는 것도 좋은 방법이다. 리츠는 국내나 해외나 종목수가 많고 건물도 다양하고 레버리지도 리츠마다 다르다. 리츠 홈페이지를 모두 찾아서 투자대상을 선별하는 것이 쉽지 않다. 그러니 그냥 부동산 시장을 사는 것도 방법이다. 관련 ETF에는 여러 종류의 부동산이 들어 있기 때문에 한두 개 부동산에 집중하지 않고 다양한 부동산에 분산 투자하는 효과를 준다. 리츠에 투자할 때 이런 ETF에 투자하는 건 괜찮은 접근법이다.

리츠는 장기 저성장기에 유용하다. 개인들이 선호하는 부동산은 주택을 비롯하여 상가와 오피스텔 등이다. 오피스 등 상업용 부동산은 너무 비싸 개인 투자자들이 접근할 수 없는 분야였다. 그러다 보니 가용 범위 내에 있는 상가와 오피스텔을 많이 보유하게 된 것이다. 오피스, 임대주택 등은 우량한 물건인데 반해 상가와 오피스텔은 부동산의 등급에서 낮은 편에 속한다. 경제가 전반적으로 성장하는 고도성장기에는 상가와 오피스텔도 가격이 오르고 매력적이 부동산이지만 장기 저성장기에는 이들은 경기의 하방 흐름을 많이 탄다. 장기 저성장기에는 오피스와 같은 우량한 부동산을 보유해야 하는데 금액이 너무 커서 개인들은 이런 부동산을 보유하기 어렵다. 이를 가능하게 해주는 것이 리츠다.

커피 한 잔 값이면 리츠 한 주를 살 수 있다. 부동산은 주식, 채권과 함께 자본시장의 중요한 자산군이다. 리츠를 활용하면 우량한 부동산으로 잘 분산된 포트폴리오를 만들 수 있다. 존경하는 투자의 구루 버턴 말킬과 데이비드 스웬슨은 리츠는 개인들이 보유할 괜찮은 자산이라고 했다. 리츠는 잘 분산된 포트폴리오에 포함될 자격이 있다.

퇴직연금 디폴트옵션 활용 방법

8장에서 언급한 연금의 디폴트옵션에 대해 좀 더 상세히 알아보자. 우리나라는 디폴트옵션을 2023년 7월부터 '사전지정운용제도'라는 이름으로 도입했다. 그런데 의사표시가 없으면 투자상품이 자동으로 선택되는 디폴트옵션과 달리 우리나라의 사전지정운용제도는 근로자가 사전에 적격상품을 지정해야 한다. 크게는 초저위험(원리금보장상품), 저위험, 중위험, 고위험 상품들 중 하나를 우선 선택해야 하는 것이다. 디폴트옵션의 본질은 '선택하지 않으면'인데 우리나라의 사전지정운용제도는 전제가 '선택해야'이기 때문에 변형된 한국식 디폴트옵션이라고 설명한 바 있다.

표 10-3. 적격디폴트상품의 위험 등급 기준과 해당 상품 예시

위험 등급	선택 기준	단일 상품	포트폴리오
초저위험	- 정기예금 금리 수준의 수익 기대 - 원금 보장	예금, GIC	예금 50% + 예금 50%
저위험	- 안정된 수익 추구 - 원금 손실 위험 최소화		TDF 30% + 예금 70%
중위험	- 정기예금 금리보다 높은 수익 추구	혼합펀드(BF), TDF	TDF 30% + BF 30% + 예금 40%
고위험	- 위험을 감수하더라도 높은 수준의 수익 추구		TDF 50% + BF 40% + 예금 10%

그런데 선택해야 하는 적격디폴트상품들 중에 생애자산관리에 부적합한 원리금보장상품(초저위험)도 있다. 초장기에 이르는 생애자산관리에서 1~2년 만기의 정기예금은 그야말로 유동성에 불과한데 가장 추천하는 초기값 상품으로 원리금보장상품이 들어가 있는 것이다. 그러다 보니 2023년 말 기준으로 사전지정운용제도 가입자의 90%가 낮은 금리의 원리금보장상품을 선택했다. 하지만 이렇게 해서는 장기적으로 노후자금이 축적되지 않는다. 적격디폴트상품으로 무작정 원리금 보장을 선택할 게 아니다. 효과적으로 활용할 방안을 모색해야 한다.

적격디폴트상품은 위험에 따라 상품이 구분되고 적격성 심사를 통해 검증된 대표상품이라 볼 수 있다. 따라서 금융기관의 대표 상품이라 생각하고 적격디폴트상품을 다음의 절차로 고르면 된다. ① 나의 위험 성향을 판단한다. 초저위험으로 원금과 이자가 보장되는 것을 원하는지, 위험을 감수하고 고수익을 원하는지를 결정한다. ② 이것이 결정되면 단일상품과 포트폴리오상품 중 선택을 한다. 단일상품은 TDF로 할지 혼합펀드로 할지 결정해야 한다. TDF는 주식의 비중이 시간이 지날수록 줄어드는 것이며 혼합형펀드는 일정한 비중을 그대로 유지하는 것이다. 포트폴리오상품은 저위험이나 중위험 혹은 고위험에 해당하는 포트폴리오를 선택하는데, 운용사마다 다르겠지만 대략 TDF, 혼합형펀드, 예금을 섞어서 만든다.

이처럼 적격디폴트상품을 디폴트옵션상품으로만 선택하지 말고 (운용지시를 내리지 않은 자금에 대해 자동으로 운용하게 하는 것) 내가 운용할 펀드로 선택(내가 운용할 여러 펀드들 중 하나로 적격 디폴트 상품을 선택)해도 된다. 전자가 옵트 아웃, 후자가 옵트 인이다. 옵트 아웃은 의사결정을 하지 않으면 초기값으로 결정되게 하는 것이고 옵트 인은 원하는 상품을 '선택'하는 것을 말한다. 옵트 인의 방법으로 적격디폴트상품을 연금상품 중 하나로 활용해보자.

TDF는 생애자동자산배분펀드다

TDF는 Target Date Fund의 약자로 이는 어떤 특정일을 정해 놓고 그걸 기점으로 자산의 배분을 달리하는 펀드를 말한다. 여기서 Date은 예상 퇴직 시점이다. 이를 빈티지라고도 하는데 TDF2040이면 2040년이 퇴직 예상 시점인 사람들이 가입하면 된다. 2040년 이전에는 주식의 비중을 점차 낮추어 가며 2040년 이후에는 주식을 20~40% 정도만 편입한 채 그 비율을 유지한다. 퇴직까지 기간이 많이 남은 청년층은 주식의 비중이 높으며 점차 퇴직이 가까워지면서 주식의 비중을 자동으로 낮춘다. 그래서 여기에 가입한 사람은 이론적으로는 평생 자산관리에 신경 쓸 필요 없이 그대로 둬도 된다. 시간에 따라(=동적) 자산배분을 자동으로 해준다고 해서 자동동적자산배분펀드라 하는 것이다. 빈티지가 낮을수록 주식의 비중이 낮고 높을수록 주식의 비중이 높다. TDF를 선택할 때 가장 먼저 빈티지(퇴직 시점)를 주목해야 하는 이유다.

그런데 같은 빈티지를 택하더라도 주식 비중이 높은 것을 싫어하는 사람이 있다. 이 경우 두 가지 방법을 제안한다. 우선 TDF와 채권펀드를 섞으면 채권펀드의 비율만큼 TDF에서 주식의 비중이 낮아지고 채권의 비중이 높아진다. 예를 들어 TDF2050이 있는데 현재 주식이 80%, 채권이 20%라고 하자. 여기에 TDF2050을 80%, 채권펀드를 20% 편입하면 이 사람은 현재 주식이 64%, 채권이 36%로 늘어난다. 그리고 이 비중을 기점으로 시간이 갈수록 주식의 비중을 TDF2050의 주식 비중 경로를 따라 낮추어 간다. 둘째 방법은 빈티지를 낮추는 방법이다. 퇴직 예상연령이 2050년이라도 TDF2050이 아니라 TDF2040을 택하면 현재의 주식 비중을 낮추게 된다.

퇴직 시점이 가까워질수록 주식의 비중을 동적으로 낮추어 가야 하는 것은 인적자본의 크기 때문이다. 앞에서 설명한 것처럼 젊을 때는 인적자본의 양이 많다. 인적자본은 채권과 유사하므로 채권이 많을 때인 것이다. 그래서 금융자산에서는 주식의 비중을 높인다. 그런데 나이가 들어 퇴직이 가까워 오면 인적자본의 크기가 크게 줄어든다. 인적자본의 크기가 줄어든다는 것은 채권의 비중이 줄어드는 것이나 마찬가지다. 따라서 금융자산에서는 주식의 비중을 줄이고 채권의 비중을 늘려야 좋은 포트폴리오가 된다. 하지만 개인이 이를 계산해서 배분하기는 어렵기 때문에 금융회사가 TDF를 만들어서 시간에 따라 자산배분을 변화시켜 주는 것이다. 그런 의미에서 TDF는 생애자산배분 이론에 가장 적합하게 만들어진 펀드라 할 수 있다. 그것도 원-스톱one stop 펀드이다. 미국에서 401(k)의 디폴트옵션에서 TDF를 가장 많이 선택하는 이유도 여기에 있다. 미국은 2019년 현재 401(k)에서 QDIA(적격디폴트투자대안)를 디폴트옵션으로 선택한 비율이 98%에 이르며 이 중 87%가 TDF를 QDIA로 선택한다고 한다.[6]

우리나라의 경우 TDF 내 퇴직연금펀드의 비율은 2016년 말 24.7%에서 2023년 말에는 72.5%로 매년 높아지고 있다. TDF가 연금펀드의 투자상품으로 자리 잡고 있는 것이다. TDF 전체 잔고는 2023년 말 11조 원이며 2023년 한 해 설정액은 8.6조 원에 이른다.[7]

생애자산관리를 할 때는 이론적으로 TDF 하나만으로 충분하다. 하지만 개인의 선호에 따른 변형도 가능하다. 포트폴리오에 TDF를 중심으로 하고 나머지는 본인의 위험선호에 따라 다른 자산들을 결합하면 된다. 혹은 TDF 운용자의 능력에 대한 불확실성이 있으면 TDF를 여러 개 편입해도 된다. 이렇게 생애자산관리를 TDF에 맡겨 두고 생업에 집중하여 자신의 인적자본 가치를 더 높이는 것이 생애 관점에서 효율적인 자산배분이다.

ELS는 중위험·중수익 상품이 아니다

2024년 홍콩 ELS 금융상품 손실이 -50%에 육박한다. ELS란 주식 Equity에 연계된Linked 증권Securities을 말한다. 이번 홍콩 ELS는 홍콩에 상장된 중국 기업 가운데 50개를 추려 만든 H지수의 가격에 연계하여 수익을 준다. 그런데 수익을 주는 조건이 복잡하다. H 주가지수가 일정 수준 이하로 떨어지지 않으면 연 5%의 수익을 주는

데, 만기 때 가입 기준 가격의 55% 밑으로 떨어지면(-45% 하락) 바로 -45% 손해를 보게 되고 이후 더 떨어지면 떨어진 만큼 손실을 본다.

2021년에 많이 가입했는데 이때 H 지수는 1만 2000선을 넘었으나 1월 19일 현재는 -57%나 하락했다. 앞으로 주가가 만기 때 더 오르지 못하면 주가 하락 폭만큼 손실을 보게 된다. 마른하늘에 날벼락이다.

ELS를 중위험·중수익 상품이라고 하는데 맞지 않다. 중위험·중수익 상품으로 또 한 번 피해를 본 것이 라임, 옵티머스의 사모펀드 사태다. 시중 금리가 2%이던 때 6% 정도의 안정적인 수익률을 준다 하니 안정적인 중위험·중수익 상품이라 생각하여 많은 돈이 몰렸다. 금융시장에 종사하면서 갖게 된 경험칙은 사람들이 가장 유혹되기 쉬운 수익률이 6%라는 것이다. 라임, 옵티머스, 홍콩 ELS 모두 비슷하다. 사람들은 20% 수익률을 안정적으로 준다고 하면 믿지 않는다. 10%도 믿지 않는다. 2~3%는 낮아서 싫어한다. 그 중간 지대에 있는 수익률이 바로 5~6%인데 6%는 5%를 살짝 넘으니 숫자가 훨씬 매력적으로 보이기 때문인 것 같다.

중위험·중수익 자산은 사람들의 성향에 꼭 맞다. 위험한 것은 싫고 안전한 것은 수익률이 너무 낮다. 그래서 그 중간을 선호한다. 하지만 정기예금금리 혹은 국채금리에 비해서 수익률을 더 주는 것은 반드시 이유가 있다. 정기예금금리 혹은 국채금리를 무위험수익률이라고 하면 '금융자산 수익률＝무위험수익률＋리스크프리미엄'으로 이루어져 있다. 만약 중위험 자산이 6% 수익률을 제시했고 그 당시의 정기예금금리가 3%였다고 하면 '6%＝3%＋리스크프리미엄'의 공식에 따라 리스크프리미엄이 3%가 된다. 즉 이 상품에는 3%의 리스크가 반드시 내재되어 있다는 것이다. 정기예금처럼 리스크가 없는데 정기예금보다 3% 더 준다는 말은 절대 성립되지 않는다. 중위험 자산을 정기예금 정도로 안전성이 있다고 생각하면 안 된다. 리스크프리미엄이 3%다.

리스크 뿐만이 아니다. 리스크가 비대칭적으로 발생한다. 2024년의 홍콩 주가 관련된 ELS 사태는 주가가 큰 폭으로 하락하지 않으면 손실이 거의 없고 이자까지 지급하지만 주가가 일정 수준(예를 들어 -40%) 밑으로 내려가면 갑자기 자산의 수익률이 -40%가 되어 버린다. 기초자산의 가격 변화에 따라 자산수익률이 선형적으로 변하는 것이 아니라 계단식으로 단층적으로 변한다. 일종의 1에서 0으로의 디지털적 위험에 노출된다. 3~4% 이자를 받다가 갑자기 -40% 자산 손실을 보게 된다. 주가가 일정 범위 내에 있을 때는 수익을 주다가 주가가 크게 하락하여 그 범위를 벗어나면 손실을 그대로 반영하니 중위험이라 말하기 어렵다. 중위험은 시장이 크게 변할 때 손실폭을 중간 정도로 줄이려는 것인데 이런 면에서 중위험의 역할을 하지 못하기 때문이다. 2008년 글로벌 금융위기 때 문제가 되었던 KIKO라는 구조화된 상품 역시 원달러 환율이 일정 범위 내에서는 수익이 나지만 그 범위를 벗어나면 레버리지로 손실이 확대된다.

구조화된 중위험 자산의 결정적 리스크는 안전하다고 생각하니 많은 돈을 넣게 된다는 것이다. 퇴직금 대부분을 넣은 사람도 있다. 중위험 자산은 주식 가격이 급락할 때 손실 폭을 중간 정도로 줄이려는 것이다. 하지만 구조화된 중위험 상품은 그런 면에서 전혀 중위험의 역할을 하지 못한다. 항상 최대 손실액이 얼마인지 물어보아야 하는 이유다. 최대손실액이 클 경우에는 그 발생 확률이 아주 낮다고 하더라도 자산을 집중해서 투자하지 말아야 한다.

무엇보다 장기투자를 하는 사람들은 굳이 구조화된 중위험 자산을 편입할 이유가 없다. ELS는 일반 사람들에게 좋은 금융상품이 아니다. 주식은 위로 오르는 잠재성을 보고 투자하는데 ELS는 주식 가격이 오르면 확정된 수익을 받고 급락하면 손실을 보아야 하는 구조이기 때문이다. 기본적으로 장기 자산관리에는 부적합하다. 우리나라만 유독 ELS가 일반인에게 많이 팔리고 있다는 것을 유념해야 한다.

자산이 해외로 가면 따라가는 것은?

해외투자가 큰 흐름으로 자리 잡고 있다. 세금의 불리함만 없으면 해외투자는 더 빠르게 증가할 것이다. 그런데 해외투자에서 유념할 것이 꼭 하나 있다. 돈이 바다를 건너가면 통화가 반드시 따라 붙는다는 것이다. 해외투자는 반드시 이종 통화를 동반한다. 미국 주식에 10만 달러 투자하면 여러분은 동시에 10만 달러의 미 달러화를 갖게 된다. 양수겸장이다. 좋을 수도 나쁠 수도 있으므로 환 관리가 중요하다.

해외주식을 사면 해외의 주식 투자 손익과 환율변화(환차익, 환차손)가 투자 총수익이 된다. 베트남 주식 전망이 아무리 좋아도 베트남 동화가 어떻게 될지 감안해야 한다. 주식에서 돈을 벌어도 환율에서 돈을 잃을 수 있다. 반대도 물론 가능하다. 2021년에 미국의 주식 가격이 20% 이상 하락했는데도 미국 펀드는 -10% 남짓 하락했다. 미국 사람들보다 우리가 수익률이 더 좋았다. 이는 달러가 강세가 되면서 원화 환차익이 생겼기 때문에 '주식 손실+원화 환차익'을 하니 손실 폭이 줄어든 것이다.

해외주식 투자 때 환헤지를 할 수도 있다. 환헤지를 한다는 것은 지금 원화를 달러화로 바꾸고 바로 달러화 선물을 매도하는 것이다. 3개월 뒤에 매도할 가격을 지금 확정해 놓기 때문에 원달러 환율 변동이 영향을 주지 못한다. 다만 금리가 높은 나라의 통화를 헤지하려면 우리나라 금리와의 차이에 해당하는 환 비용을 지불해야 한다. 미국 금리보다 우리나라 금리가 2%포인트 낮으면 대략 환 비용이 2% 발생한다. 신흥국은 우리나라에 비해 금리가 많이 높다.

브라질 주식에 투자해서 환헤지를 하면 매년 브라질 금리와 우리나라 금리와의 차이만큼을 비용으로 지불해야 한다. 그래서 신흥국 해외주식에 투자할 때는 일반적으로 환헤지를 하지 않는다. 선진국과 달리 통화 가치 변동이 더 크기 때문에 그만큼 환율 변화도 유념해야 한다.

해외채권을 살 때도 통화가 따라간다. 2023년에 미국 금리가 우리나라 금리보다 높다고 미국 국채에 투자하는 사람들이 많았다. 미국 국채 금리가 4.5% 남짓일 때 달러 가치가 5%만 떨어져도 원화 환산 투자 손실이 -0.5%가 된다. 채권은 안전자산에 속하는데 해외채권을 사고 환헤지를 하지 않으면 환변동이 채권 가격 변동보다 큰 상황에서 꼬리(환율 변화)가 몸통(채권수익)을 흔들게 된다. 해외채권에 투자한 건지 환율에 투자한 건지 명확하지 않아진다. 이 말인즉슨 더 이상 채권자산의 속성을 갖지 않게 된다는 말이다.

꼬리가 몸통을 흔들지 않게 하려면 환헤지를 해야 한다. 환헤지를 할 경우 위에 환 비용을 지불하게 된다. 환비용을 지불하고 나면 국내 채권 금리와 해외 채권 금리가 같아져서 해외 채권을 사는 의미가 없어진다. 결국 환리스크를 부담하지 않고 금리차만을 노려 해외채권에 투자하는 것은 어렵다는 뜻이다. 환리스크 없이 금리가 더 높은 해외채권을 살 수 없다. 그래서 채권은 특별한 사유가 없는 한 국내 채권을 사는 것이 낫다.

해외채권의 장점은 다른 데 있다. 국내 채권시장에 비해 채권 종류가 훨씬 다양하고 풍부하다는 점이다. 상관관계가 낮은 자산을 여럿 섞으면 투자수익률이 높아지는 것처럼 우리나라에 비해 다양한 채권이 있는 해외채권에 투자하면 분산 효과를 통해 플러스 알파를 얻을 수 있다. 개인이 이렇게 투자하기는 어려우며 전문 해외채권투자기관을 통해 간접투자해야 한다.

또 하나, 브라질 국채처럼 우리나라에 비해 금리가 아주 높은 나라의 채권 투자이다. 브라질 국채는 10% 금리에 비과세이다. 금융소득종합과세율이 40% 되는 사람이면 우리나라 금리 16.7%와 맞먹는다. 브라질 국채 금리가 10%가 아닌 5%라고 해도 금융소득종합과세율 40%에 해당하는 사람은 비과세 효과 때문에 우리나라 금리 8.3%에 해당한다. 이처럼 우리나라와 브라질은 금리 차뿐만 아니라 세금 면에서도 차이가 커서 투자 기회를 모색해 볼 수 있다.

브라질 국채는 10% 이자를 받으려면 환헤지를 하지 말아야 하며 그럴 경우 헤알화 변동에 노출된다. 헤알화가 원화 대비 가치가 50% 떨어졌다고 하자. 그러면 나의 투자원금 가치도 50% 떨어지고 내가 받는 이자도 50% 줄어든다. 유의할 점은 헤알화로 받는 이자는 50% 가치가 떨어지면 원화 환산해서 받게 되는 이자율은 10%의 절반인 5%가 된다. 5%라고 하더라도 40% 종합과세율에 해당하는 사람은 국내 금리 8.3%에 투자한 것과 마찬가지다(물론 종합과세에 해당하지 않는 사람은 이야기다 다르다). 문제는 원금의 가치 하락이다. 만일 헤알화 약세로 원화로 환산한 투자 원금의 가치가 크게 하락하면 국채 만기가 되었을 때 이를 원화로 상환받지 말고 헤알화로 브라질 국채를 다시 사는 방법이 있다. 장기적으로 받는 높은 이자의 합만으로 원금의 변동성을 완화시키는 것이다.

자산이 물 건너갈 때는 환율이 따라 붙으면서 투자수익이 복합적이 된다. 주식과 채권은 각각 대응 방법이 다르다. 해외주식은 '미국주식 + 달러'가 좋은 조합이며 신흥국 주식은 환율 변동도 유의해야 한다. 장기적으로 견고하게 보이는 것은 '미국주식 + 달러'다. 채권은 약간 더 복잡하다. 환헤지를 하지 않고 개인이 해외 채권을 사는 것은 채권과 함께 외환을 사는 것이다. 환헤지를 하면 국내 채권과 차별이 없어진다. 그래서 그냥 국내채권을 사면 된다. 다만 해외채권 '펀드'는 글로벌 분산 효과를 통해 플러스 알파를 주며 브라질국채와 같은 고금리 비과세 해외채권은 자신의 세금 포지션에 따라 기회를 찾을 수 있다.

대우그룹 김우중 회장은 기업을 운영하면서 "세상은 넓고 할 일은 많다."라고 했다. 글로벌 자본시장도 매우 넓고 투자할 금융상품은 너무 많다. 여기에 부의 기회가 있다. 청년들은 글로벌 자본을 갖는 글로벌 자본가가 되어야 한다.

주식 가격이 하락하면 우리나라 사람들의 자살률이 높아진다고 한다. 글로벌 금융위기가 있었던 때를 보면 2008년 증시 폭락 이후 11월 한 달간 국내 30~60세의 자살률은 평소보다 최대 2배 이상 높아졌다. 남성 30대, 40대, 50대 자살률은 각각 47.2%, 40.6%, 39.3% 높아졌다.[1] 주식 가격 변동과 자살률이 관계가 없는 미국이나 영국과 달리 우리는 유독 명확한 관계를 보인다. 이는 우리나라가 주식시장에서 불행을 잘 느끼는 환경일 뿐만 아니라 한국 사람들이 목숨을 걸고 투자를 하고 있다는 뜻이다. 왜 그럴까? 몇 가지 추론을 해볼 수 있다.

우리나라는 개인투자자 거래 비율이 거래대금 기준으로 60%를 넘는다(2022년 말 64%). 2018년부터 2022년까지 5년 동안 개인투자자는 502만 명에서 1424만 명으로 3배 가까이 급증했다. 미국과 일본 등은 평균 30% 선이다.[2] 이는 두 가지를 의미한다. 직접 거래를 하는 만큼 스트레스가 동반된다는 것, 그리고 손실을 보는 부분에 대한 심리적 충격이 크다는 것이다. 주식을 사고 나서 가격이 급락하거나 판 종목의 가격이 급등할 경우 등골이 써늘해진다. 게다가 개인들은 주식 종목을 취급하고 중소형주에 많이 집중하다 보니 훨씬 큰 가격 변동을 경험한다.

개인이 종목을 운용하는 것보다 기관투자자들에게 자산운용을 맡기는 게 낫다는 것은 널리 알려진 사실이다. 선진국은 《투자론》에서 말한 길을 가고 있는데 우리는 아직도 그 길을 외면하고 있다. 현재 우리의 모습은 투자에서 알려진 사실들을 외면하고 'My Way'를 부르짖는 셈이다. 우리나라에서 개인들이 주식투자수익률을 높이기 어려운 또 다른 이유는 주식시장 자체의 수익률이 낮기 때문이다. 이러니 더욱 대박주라는 종목에 투자하려 하고 투자는 악순환을 거듭해 건강까지 심히 헤치는 일이 일어난다. 투자는 기대수익률이 높은 곳으로 옮겨야 한다.

"도망가야죠."

우리나라 인구구조 붕괴와 그에 따른 영향을 설명하고 나서 어떻게 하면 좋겠냐고 물었더니 기상천외의 답이 나왔다. 듣고 보니 맞는 말이다. 하지만 사람이 이동하기는 쉽지 않으며 이동하는 것은 비효율적이다. 이 나라에 구축해 놓은 다양한 인프라가 많은데 이 모두를 버리고 떠난다는 것은 손실이 너무 크다. **우리는 이 땅**

에 있으면 된다. **자산만 도망치게 두어라.** 국내에 한정하지 말고 글로벌로 자산을 배분하라는 뜻이다. 글로벌 투자는 생소해서 어려운 것처럼 느껴진다. 이럴 경우 ETF를 하면 된다. 하지만 우리는 테슬라, 애플뿐만 아니라 생소한 종목까지도 방송에서 가격 변동을 보여 주며 유혹한다. 국내에서 종목 투자하고, 한밤중에 미국 주식시장이 움직이는 것을 보고 있으면 병이 날 수밖에 없다. 두 시장에서 거래를 하다가 암에 걸린 사람도 있다.

길이 아닌 길을 가면 탈이 난다. 밤에 자지 않고 술을 마시면 다음 날 아침은 괴로울 수밖에 없다. 몸에 알맞은 길이 아니기에 부작용이 나타난 것이다. 《중용》에는 하늘의 명을 성性이라 하고, 성이 발현되는 길을 도道라 하고, 도를 닦는 것을 교敎라 하였다. 올바른 길을 따르는 것을 배우고 가르치는 것이 교敎라는 뜻이다. 투자도 길이 있다. 환경의 변화에 따라 그 길이 달라질 수는 있지만 현재 체제에서 100년 이상을 이어 온 제도에서 확립된 길이다.

10여 년 전에 마이클 샌델이 쓴 《정의란 무엇인가》라는 책이 큰 인기를 끌었다. 본 책은 여기서 시작되었다. 생뚱맞은 소리인 것 같지만 필자는 정의 대신에 투자를 넣어서 '투자란 무엇인가'라는 책을 쓰고 싶었다. 투자에 관해 쉽게 쓰고 또 실용적인 접근까지 가능한 내용을 담고 싶었다. 하지만 실제 쓰는 것은 쉽지 않은 일이다. '결혼은 무엇인가, 인간은 무엇인가, 시간은 무엇인가…' 등에서 보듯이 본질에 대한 질문에 답하기는 극히 어렵다.

흐릿하게 구상만 하며 자산관리에 관해 강의를 반복하다가 갑자기 한 생각이 떠올랐다. 《투자론》은 돈을 버는 방법에 관한 책이라는 깨달음이다. 이 깨달음은 《투자론》 책을 어렵게만 보던 데서 보다 친숙한 느낌을 갖게 해주었다. 이해도 쉽고 싫증도 덜 난다. 돈을 벌게 해주는 정보니까. 《성장이 멈춘 시대의 투자법》은 이러한 사고과정을 거쳐 탄생했다.

경제와 투자시장은 항상 울퉁불퉁하다. 40여 년을 경제 공부를 했지만 경제가 탄탄대로일 때는 별로 없었다. 경제와 투자는 원래 울퉁불퉁한 길을 간다. 그런데 가까이서 보면 울퉁불퉁한 길이 뚝 떨어져서 보면 평탄하게 보인다. 경제와 투자는 멀리 떨어져서 장기적인 움직임을 생각하면서 자산선택을 해야 한다. 가까이서 보는 울퉁불퉁한 길만 보고 자산선택을 하면 위험을 피하게 된다. 과다한 정보가 오히려 장기적으로 잘못된 의사결정을 내리게 만드는 것이다. 랜덤한(무작위적) 움직임을 없앤 추세적인 움직임을 보아야 한다.

한편에서는 지금의 미국 주식시장이 과대평가되어 있어서 불안해한다. 미국이 돈을 너무 많이 풀어서 자산 버블을 걱정하는 사람도 있다. 또한 이렇게 성장한 미래가 어떻게 펼쳐질지도 걱정스럽다 한다. AI가 발전하면 인간은 어디에서 무얼할까? 산업혁명 이후처럼 공황 상태에 빠지거나 전쟁이 일어나지는 않을까? 투자하려니 걱정이 많아진다. 하지만 멀리 떨어져서 보자.

인류는 2000년을 제자리걸음을 하다가 지난 200여 년 동안 폭발적인 성장을 했다. 1인당 GDP의 증가 모습을 하키 스틱 모양이라 부르기도 한다. 하키 스틱은 손잡이까지 길게 되어 있지만 퍽을 치는 헤드는 갑자기 거의 90도 가량 꺾여 있다. 인류의 과거 200여 년 성장이 그렇게 로켓을 쏘아 올린 궤적으로 성장했다는 뜻이다. 그 200년 동안은 다른 어느 때보다 부의 불평등이 커진 시기이기도 하다. 가깝게는 밤에 인공위성으로 찍은 한반도 사진만 보아도 불빛의 분포에서 남한과 북한의 차이가 보인다.

경제학자 토마 피케티는 《21세기 자본》에서 지난 300년 동안의 부의 성장과 부의 양극화에 대해 분석했다. 그 비밀은 자본을 가진 사람과 갖지 않은 사람에 있었다. 그리고 마냥 자본을 가진다고 되는 일이 아니라 우량하고 좋은 자본을 가져야 한다. 우량한 자본을 가려서 가지는 게 바로 투자이자 자산관리이다. 올바른 자산관리의 길을 걸어야 인류의 성장 과실을 향유할 수 있다.

《인류의 여정》을 쓴 브라운대학교의 통합성장이론 창시자인 오데드 갤로어는 앞으로도 인류의 성장에 대해 낙관론을 펼친다. 물리학의 분기이론bifurcation theory에서처럼 맬더스 함정을 극복하고 인류가 200여 년 동안 급작스런 성장을 하였는데 미래에도 이런 모습을 이어 갈 것이라 본 것이다.[3]

그럼에도 주식 가격은 울퉁불퉁하기에 투자는 불편하다. 자산관리를 제대로 하고 있으면 마음이 불편한 것이 정상이다. 이런 불편함에 대한 보상이 높은 수익률이다. 예금과 국채만을 보유하는 마음 편한 자산관리에는 더 높은 보상도 없다. 불편하지만 걸어가야 하는 길이 올바른 자산관리의 길이다. 그 불편함을 줄이면서 성장의 과실을 향유하는 길을 보여 주는 것이 《성장이 멈춘 시대의 투자법》이다. 태어나서 죽을 때까지 생애자산관리의 대서사시를 쓰는 사람들에게 이 책이 안내서가 되었으면 한다. 물론 사람은 불완전하며 이 책 내용 또한 완전하지 않다. 그래서 버턴 말킬은 《랜덤워크 투자수업》 책을 1973년부터 12번에 걸쳐 개정했다. 필자의 바람은 《성장이 멈춘 시대의 투자법》 책이 계속 개정되면서 좋은 투자지침서로 자리매김하는 것이다.

미주

프롤로그

1 M증권 DC 가입자 데이터 분석 및 시사점(2014. 12.), 내부 보고서

2 김지연·정규철·허진욱(2022.11.8.), 〈장기경제성장률 전망과 시사점〉, 《KDI 경제전망 2022년 하반기》

3 김지연·정규철·허진욱(2022.11.8.), 〈장기경제성장률 전망과 시사점〉, 《KDI 경제전망 2022년 하반기》

4 김지연·정규철·허진욱(2022.11.8.), 〈장기경제성장률 전망과 시사점〉, 《KDI 경제전망 2022년 하반기》

1장

1 KOSIS(국가통계포털), 2024. 6. 기준

2 세계은행

3 크리스토퍼 레너드, 김승진 옮김(2023) 《돈을 찍어내는 제왕, 연준》, 세종

4 정화영(2023), 〈국내 가계부채 현황 및 위험요인〉, 《이슈보고서 23-23》, 자본시장연구원

5 세계은행

6 매일경제신문(1988. 9. 24.) 4면

7 http://web.mit.edu/krugman/www/jpage.html

8 Huyashi, Fumio and Edward Prescott(2002), "The 1990s in Japan: A Lost Decade", Review of Ecomomic Dynamics, vol 1. 5

9 세계은행

10 이윤수, 한국금융학회 엮음(2024), 〈가계부채의 지속 가능성 및 부동산 금융의 안정화〉, 《한국 금융의 미래》, 율곡출판사

11 조장옥(2024), "한국 경제의 미래: 자유시장 유지와 비성장성의 극복", mimeo

12 재정추계전문위원회(2023. 9. 1.), 〈국민연금 5차 재정계산 장기재정전망 결과〉, 국민연금 제도 개선 방향에 관한 공청회

13 통계청(2022. 6. 28.), 〈장래가구추계: 2020~2050년〉

14 김세완·김경록, 한국금융학회 엮음(2024), 〈노령화와 금융시장의 변화, 그리고 정책

과제〉,《한국 금융의 미래》, 율곡출판사

15 김세완·김경록, 한국금융학회 엮음(2024), 〈노령화와 금융시장의 변화, 그리고 정책
과제〉,《한국 금융의 미래》, 율곡출판사

2장

1 로버트 해그스트롬, 오은미 옮김(2022),《워런 버핏 머니 마인드》, 흐름출판
2 적립식으로 투자할 경우 인터넷의 적립식 복리 계산기를 활용하면 된다. 매 적립금액, 투
자 기간, 이자율을 넣어 주면 된다.
3 https://fund.nps.or.kr
4 한국거래소

3장

1 제러미 시겔, 미래에셋 증권자산운용컨설팅본부와 미래에셋생명 재무컨설팅본부 옮
김(2008),《장기 투자 바이블》, 미래에셋투자와교육연구소
2 제러미 시겔, 미래에셋 증권자산운용컨설팅본부와 미래에셋생명 재무컨설팅본부 옮
김(2008),《장기 투자 바이블》, 미래에셋투자와교육연구소
3 토마 피케티, 장경덕 외 옮김(2014),《21세기 자본》, 글항아리
4 토마 피케티, 장경덕 외 옮김(2014),《21세기 자본》, 글항아리

4장

1 $x_1, x_2, \cdots, x_n$의 산술평균은 $\dfrac{(x_1+x_2+\cdots+x_n)}{n}$가 된다.
2 문병로(2014),《메트릭 스튜디오》, 김영사
3 Bodie, Zvi, Alex kane, Alan J. Marcus(2024),《Investments》, McGraw Hill
4 Bodie, Zvi, Alex kane, Alan J. Marcus(2024),《Investments》, McGraw Hill
5 미히르 데사이, 김홍식(2018),《금융의 모험》, 부키

5장

1 미히르 데사이, 김홍식(2018),《금융의 모험》, 부키
2 버턴 말킬, 박세연 옮김(2020),《랜덤워크 투자수업》, 골드어페어
3 피터 번스타인, 강남규 옮김(2006),《투자 아이디어》, 이손

4 Put 10% of the cash in short-term government bonds and 90% in a very low-cost S&P500 index fund. Jing Pan(2024. 3. 3.), Yahoo finance의 Moneywise.

5 시간의 차이에 따라 상관관계가 없다고 가정하면 투자 기간이 길어질수록 변동성이 줄어드는 것은 수식으로 증명된다. 시간에 따른 주식 수익률 (X_1, X_2, ⋯, X_T)은 확률변수로 상호 독립적, 즉 시차 상관관계가 없다고 하자. 그러면 이들의 평균수익률은 $Z=\frac{X_1+X_2+\cdots+X_T}{T}$가 되며 변동성(표준편차)을 구하면 다음과 같다. $Var(Z)=\frac{Var(X_1)+Var(X_2)+\cdots+Var(X_T)}{T^2}=\frac{T\times Var(X)}{T^2}=\frac{Var(X)}{T}$ 따라서, $S.D.(Z)=\sqrt{Var(Z)}=\frac{\sqrt{Var(X)}}{\sqrt{T}}=\frac{S.D.(X)}{\sqrt{T}}$가 된다(S.D.는 표준편차 즉 변동성을 뜻한다). 시간이 길어질수록 1년 주식수익률 표준편차의 $\frac{1}{\sqrt{T}}$만큼 줄어 간다. 시간이 10이면 변동성의 0.31 정도로 줄어들고 100이면 0.1, 500이면 0.044로 줄어든다. 변동성이 줄어드는 속도가 늦어지지만 그래도 계속 줄어든다. 보유기간을 1억 배로 늘리면 0.0001로 변동성이 거의 사라진다. 앞의 S&P500의 예에서 15년을 넘어가면 변동성이 아주 늦은 속도로 줄어드는 것을 볼 수 있는데 수식을 통해서도 어느 정도 확인된다.

6 F.M. De Bondt, Werner and Richard Thaler(1985), "Does the Stock Market Overact?", The Journal of Finance, Vol 4., No 3

7 《장기 투자 바이블》(p.54)에 따르면 주식수익률의 평균회귀성향으로 인해 20년 이상 투자 기간에서는 채권보다 리스크가 작다고 한다.

8 문병로(2014), 《메트릭 스튜디오》, 김영사

9 Ellis, Charles(2002), 《Winning the Loser's Game》, McGraw Hill

6장

1 Bessembinder, Hendrik(2018. 9.), "Do Stocks Outperform Treasury Bills?", Journal of Financial Economics, vol. 129

2 대니얼 카너먼, 이창신 옮김(2018), 《생각에 관한 생각》, 김영사

3 w에 해당하는 상금이 각각 2^1, 2^2, 2^3, ⋯, 2^n가 된다. 그러면 각각에 해당하는 효용 U는 $2^{\frac{1}{2}}$, $2^{\frac{2}{2}}$, $2^{\frac{3}{2}}$, ⋯, $2^{\frac{n}{2}}$가 된다. 이 각각에 해당하는 확률 $\frac{1}{2}$, $\frac{1}{4}$, $\frac{1}{8}$, ⋯을 곱하면 기대효용값이 나온다.

4 Kahneman, Daniel and Amos Tversky(1979), "Prospect Theory: An Analysis of Decision under Risk", Econometrica vol. 47

5 가치함수는 Kahneman, Daniel and Amos Tversky(1979), "Prospect Theory: An Analysis of Decision under Risk"를 참고, 확률가중함수 참조는 Tversky, Amos and Daniel Kahneman(1992), "Advances in Prospect Theory: Cumulative Representation of Uncertainty", Journal of Uncertainty, 5.

6 Tversky, Amos and Daniel Kahneman(1992), "Advances in Prospect Theory: Cumulative Representation of Uncertainty", Journal of Uncertainty, 5.

7 대니얼 카너먼, 이창신 옮김(2018), 《생각에 관한 생각》, 김영사

8 Bessembinder, Hendrik(2018. 9.), "Do Stocks Outperform Treasury Bills?", Journal of Financial Economics, vol. 129

9 주간조선(2019. 10. 22.), "DLS 사태 쟁점은 무엇인가?"

10 Shiller, Robert(1981), "Do Stock Prices Move Too Much to be Justified by Subsequent Changes in Dividends?", American Economic Review 71.

11 리처드 탈러, 박세연 옮김(2021), 《행동경제학》, 웅진지식하우스

7장

1 Samuelson, Paul(1958), "An Exact Consumption-Loan Model of Interest With or Without the Social Contrivance of Money", JPE

2 모셰 밀레브스키, 오은미 옮김(2021), 《당신은 주식인가 채권인가?》, 미래에셋투자와 연금센터

3 찰스 엘리스는 주택을 투자재로 간주하지 말아야 한다고 주장하며, 주택을 담보로 대출을 받아 다른 곳에 활용하는 것에도 반대한다. 결론적으로 주택은 소비재와 투자재에서 균형을 찾을 필요가 있다.

4 모셰 밀레브스키, 오은미 옮김(2021), 《당신은 주식인가 채권인가?》, 미래에셋투자와 연금센터

5 Bodie, Zvi, Robert Merton, William Samuelson(1992), "Labor Supply Flexibility and Portfolio Choice in a Life Cycle Model", Journal of Economic Dynamics and Control, Vol.16

6 Campbell, John(2006), "Household Finance", Journal of Finance, Vol.16

7 김경록, 〈생애자산관리 퍼즐과 금융기관의 역할〉, 2022년 12월 한국금융연구센터 발표자료

8 고용노동부·금융감독원, 〈퇴직연금 적립 및 운용현황 분석〉, 각 년도

9 김경록·김대환·김성일(2023), 〈다층체계하 퇴직연금 기능 강화를 위한 세부제도 개선방안 연구〉, 고용노동부 정책연구 용역사업

10 네덜란드는 기초연금만 지급하므로 공적연금이 부족하기 때문에 퇴직연금을 공적연금처럼 운용하는 경향이 있다.

11 모셰 밀레브스키, 오은미 옮김(2021), 《당신은 주식인가 채권인가?》, 미래에셋투자와 연금센터

12 Merton, Robert(2017), "The Crisis in Retirement Planning", Harvard Business Review

8장

1 Brown, Jeffrey R., Jeffrey R. Kling, Sendhil Mullainathan, Marian V. Wrobel(2008), "Why don't People Insure Late-Lite Consumption? A Framing Explanation of the Under Annuitization Puzzle", American Economic Review, vol. 98.

2 보건복지부 기초연금 홈페이지

3 주택금융공사 홈페이지 참고

4 VanDerhei, Jack(2009. 2.), "The Impact of the Recent Financial Crisis on 401(k) Account Balances", EBRI Issue Brief. 자본시장연구원 송홍선 선임연구위원 발표자료 (2022. 6. 29.)에서 재인용

5 통계청(2023. 12.), 〈2023년 가계금융복지조사 결과〉

6 Johnson, Eric J. and Daniel Goldstein(2023), "Do Defaults Save Lives?", SCIENCE vol. 302 21.

7 리처드 탈러, 캐스 선스타인 지음, 이경식 옮김(2022) 《넛지》, 리더스북

9장

1 국가통계포털

2 미히르 데사이, 김홍식 옮김(2018), 《금융의 모험》, 부키

3 미히르 데사이, 김홍식 옮김(2018), 《금융의 모험》, 부키

4 자산배분의 자산군 분류나 자산배분 전략은 데이비드 스웬슨(2010)의 《포트폴리오 성공 운용》을 참고함

5 데이비드 스웬슨, 김경록 옮김(2010), 《포트폴리오 성공 운용》, 미래에셋투자교육연구소

6 제러미 시겔, 미래에셋 증권자산운용컨설팅본부와 미래에셋생명 재무컨설팅본부 옮김 (2008),《장기 투자 바이블》, 미래에셋투자와교육연구소

7 Dimson, Elroy, Paual Marsh & Mike Staunton(2002),《Triumph of the Optimist》, Princeton University Press

8 제러미 시겔, 미래에셋 증권자산운용컨설팅본부와 미래에셋생명 재무컨설팅본부 옮김 (2008),《장기 투자 바이블》, 미래에셋투자와교육연구소

9 Bodie, Zvi, Alex kane, Alan J. Marcus(2024),《Investments》, McGraw Hill

10 데이비드 스웬슨, 김경록 옮김(2010),《포트폴리오 성공 운용》, 미래에셋투자교육연구소

11 Bodie, Zvi, Alex kane, Alan J. Marcus(2024),《Investments》, McGraw Hill

12 Bodie, Zvi, Alex kane, Alan J. Marcus(2024),《Investments》, McGraw Hill

10장

1 이코노미조선(2019. 1. 27.), "인덱스펀드 창시자 보글과 그의 도덕성을 기리며", 로버트 J. 실러의 칼럼

2 제러미 시겔, 미래에셋 증권자산운용컨설팅본부와 미래에셋생명 재무컨설팅본부 옮김 (2008),《장기 투자 바이블》, 미래에셋투자와교육연구소

3 S&P Global 홈페이지

4 spglobal.com/spdji/kr/indices/equity/sp-500/

5 제러미 시겔, 미래에셋 증권자산운용컨설팅본부와 미래에셋생명 재무컨설팅본부 옮김 (2008),《장기 투자 바이블》, 미래에셋투자와교육연구소

6 자본시장연구원(2022. 1. 17.), 〈퇴직연금 디폴트옵션 도입 동향〉,《자본시장 포커스》

7 홍원구(2024), "TDF 현황과 퇴직연금 자산운용 체계",《자본시장 포커스》, 2024-7호

에필로그

1 연합뉴스(2021. 5. 31.), "증시폭락 때 극단 선택 2배. 동학개미 정신건강은?" / 서울대 공동 연구팀(박진주, 국웅)이 국제학술지 '사회정신과학과 정신의학역학'에 게재한 논문 재인용

2 아시아경제(2023. 11. 10.), "증시의 개미 비중 세계 최고… 비합리적 투자행태에 변동성 커 질 우려"

3 오데드 겔로어, 장경덕 옮김(2023),《인류의 여정》, 시공사

성장이 멈춘 시대의 투자법

초판 1쇄 발행 2024년 8월 19일
초판 4쇄 발행 2024년 10월 21일

지은이 김경록
펴낸이 유정연

이사 김귀분
책임편집 서옥수 **기획편집** 신성식 조현주 유리슬아 황서연 정유진 **디자인** 안수진 기경란
마케팅 반지영 박중혁 하유정 **제작** 임정호 **경영지원** 박소영

펴낸곳 흐름출판(주) **출판등록** 제313-2003-199호(2003년 5월 28일)
주소 서울시 마포구 월드컵북로5길 48-9(서교동)
전화 (02)325-4944 **팩스** (02)325-4945 **이메일** book@hbooks.co.kr
홈페이지 http://www.hbooks.co.kr **블로그** blog.naver.com/nextwave7
출력·인쇄·제본 삼광프린팅(주) **용지** 월드페이퍼(주) **후가공** (주)이지앤비(특허 제10-1081185호)

ISBN 978-89-6596-642-5 03320